U0107481

高山仰止
景行行止

论孔子儒家思想精要

许丙泉 | 著

中国广播影视出版社

图书在版编目（CIP）数据

高山仰止 景行行止 : 论孔子儒家思想精要 / 许丙泉著 . -- 北京 : 中国广播影视出版社 , 2024.3
ISBN 978-7-5043-9176-6

Ⅰ . ①高… Ⅱ . ①许… Ⅲ . ①儒家—哲学思想—研究 Ⅳ . ① B222.05

中国国家版本馆 CIP 数据核字 (2024) 第 005590 号

高山仰止 景行行止 : 论孔子儒家思想精要
许丙泉 著

责任编辑：刘雨桥
封面设计：马　佳
责任校对：龚　晨

出版发行：中国广播影视出版社
电　　话：010-86093580　010-86093583
社　　址：北京市西城区真武庙二条 9 号
邮政编码：100045
网　　址：www.crtp.com.cn
电子信箱：crtp8@sina.com

经　　销：全国各地新华书店
印　　刷：三河市龙大印装有限公司

开　　本：710 毫米 ×1000 毫米　1/16
字　　数：249（千）字
印　　张：17
印　　次：2024 年 3 月第 1 版　　2024 年 3 月第 1 次印刷

书　　号：ISBN 978-7-5043-9176-6
定　　价：78.00 元

目 录

目 录

序言

中华文明源远流长，光辉灿烂。孔子儒家思想是中国传统文化的主流和核心，继承和发展周公的礼乐文明，追求"为仁"，崇尚道德，从自身做起，修齐治平。这是一条合乎人类本性要求、促进社会文明不断发展的"康庄大道"。几千年来，中华文明虽饱经沧海桑田的变化，但绵延不断，与时俱进，历久弥新。而孔子儒家思想深入人心，百姓日用而不知，成为中国文化最重要的基因，贯穿国家社会的组织治理、文人士大夫的修身养性、民间礼节规矩和风俗习惯等方面。

随着近代西学东渐，古老的中华民族陷入"落后就要挨打"的局面，饱受苦难。曾备受尊崇的孔子儒家思想也受到质疑和批判，被看作是落后的、腐朽的、反动的守旧文化，势必要被时代所抛弃，被先进的西方文明所代替。有人提出全盘西化的主张，要把孔子儒家思想丢入"历史的垃圾堆"。但也有不少人崇尚中华文化，维护优秀传统文化，坚守孔子儒家思想，或研究阐明道理，身体力行，榜样示范；或启蒙宣传，教化民众；或中西论战，明辨是非；或中西结合，取长补短；或浴血奋战，救亡图存，追求崇高的理想。

随着时代的发展，源于西方的马克思主义自19世纪末传入中国，为中国近现代社会的发展注入了新的精神活力，历史发展产生质的飞跃。而马克思主义中国化在实际上的逐步展开，这一事实本身就意味着马克思主义在中国的特定历史语境中，不可能完全摆脱儒学的深刻影响。小康大同的社会理想、民贵君轻的民本思想、庶富教的社会发展观点等，都和马克思主义有相通之处。当代中国正在实现中华民族伟大复兴的伟大梦想，正在不断取得举世瞩目的成就。

古代中国的辉煌文明、当代中华民族的伟大复兴，都和孔子儒家思想密不可分。继往开来，中华文明逐渐走向世界，引领人类文明的发展，让世界更加和平、繁荣，也需要汲取孔子儒家思想的精神资源。本书即是站在当代人类文明发展的高度，对孔子儒家思想进行全面的、深入的研究。

对于孔子儒家思想，历来有许多学者进行研究，取得了丰硕的成果。本书的研究得益于已有学者的贡献，也力求创新，有自己的独特见解，其中主要包括以下几个方面。

第一，从人类文明发展的宏观视野来研究孔子儒家思想在世界文明中的重要地位。从历史角度来看，人类曾创造出多种多样的文明，呈现不同的发展状况。有的消亡了，有的停滞不前，有的经历过中断。唯有以孔子儒家思想为核心的中华文明，虽历经风雨，但仍不断发展。其他文明或缺少内在的强大精神动力，或偏重满足动物性的欲望，或沉迷于对神灵的盲目崇拜，难免出现各种问题，不能以人为本，无法持续发展。

第二，从人类文化特性出发来研究孔子儒家思想的生命活力。与动物不同，人类有自由的意识活动，也就是精神活动。靠发挥精神能力，人类创造文化，生活在文化之中。人是社会性的动物，社会文化薪火相传，形成世代积累、不断创新的文化传统。伟大思想家的精神创造代表民族文化的高度，引领民族文化发展方向。在当代人类文化不断交流，对话愈加充分、深入的大趋势下，任何社会文化都要取长补短，才能持续发展。

第三，从哲学、人类学的视角来研究孔子儒家"克己复礼为仁"的思想。孔子儒家思想的核心即"仁"，"仁者，人也"，"仁"也就是孔子儒家有关"人"的学问。"仁"的内涵非常丰富，"人"既有"爱人"的感情、生存的智慧、坚强的意志，也有崇高的信仰，追求天人合一的境界。"克己复礼为仁"即要努力发挥自己的能力，走正确的人文创造道路，成为一个真正的"人"，同时奉献社会，努力追求天人合一的崇高境界。

第四，从人类社会的整体性出发，研究孔子儒家在社会生活各个方面的思想。孔子儒家思想博大精深，又一以贯之，体现在社会生活的方方面面，如孔子的礼乐思想、政治思想、孝道思想、中庸思想、民本思想等。正是因为孔子儒家思想高超，"克己复礼为仁"的精神融入社会生活的各个方面，使得中华文明永葆生机，历久弥新。

本书是笔者多年学术探索、研究的成果，在解决许多思想困惑的同时，自己在现实生活中也受益匪浅。作者的家乡紧邻孔孟故里曲阜，在山东齐鲁文化环境中学习工作，耳濡目染了孔子儒家文化。回顾自己的思想历程，感慨良多。曾看到人们反对孔子儒家思想，弃如敝屣；曾身处西方文化的潮流中，各种思想派别应接不暇，如五音五色炫目聒耳，心神不宁；曾直面社会人生，用自己的身心感受现实，奋力跋涉求生存、谋发展。渐近不惑之年，才稍稍明白西方思想文化纷繁杂乱的特点，愈发认识到中国圣贤思想真实可信、切实可行的宝贵价值。生活在悠久深厚的中国文化中，个体生命可以既平凡朴实，又意蕴丰富，深沉高远，无比崇高美好。

在探索、研究的过程中，作者为中国文化感到自豪，也深深理解当年司马迁"高山仰止，景行行止"的心情。每当在校园中漫步，仰望"先师孔子"的高大雕像，想象当年孔子和学生坐而论道、各言其志的亲切情景；敬佩孔子和学生周游列国，备尝艰辛，"知其不可而为之"的崇高精神；感叹孔子传授六艺，"学而不厌，诲人不倦""朝闻道，夕死可矣"的文化使命意识。孔子是中国传统文化的圣人，也为世界人类文明作出重要贡献。

当代中国社会兴起的学习孔子儒家文化的热潮，经久不衰，人同此心，心同此理，迎来中华民族伟大复兴。两千多年来，无数贤哲追随孔子，不断开拓，儒家思想愈加渊深广博。今天海内外学者共同钻研儒学，探寻人类文明持久和平、共同繁荣的发展道路。越来越多的人认识到，将来人类文明要持续发展，世界更加和平繁荣，还要向那些古代伟大的思想家，尤其是向中国的孔子学习，汲取智慧和力量，增强文化自信。正如习近平总书记指出的："自信才能自强。有文化自信的民族，才能立得住、站得稳、行得远。中华文明历经数千年而绵延不绝、迭遭忧患而经久不衰，这是人类文明的奇迹，也是我们自信的底气。"①

孔子儒家思想博大精深，但笔者能力有限，难以得其门而入，但已经觉得受益匪浅。所以，不揣浅陋鄙薄，要回顾自己探索的历程，整理自己思想的收获，写出本书。虽然竭尽全力，但不足之处在所难免，希望得到各位人士的批评指正，使我有更多的收获。

许丙泉

2023 年 6 月 19 日

---

① 习近平：《在文化传承发展座谈会上的讲话》，《求是》2023/17，http://www.qstheory.cn/dukan/qs/2023–08/31/c_1129834700.htm。

第一章　学习伟大先哲的思想

第一节　人类文明发展与伟大思想家

通过不断进行精神创造，人类改变自己的生活，走上文明发展的历史道路。对于人类和动物的本质区别，人类向来不断思考。对于自身的精神活动能力，人类也向来努力发挥，不断进行思考、展开想象，想方设法来保证生存发展，迎来更美好的明天。那些伟大人物的创造泽被后世，他们的思想代表着人类文明的光辉，永远照亮世界。

一、人类文明发展与精神特性

人类文明发展到今天，越来越清楚地看出人类的本质特性，即人类和其他动物的根本区别，就是人类靠精神创造改变自己的生活，不断塑造自己的形象，也不断改变自己的生存环境。从茹毛饮血、岩居穴处，和动物差不多的生存状态，直到文明高度发达的现代生活，并且还在不断发明创造，去实现理想，有更美好的未来世界。在这个过程中，整个世界都发生了巨大变化，遮身蔽体的树叶、兽皮变成了时尚的服装；潮湿黑暗的洞穴变成设施齐全的高楼大厦；曾经赤足跋涉，步履艰难，现在高铁、飞机一日千里万里；曾经翘首企足，但视听不明难免焦虑无奈，现在的信息技术让人有了千里眼、顺风耳……因为人类的活动，整个世界也不断发生沧海桑田的变化，山野变良田、村落变城市、沙漠变绿洲、天堑变通途……人类靠精神活动创造文明，改变世界，不断有更美好的生活。

人类来自天地自然，从动物中走出来，不断超越动物的生存状态，创造人类自己的历史。历史不断发展，文明不断进步，这是人类发挥自己的精神能力，不断创造的过程。这种精神创造能力就是人类与动物的本质区别。通过精神创造，人证明自己与动物不同。可以说，精神创造即人类特有的生存状态。所以，当远古第一件石器被创造出来时，人类的历史也就开始了。随着发明创造的增多，人的生存方式也就越来越显现出来。于是，弓箭、长矛、车船、房屋、服装、陶器等不断被创造出来，人类生活也不断发生变化。当文字符号被创造出来之后，人类的精神创造发生了巨大的飞跃，进入一个新的阶段。文字符号把人类倏忽闪现的精神火花固定下来，成为可以积累传承的财富，而且靠这些文字符号，人类的精神创造也如安装了车轮、长出了翅膀，获得奔驰、飞翔的能力。文字符号也成为人类文明的重要标志，成为精神创造的重要表现方式和存在领域，哲学、历史、法律、文学、艺术等重要文明形式不断发展出来。

精神活动是人类与动物的本质区别，许多思想家都曾对此进行过思考。如孟子说："人之所以异于禽兽者几希"（《孟子·离娄下》），而"心之官则思"（《孟子·告子上》）。孔子也指出要发挥"心"的作用："饱食终日，无所用心，难矣哉！"（《论语·阳货》）古希腊的苏格拉底要人们保持清醒的状态，如果头脑昏沉，就和动物一样了。所以，他要做一只牛虻，不断叮咬人们，以便保持清醒的意识。亚里士多德认为，人是理性的动物。后世的西方哲学家，如笛卡尔、黑格尔、马克思等都重视人类理性思考的能力，以之作为人类的本质特性。

动物没有这种精神能力，它们只是生活在本能范围之内，满足生命本能需要，保证个体生存和种群繁衍。动物饥饿了就四处觅食，如果填饱了肚子，也就没了食欲，这时再美味的食物摆在面前，它们也会视而不见。动物的活动完全受本能需要所驱使。如果从大脑神经活动的特点上来看，它们的神经活动只局限自身需要的范围之内，对外部环境的刺激产生机体反应，如觅食求偶、躲避危险等。如果没有欲望需要，它们食饱弃余、无所事事。马克思说："动物不把自己同自己的生命活动区别开来。它就是自己的生命活动。人则使自己的生命活动本身变成自己意志的和自己意识的对象。"① "一个种的整体特性、种的类特性就在于生命活动的性质，而自由的、有意识的活动恰恰就是人的类特性。"②

这种"自由的、有意识的活动"，也就是人类的本质特性，也就是人类的精神活动。在日常生活中，人们也说人与动物的不同在于人有精神活动，用精神来区别人和动物。概念常有多重含义，"精神"一词尤其如此，如思考想象、感情表达、思想内涵、生命活力、意志理想等。但用在表明人和动物的本质不同这个意义上，精神一词指的是超越本能范围的自由的意识活动，即理性思考、思维能力。如关于"精神"一词，梁漱溟说："我们认为，这应是指离身体颇远的人心活动而说；它代表着人心高度灵活自由的那种活动事实，除此不能有其他意义。"③ 本文也主要以这种解释来界定精神这个概念，来说明人类与动物的本质不同。当然，人与动物的区别也有其他表现，如政治、文化、各种艺术等，但归根结底，它们的产生都在于精神，也就是理性思考的产物。

与动物依靠本能不同，人类借助特有的精神活动能力，也就是自由的意识活动，来保证生存繁衍，不断创造新的文明。精神活动表现在超越当下物质需要和环境刺激仍能继续进行的能力，表现在大脑的思维和想象中。肚子填饱了，意识活动并不是消失、沉寂，而是仍能继续展开。能回忆过去，能感知现在，能想到未来。比如，能想到制作更好的工具去捕猎动物，能想到种植谷物收获

---

① [德]马克思、恩格斯:《马克思恩格斯选集（第一卷）》，中共中央马克思恩格斯列宁斯大林著作编译局编译，人民出版社，2012，第56页。

② [德]马克思、恩格斯:《马克思恩格斯选集（第一卷）》，中共中央马克思恩格斯列宁斯大林著作编译局编译，人民出版社，2012，第56页。

③ 梁漱溟:《人心与人生》，上海人民出版社，2011，第114页。

更多的粮食，能想到制作做更多的器物方便生活……

于是，人类有更多的发明创造，有渔猎、农耕、制陶等。随着这些活动的增多，人类文明不断进步。人不断探索自然，增长知识，掌握规律；人不断认识自己，增强精神能力，提升境界，获得更大的自由，享受幸福和快乐。人类文明发展到今天，可以明显看出，凡是重视精神活动、增强精神能力、不断发明创造的民族，都能有更好的生活。凡是不愿用心或无暇用心的民族，都处于相对落后的状态，或者在生存竞争方面受压迫、被统治，或仍处于艰难的生存环境中。

在当代，知识就是力量，科技就是第一生产力，已成为人们的普遍认知。许多国家特别重视教育，提高人们的文化水平，也就是增强人的精神创造能力。人们在学校接受教育的时间变长，越来越多的图书馆、博物馆被建立起来，人们从中吸收精神的营养，自由发展，认识自我，丰富心灵，提升境界，让生活变得更有意义、更加精彩，让自己，也让世界增添更多的精神光辉。

二、心灵："人的存在方式"

但如果仅仅是靠这种器物的发明创造去满足生命生存的需要，并不能称为真正的人的存在。因为即使是动物，也有类似人类的"发明创造"的能力，如能够使用简单的工具、尝试不同的方式，甚至能通过伪装躲避敌害、使用"计谋"捕获猎物等。仅仅是靠"发明创造"去获得物质利益，这种存在方式实际上比动物高明不了多少。人的存在方式是在发挥精神能力之上的一种更全面、更丰富和更高级的生活，生活在精神世界中。这种精神世界既包含动物性的生存状态，又在此基础上有超越动物本能需要的精神活动。这种存在方式才是真正的人的存在方式。这是一种认识自我、世界，明白自我、世界存在的道理和意义，努力创造，追求更高意义，让生活更美好的存在方式。

人们常把精神比作火光，人生活在精神的火光中，也就是超越动物的文明的生存方式。既看见自我和世界，也明白有关自我和世界的道理，知道其发展变化的规律，在此基础上，明白自我生命的意义，知道发展的方向，去努力追求更美好的生活。人的生存方式是感受当下自我，更是努力超越当下，追求理想，去创造更美好的生活。人生要有精神，有心灵，要有更多的火光，有更多的文明。人的生存方式是这样一种不断超越自我，有更多精神、更高文明的过程。

德国哲学家雅思贝尔斯认为，从远古的精神火光的瞬间闪现，到生存在精神的光明之中，从和动物差不多的存在方式，到成为"人的存在方式"，人类文明曾经历了一个发生质的飞跃的时代。他称这个时代为"轴心时代"——"这一世界史的轴心似乎是在公元前500年左右，是在公元前800年到公元前200年产生的精神过程。"① 在这个时代，在世界不同地区，出现了许多伟大的哲学家。以这些伟大哲学家的创造为标志，人类文明出现了质的飞跃。"哲学家首次出现了。人们敢于作为个体依靠其自身。"②

这些伟大哲学家包括孔子、苏格拉底、释迦牟尼、查拉图斯特拉等人。他们的心灵敏感聪慧，精神能力高超。他们的精神光辉照亮人类的世界，开创了这种超越动物的"人的存在方式"。如释迦牟尼要超越生老病死的痛苦，从现实生活中解脱，通过修行达到涅槃的境界。苏格拉底主张人要"认识自己"，有清醒的精神状态。中国的孔子、孟子更认识到这种人的生存方式，去努力"为仁"，也就是"做人"。从孔子、孟子的论述中，可以比较清楚地看出这种"人的存在方式"。

孔子认为"饱食终日，无所用心"，这是动物的生存状态，人要有"心"的活动表现。在肉体生命生存繁衍的基础上，要"用心"，要有精神的生存方式："克己复礼为仁"（《论语·颜渊》）。"克己"是超越动物欲望，"复礼"是遵循人的生存方式，"为仁"即"做人"。

发挥精神能力，创造一个精神世界，生存于其中，并不断追求更高的境界。这种"人的存在方式"即心灵的存在方式，孟子讲得更明白细致一些。他认为，

---

① [德]雅思贝尔斯：《论历史的起源和目标》，李雪涛译，华东师范大学出版社，2018，第8页。

② [德]雅思贝尔斯：《论历史的起源和目标》，李雪涛译，华东师范大学出版社，2018，第10页。

人和禽兽之间的区别其实很少，又说"心之官则思"（《孟子·告子上》）。心的官能就在于思考，平常人并不在意，所以也就没有更多精神活动的表现，人生好像只是满足"饮食男女"的动物本能需要。而君子则要重视精神活动，并努力发挥这种能力，扩充心灵的内涵，生活在心灵之中。

这个精神世界也就是心灵世界，是"君子存之"，发挥精神能力，不断探索、创造的结果。孟子还说，这个精神世界有不同的境界，要不断超越，向更高处追求："可欲之谓善，有诸已之谓信。充实之谓美，充实而有光辉之谓大，大而化之谓圣，圣而不可知之之谓神。"（《孟子·尽心下》）人生是一个"为仁"即做人的过程，是在动物性生命存在的基础上，发挥"心之官则思"的思考即精神能力，去建构精神世界即心灵世界的过程。孔子主张"为仁"，而孟子认为"仁，人心也"（《孟子·告子章句上》），人心就是精神世界，这是"人的存在"方式。

雅思贝尔斯认为"轴心时代"是诞生"人的存在方式"的时代。"自此以后，人才之所以成为人。"[1] 因为这些伟大的哲学家的创造，人类在历史上才真正是"人的存在"，是拥有精神世界，拥有了人的心灵的时代。这些伟大哲学家也就成为中国、古希腊、波斯、佛教文明的代表人物。在他们之前，人类历史上不乏用聪明智慧来进行发明创造的人物，如创造弓箭、陶器、车船、房屋等，也有学会用火、创造文字、建立国家、创立制度、战胜艰难的人物等。这些发明创造和业绩也对人类文明的进步发展产生了重要作用，甚至如文字的创造被后人看作人类文明的重要里程碑。但这些距离建构人类的心灵世界还比较远。这些活动不断积累，逐渐提升人类文明水平，直到轴心时代出现了伟大的哲学家，才在已有文明的基础上建构完整的心灵世界，有"人的存在方式"。

"这一'人之存在'的整体改变可以称之为精神化。"[2] 人越来越多地依靠精

---

① [德]雅思贝尔斯:《论历史的起源和目标》，李雪涛译，华东师范大学出版社，2018，第7—8页。

② [德]雅思贝尔斯:《论历史的起源和目标》，李雪涛译，华东师范大学出版社，2018，第10页。

神活动保证生活，人类的精神世界也就渐渐独立、丰富起来。精神世界渐渐成为人生存的另一个世界，其范围无比宽广，内容无比丰富。精神世界产生于现实生活，包含着自身的感官体验，包含着外部自然万物的知识，又包含着无尽的过去的经验和未来的想象。这些经验、知识和想象有时经过精神活动的作用，又会呈现出千变万化的新创造。人类的历史是精神创造的历史，通过不断创造，人就生活在越来越广阔的光明世界之中。

伟大哲学家的思想光明灿烂，照亮无数人生活的世界，照亮人类前进的道路。"个别人的变化，却间接地改变了所有的人。'人之存在'在整体上实现了一次飞跃。"① 这些伟大哲学家的精神创造远远超越平常人，为人类文明发展作出了巨大的贡献：他们缔造了各自民族的心灵，实现民族文明的飞跃。这些伟大人物成为各个民族文明的代表。

他们的精神创造出最灿烂的光明，最吸引人们的关注，最值得人们学习，至今仍发挥着重要作用，引领人们精神创造的发展方向。这些伟大人物经过了历史的考验，从遥远的古代一直到今天，如高耸的精神灯塔，照亮人们前进的道路和方向，激发人们前进的勇气和热情，坚定人们的信念，带给人们希望和幸福。可以说，这些人物便是人类各种不同文明的象征和标志。

现在，他们的形象在全世界受人瞻仰，他们的著作被无数人阅读。人生代代无穷已，历史变化沧海桑田，但人始终是人，世代都要面临人生的一些重要问题，要有"人的存在"方式，要发展文明，提高人生境界。正如雅思贝尔斯所说："在人类每一次新的飞跃中，他们都会回忆起轴心时代，并在那里重燃火焰。"②

在当代，全球化已经深入人心，人类社会正成为休戚相关的命运共同体，不断创造更高的文明。但在这个过程中，也仍存在许多问题，需要借助这些轴心时代伟大人物的思想光芒，和他们进行心灵沟通，学习高超智慧，寻找答案。

---

① [德]雅思贝尔斯：《论历史的起源和目标》，李雪涛译，华东师范大学出版社，2018，第11页。

② [德]雅思贝尔斯：《论历史的起源和目标》，李雪涛译，华东师范大学出版社，2018，第14页。

三、伟大先哲的思想光芒

人类文明发展到今天，相互之间的接触、交流日益密切。但毫无疑问，人类文明表现出不同的类型，有各自独特的历史发展过程，但它们无不是和某些伟大的先哲，尤其是和轴心时代的那些哲学家联系在一起的。由于天生禀赋、人生经历、社会文化背景、地理气候等方面的不同，他们各有不同的精神创造。他们是精神的巨人，是历史的丰碑，是文明的灯塔。他们为民族文明的发展作出重要贡献，也是人类文明的代表人物。他们继承和发展前人的精神成果，发挥自己的聪明才智，解决个体生存和民族发展的重大问题，指引社会文明发展的道路。在人类文明发展的历史上，他们开辟出一个新时代，给人类生活带来新的思想和希望。无数人追随这些先哲，沐浴在新的光辉中，开启新的生活，也传播先哲的思想，让世界有了更多的光明。

两千多年来，这些先哲的思想历久弥新，更加光辉灿烂。他们的思想相互辉映，人类文明也就更加辉煌，生活更加美好，远离痛苦和烦恼，有更多的幸福和快乐，更多的自由和更高的境界。在今天，历经几千年的沧海桑田，这些先哲的思想光辉如日月高悬，更显崇高伟大。他们永远是人类文明的源泉、根基，后世人类文明的成果不会遮蔽他们的光辉，只会更加彰显他们的天生智慧、卓越才能和伟大业绩。而且，人类虽然有悠久的历史，文明不断进步，但每一代人出生时还是和动物相似的状态，需要通过不断学习，才能发挥精神能力，思考关于"人"的重要问题，探寻与动物不同的"人"的生存方式。他们成为人类文明的象征，其思想还要超越历史、民族、国家的界限，成为人类的宝贵精神财富和永不枯竭的精神源泉，滋养人类的文明创造。

孔子继承和发展了周公的礼乐文化，主张"克己复礼为仁"，引领人们"为仁"，也就是做人的道路。他努力学习文化知识，积极实践，发挥才能，成就自己，同时也奉献社会，完成上天所赋予的人生使命。他自己从"十有五而志于学"，到"七十而从心所欲，不逾矩"（《论语·为政》），一生努力，臻于天人合一的境界。他兴办私学，有教无类，因材施教，"弟子盖三千焉，身通六艺者七十有二人"（《史记·孔子世家》），启发民智，培养优秀人才。他删订《诗经》、编撰《春秋》、教授"六艺"、研究《周易》，他总结历史经验，高瞻远瞩，为人类社会发展指出小康、大同的方向。他把全部精力奉献给崇高的事业，为后人作出表率，给中国人指引了一条人文创造的道路。

古希腊的苏格拉底为人们指明精神的可贵。他被人们认为是最聪明的人，他却说自己是最无知的人，不断通过"精神助产术"来获得知识。他认为人和动物之间的不同在于有理性思考，认为没有经过审慎思考的生活是没有价值的。他提醒人们要"认识自己"，才能获得胜利，生存下去。关于城邦的发展，他有"理想国"的设想。柏拉图继续发挥思维活动的能力，去探寻世界万物的本源。他超越具体事物、现象，让精神远走高飞，寻找那真实、永恒的世界本源。亚里士多德是古希腊文明的集大成者，是学识最渊博的古希腊哲学家。他探索现实世界的奥妙，提出"四因说"。他在哲学、数学、政治学、伦理学、物理学等多个领域中都有成就，知识广博，重视理性能力，主张研究外在客观世界，获得知识，增长能力，不断探索、征服世界。以他们三人为代表的古希腊先哲善于思考，创造辉煌的古希腊文明，是后世西方文明中科学、民主思想的源泉。

释迦牟尼是古印度迦毗罗卫国的一位王子，七岁便开始学习各种知识技能，包括吠陀、五明、武术等，十六岁娶妻生子。他本在宫中过着富足的生活，但看到人世间的生老病死等各种痛苦，为寻求解脱之道，他毅然放弃王子身份，离开舒适的王宫和自己的家庭，决定出家修行。他向那些名师学习禅定，没有获得解脱。他进行苦修，摧残自己的身心，几乎失去生命，也没有获得解脱。他决定在自己的心中寻求解脱，不久他觉悟成道，进入没有任何痛苦、超越生死的涅槃境界。然后，他四处传道，教育引领人们超越现实世界的烦恼和痛苦，进入永恒极乐的世界中。许多弟子跟随他，向他学习，他也在传道的过程中不断提高自己的觉悟，完善自己的思想，制定佛教的戒律，组织僧人的活动。佛教认为，人执着于欲望，欲望又无法得到满足，于是永远痛苦。如果要得到彻底解脱，就要消灭这些痛苦。要有高度的精神觉悟，认识到这些身心的痛苦实际上都是空虚，即"色即是空，空即是色"。如果超越痛苦，就会达到涅槃的境界，也就是一个永恒不变，没有任何烦恼、痛苦和恐怖的境界。通过正确的修行方法，人能够达到这样的境界，获得解脱。佛教诞生之后，得到广泛传播，是当代世界三大宗教之一。

除了上面所述的几位伟大先哲，在各民族文明发展过程中，还出现许多其他思想家，如璀璨的群星，照亮人类历史的天空，但两千多年前的那些先哲们的思想创造无疑最富于原创性，最耀人眼目，启发心灵。后世思想家簇拥在他们的身边，不断抬高他们的地位，让这些伟人的思想更加光芒万丈。在人类文明的发展中，他们的思想光芒照亮人类自身，照出社会人生的世界，极大地超越动物生存状态，去努力追求更美好的未来。

"某民族的大哲学家，往往是某民族的精神方面的领导者。"[1] 他们也是人类文明的代表。无论在世界哪个地方，都有许多人在拜读他们的著作，沐浴他们的思想光芒，努力和他们实现心灵的交流沟通，让自己的心中有更多思想的光明。而且随着人类文明的发展，人们也在不断地把他们的思想光芒汇聚起来，让人类的文明更加灿烂，让生活更加美好。

四、孔子儒家思想的光辉

在中国传统文化中，孔子无疑居于崇高的地位，成为中国传统文化的一个象征。习近平总书记指出："孔子创立的儒家学说以及在此基础上发展起来的儒家思想，对中华文明产生了深刻影响，是中国传统文化的重要组成部分。"[2] 他树立起一座中华文明的丰碑，两千多年来，人们对他尊崇有加。他学识渊博，高瞻远瞩，为人师表，身体力行，不畏艰难，追求崇高理想。他提出"克己复礼为仁"的思想，对社会人生有非常全面深刻的思考。他周游列国，备尝艰辛，

---

① 冯友兰：《哲学的精神》，陕西师范大学出版社，2008，第 94 页。

② 习近平：《在纪念孔子诞辰 2565 周年国际学术研讨会 暨国际儒学联合会第五届会员大会开幕会上的讲话》，新华社北京 9 月 24 日电，https://www.gov.cn/xinwen/2014-09/24/content_2755666.htm。

矢志不渝，指引一条人文创造的发展道路，描绘美好的"大同"社会。

孔子儒家思想的光辉照亮了两千多年前的春秋时代，也一直为后人照亮前进道路。孔子在世时，已经有很多人对他非常崇敬，认为他是"圣人"；孔子去世后，学生把他比作巍峨富丽的殿堂，比作光明四射的日月，而认为那些企图诋毁孔子的人，只是不自量力罢了。

在孔子之后的漫长时代，人们愈发感到他的崇高伟大，以及孔子儒家思想的重要意义。汉武帝"罢黜百家，独尊儒术"，使孔子儒家思想成为中国古代社会中占统治地位的思想。汉代许多皇帝的谥号前都有一个"孝"字，后世许多朝代的皇帝也都自称以"孝"治国。唐太宗李世民是一代明君，推崇儒家思想，开创"贞观之治"的盛世。北宋赵普是著名的开国功臣、政治家，他喜欢读《论语》，留下"半部《论语》治天下"的说法。元代和清代都是少数民族入主中原，他们要使国家长治久安，就要学习汉族文化，尤其是孔子儒家思想。不仅是这两个朝代，历史上中国北方游牧民族武力强悍，他们南下占据汉民族居住地之后，一般都要学习以孔子儒家思想为核心的汉文化，来稳定、发展社会，如著名的北魏孝文帝改革。人们称这种历史现象为中华文化的"同化性"，实际是表明了孔子儒家的先进性。这些从草原山林中来的民族文明落后，必须接受儒家思想才能有更好的生活。

儒家文化是"为仁"即"做人"的文化。所以，不只是历代帝王需要遵从孔子儒家思想来治理国家，对古代社会的知识阶层及普通百姓来说，也要学习孔子儒家思想文化，学习"为仁"即"做人"。儒家经典是文人士大夫必须学习钻研的学问，来提升个人精神境界，增强为官从政的能力。许多朝代，熟习儒家经典是国家选拔人才的重要标准。从民间私塾到朝廷的大学，儒家经典几乎是唯一的学问，所以，从某种意义上说，"儒学"即"文化"的代名词。儒家文化深入人心，《千字文》《弟子规》《三字经》等启蒙读物尽是儒家思想文化的表现，即使是目不识丁的芸芸百姓，日常交往、婚丧嫁娶等人生大事，都遵循儒家伦理道德、礼仪规范，过文明的生活。所以，民间也流传这样的话："天不生仲尼，万古如长夜。"儒家思想根深蒂固，源远流长，百姓日用而不知，成为中华文化的重要基因。

孔子儒家思想在世界文明发展中占有重要地位。在中华文明的发展过程中，孔子儒家思想还不断向外传播，促进了周边国家、民族的文明进步。如日本、朝鲜（韩国）、越南等，积极向中国学习孔子儒家思想，和自己民族的文化相结合，有力地促进自己民族文明的进步，在东亚，形成人口众多、地域广大的汉字文化圈、儒家文化圈。通过陆上、海上丝绸之路，中国孔子儒家思想还不断向西方传播，对世界文明的发展进步作出重要贡献。在两千多年的人类文明历史中，以孔子儒家思想为核心的中华文明始终没有中断，不断发展，而且长期居于世界领先地位。

孔子儒家以"人"为本，天人合一，所以，孔子儒家思想开放包容，吸收后起的、外来的思想不断丰富、充实自身。在中国古代，固然有道家反对儒家，有佛教超越世俗，但都无法动摇儒家的中心地位，反而使儒家在思想碰撞中不断发展。晚清西学东渐，中国文化遭遇"三千年未有之大变局"。在这风雨如晦的时代，中华民族不屈不挠，奋力拼搏。

近代以来，许多学者引进西学，也有许多学者更加认识到中国文化的特点，推崇孔子儒家思想，增强民族文化自信。有的学者认为中国人要自立自强，巍然屹立于世界东方，就需要接续文化血脉，学习孔子儒家思想，与时俱进，焕发民族生机和活力。许多学者对西方文化也逐渐有更清醒的认识，如科学带来物质丰富，也会让欲望扭曲人性。西方文化身心分裂，物质和精神对立，身体和灵魂交战，难以和谐统一，生活难免纷乱和痛苦。有学者也指出，如果西方人要得到内心的和平、安宁，想要有更美好的未来，就要从中国文化中，从孔子儒家思想中学习智慧。

五、当代孔子儒家思想的新光彩

党的十八大以来，中国特色社会主义进入新时代，迎来中华民族的伟大复兴，更加开放，走向世界，推动构建人类命运共同体，努力为人类文明的进步作出贡献。在中国快速发展，取得举世瞩目成就的历程中，可以看出悠久深厚的民族文化，尤其是孔子儒家思想发挥的重要作用。

中国的崛起是马克思主义中国化的伟大成果。马克思主义中国化是坚持把马克思主义基本原理同中国具体实际相结合、同中华优秀传统文化相结合，运用马克思主义的立场、观点、方法，研究和解决中国革命、建设、改革中的实际问题。1938年，毛泽东同志在中共六届六中全会上作政治报告时指出："从孔夫子到孙中山，我们应当给以总结，承继这一份珍贵的遗产。这对于指导当前的伟大的运动，是有重要的帮助的。"[①]

马克思主义是西方无产阶级的革命思想，孔子儒家是中国古老的"克己复礼为仁"的思想，二者在很多方面有较大的区别，但从根本上说，二者又有许多相通之处。如二者都承认人类生活离不开物质基础，都以人为本，马克思主义反对拜物的资本主义，也反对宗教对人的异化，追求人的全面解放；二者都把个体和社会集体统一起来；二者都强调通过努力发挥人类精神能力，去推动文明发展，马克思认为劳动创造人类社会文明，孔子推崇"克己复礼为仁"（《论语·颜渊》）；二者都认为人有爱心，追求美好生活，马克思认为"人也按照美的规律来构造"[②]，孔子则主张"里仁为美"（《论语·里仁》）；二者都崇尚大公无私的境界，马克思提出共产主义的社会理想，孔子则有"大同"社会的理想；二者也都认为美好社会理想的实现需要有一个过渡阶段，马克思认为是社会主义社会，孔子则认为在"大同"之前有"小康"社会。

由于马克思主义揭示了人类社会发展的基本规律，深刻认识到人类本质，所以在中国共产党的领导下，把马克思主义基本原理和中国实际情况结合起来，经过几十年的伟大实践，取得了伟大成就，建立社会主义新中国。改革开放以来，党和国家继续探索中国特色社会主义道路，取得举世瞩目的伟大成就。应该看到，在这个历史过程中，中国悠久深厚的优秀传统文化，特别是孔子儒家

---

① 毛泽东：《毛泽东选集（第2卷）》，人民出版社，1991，第534页。

② 马克思、恩格斯：《马克思恩格斯选集（第一卷）》，中共中央马克思恩格斯列宁斯大林著作编译局编译，人民出版社，2012，第57页。

思想发挥了不可忽视的作用，使得马克思主义中国化不断取得成功，不断深入民心，有能力抵抗外来力量的干扰、破坏。郭齐勇指出："所谓'中国化'，在一定意义上就是马克思主义的儒家化。"①

现在，中华民族走上了实现伟大复兴的壮阔道路。复兴体现在国力强大、科技进步、经济发展等各个方面，更重要的是反映文明文化的丰富繁荣，根深叶茂。中国人的精神更加昂扬，充满自信，对未来充满美好的向往，满怀热情，去努力创造。伟大的民族复兴是物质文明的强大，也更包含精神文明的强大，其中就包含孔子儒家思想的生机和活力。民族有种族、肤色、国家、地域等多方面的不同，更重要的是文化的不同。古老的中华民族的文化和其他民族文化的不同之处在于悠久深厚、博大精深，尤其是以孔子儒家文化为核心。继承和发扬孔子儒家思想文化是保持民族文化特色的需要，更是汲取民族文化精华，更好地走向世界的需要。民族历史不能割裂，传统文化不能舍弃，从20世纪80年代兴起的"国学热"至今仍在持续，人们对儒家思想文化热情不减，从中汲取精神力量，推进当代中国的发展，迎来民族的伟大复兴。习近平总书记指出："只有全面深入了解中华文明的历史，才能更有效地推动中华优秀传统文化创造性转化、创新性发展，更有力地推进中国特色社会主义文化建设，建设中华民族现代文明。"②

在此基础上，中华民族还有更崇高的理想：构建人类命运共同体。这是当代中国对全球治理提供的"中国方案"，是当代人类文明发展的新成果。如果和古老的孔子儒家思想相联系，也会看到其中有不少相通之处，如以人为本、互利共赢、平等互助、休戚相关、和谐发展等。

人类总是不断追求美好明天。以古鉴今，总结经验，汲取教训，才能更好地前进。有悠久的历史才会有更长远的未来。人类不断创造文明，开

① 郭齐勇：《儒学新论：郭齐勇学术论集》，《孔学堂》2016年第2期。
② 习近平：《在文化传承发展座谈会上的讲话》，《求是》2023/17，http://www.qstheory.cn/dukan/qs/2023-08/31/c_1129834700.htm。

拓未来，薪火相传，文明被不断继承和发扬，才会更加光辉灿烂。立足民族文化的深厚根基，吸收先哲的智慧，才能不断发展，创造美好生活，为人类文明作出更大贡献。

第二节 "贤者识其大者"：理解孔子儒家思想

孔子是中国人最为熟悉的古代圣贤，孔子儒家思想源远流长，妇孺皆知，深入人心，成为中国古代历史文明中的主流思想，成为中国人治国安邦、为人处世、修身养性的准则。当代，中国国家富强，正行走在实现民族复兴的伟大梦想的道路上，推动构建人类命运共同体，孔子儒家思想越发受到人们的重视，表现出强大的生命力。深入探讨、阐释孔子的儒家思想，弘扬中华优秀传统文化，对于增强民族自尊自信，获得强大的精神力量，建设当代文化意义重大。

一、近代以来的思想困扰

近些年来，有关孔子儒家思想的研究成为学术热点，中国及世界各国的学者都在不断努力，发表众多学术论文，出版一本又一本的著作。为了传播和弘扬孔子儒家思想，许多学者还通过各种现代媒体开设讲座、论坛等。现在中国的中小学教育重视传统文化教育，国学启蒙读物如《三字经》《弟子规》等成为教科书的重要内容。在经济领域，人们越来越重视建设企业文化，开设企业领导的研讨班，以及职工的培训课等，其中孔子的儒家思想也是重要内容。人们也注意到，一些世界优秀企业之所以长盛不衰正是因为秉承了孔子儒家思想，而且现在东亚是世界上经济发展、社会稳定繁荣的地区，历史上深受孔子儒家思想的影响。但其实也有许多不同的声音，如有人认为现在的"孔子热"在某种程度上使孔子儒家思想大众化，同时也庸俗化了；有人认为孔子儒家思想只是一些道德教条，束缚人的自由；有人认为孔子儒家思想讲究礼乐，虚张声势，极尽虚伪之能事；有人认为中国历史上，治世提倡孔子儒家思想，是为了维护社会秩序，而当代中国稳定繁荣，所以上下都在谈论孔子；还有人则认为孔子儒家思想不论在治世还是乱世都是适用的，是有关社会人生的真理，不只是中国人的精神财富，也是"地球村"所有人的精神财富，是人们和平相处、共享繁荣的道德"金律"，孔子及其儒家思想崇高伟大。

由此看来，真正理解孔子及其儒家思想并不是一件容易的事情，不同的人有不同的看法，这是很自然的。特别是在近代以来风云变幻的百年间，人们对孔子的看法更是聚讼纷纭，甚至是严重对立、矛盾冲突、势如水火。这百年是中国社会发生巨大变动的时期，思想剧烈碰撞，文化迅速发展变化，孔子儒家思想面临着严峻的挑战。有的人认为孔子儒家思想是中国文化的精髓，有其不可磨灭的价值；有的人认为孔子儒家思想崇高伟大，是社会人生的灯塔；有的人认为其是封建社会的文化代表，在现代社会已经不适合时代的发展，必然要为新的时代精神所取代；有的认为其落后保守，不能让人们有进取心，去勇敢奋斗；有的甚至认为其已经腐朽透顶、是麻醉人的"精神鸦片"，只有彻底摒弃孔子的儒家思想，中国才能走上现代化，才能国富民强。

在众多的观点中，两种极端对立的观点在中国现代的历史上留下深刻且鲜明的印记。一方面，新文化运动提出"打倒孔家店"的口号，要否定和反对中国传统文化，认为只有这样才能产生新时代的文化，才能国家强盛，民族复兴。另一方面，又有新儒家的兴起，出现了如熊十力、梁漱溟、马一孚等儒学大师，他们明确指出，儒家文化对民族复兴具有重要意义。梁漱溟说："明白地说，照我意思是要如宋明人那样再创讲学之风，以孔颜的人生为现在的青年解决他烦闷的人生问题……中国不复活则已，中国而复活，只能于此得之；这是唯一无二的路。"[①] 后来，学者贺麟也认为民族复兴本质上应该是民族文化的复兴，而民族文化的复兴，"其主要的潮流、根本的成分就是儒家思想的复兴，儒家文化的复

---

① 梁漱溟：《东西文化及其哲学》，商务印书馆，2006，第215页。

兴。"①"我们相信，儒家思想的前途是光明的，中国文化的前途也是光明的。"②

近代一百多年是中国人民忍辱负重、奋发图强的时代，也是精神激荡、努力探寻发展道路的时代。今天，传统的儒家思想仍让中国人倍感焦虑。但无论如何，必须要直面孔子儒家思想。这是中国思想的山峰，崇高险峻，困难重重，同时也就有壮丽的风景，陶铸中华民族的伟大心灵。

二、古代社会的众说纷纭

动荡的年代思想自由，激烈碰撞，才会出现如此矛盾对立的观点。这使人思想解放，同时也让人们更加困惑，难以取舍。那么，如何去理解孔子儒家思想呢？是崇高伟大，还是平庸无聊？甚至还是精神的枷锁？是否因为历史的风云变幻，人们才有如此众多且不同的观点？那么，是否古人就更接近孔子、真正理解孔子儒家思想呢？可是如果认真审视历史，就会看到，即使是在古代封建社会里，人们对孔子的儒家思想也有不同的理解。

在中国古代封建社会中，基本上是以孔子的儒家思想为主流意识形态。历代统治者尊孔子为圣人，送上"大成至圣文宣王"等至上称号，尊其为"帝王之师""万世师表"，并建庙奉祀。曲阜孔庙规模之宏大，可与帝王宫殿相媲美。其后世子孙被封为"衍圣公"，享受尊荣，守护圣地，传承孔子的儒家精神。孔子受统治者礼拜，受万民敬仰，成为国家民族的精神支柱。孔子的儒家思想不是宗教，孔子不是神，但当异域的宗教，如佛教、基督教进入中国时，在信奉孔子儒家思想的人们心中，孔子和释迦牟尼、耶稣基督一样，是人们的精神依托和支柱。在政治活动中，孔子的主张被具体化、系统化为中国封建国家的政治组织形式，从治国安邦到修身齐家，成为社会主导思想，宋初宰相赵普有"半部《论语》治天下"的说法。封建统治者以孔子的儒家思想教化民众，使得民

---

① 贺麟：《文化与人生》商务印书馆，2002，第4—5页。

② 贺麟：《文化与人生》，商务印书馆，2002，第17页。

风淳厚，百姓安居乐业。民间私塾拜师开学，也要祭拜孔子，让儿童从小就接受"圣人"的教诲。民间的许多风俗习惯都有丰富的儒家思想成分，根深蒂固，源远流长，影响深远，如各种乡俗民约、族规家风、宴会节庆、婚丧嫁娶、待人接物等。可以说，儒家精神体现在社会人生的方方面面，规定人们的生活方式，建构人们生存的意义。

但是也可以看到，即使在封建社会，也仍有对孔子不赞同，甚至是反对的观点。如汉初统治者采用"黄老之术"，与民休息，无为而治，经过一个时期后，社会安定，生产发展，人民生活富足。而后汉武帝"罢黜百家，独尊儒术"，但如日中天的大汉王朝也从此由盛转衰。汉末天下大乱，曹操发榜求"天下有才无德"者，是对正统的儒家思想的冲击。魏晋时代，一方面，是统治者维护儒家礼教，甚至以礼教为名滥施刑罚；另一方面，对儒家礼教的抵制和反抗也成为一种时代精神和潮流，《世说新语》中众多人物的任诞纵情、特立独行，表现了摆脱礼教束缚、寻求心灵自由的社会倾向，留下魏晋风流的美誉。

唐代是中国封建社会发展的顶峰，创造了辉煌灿烂的文化，至今仍令中国人魂牵梦绕，无法释怀。唐代思想开放，各种思想自由竞争，滋养了唐朝人的文化创造，给后世人留下了宝贵而独特的精神财富。如在文学方面出了李白、杜甫、王维这样的伟大诗人，他们分别被称为"诗仙""诗圣""诗佛"，可见他们和道教、儒家、佛教思想的关系。唐代后期，韩愈推崇儒家思想，但大唐帝国已江河日下。宋代儒学吸收了道家、佛学的内涵发展成为理学，更为具体精深，但宋代人们的精神面貌缺少了盛唐自由开放、豪放热烈的气概。

在明清时代，儒家思想成为一统天下的思想，虽有个别思想家反抗儒家道学，但无法改变社会积习，儒家礼法成为束缚精神创造力的教条、枷锁，甚至成为"吃人"的工具，儒家"仁者爱人"的爱心，"仁以为任""任重而道远"的执着和顽强精神走向其反面，窒息人性、戕害生命，严重阻碍社会的发展。清末小说《儒林外史》对此描述详尽，令人痛心疾首。中国古代文明的发展也渐渐落后于西方文明。

近代西方列强用坚船利炮撞开了中国的国门，中国逐渐沦为半殖民地半封建社会，备受屈辱，苦难深重。在西学东渐的时代潮流中，作为中国传统文化代表的孔子儒家思想也饱受争议。

三、孔子同时代人的争论不休

即使回到孔子的时代，人们追随左右，聆听教诲，也不一定能真正理解孔子儒家思想，会有许多争论。《论语》中的记载已表明这一点。

孔子以博学知礼闻名，《论语》记载孔子入太庙，每事问。有人就产生疑问："孰谓鄹人之子知礼乎？"（《论语·八佾》）有人甚至认为，孔子并不知礼，孔子回答陈司败，说："昭公知礼。"（《论语·述而》）等孔子走出去，陈司败便对别人指出孔子的错误，还说："君而知礼，孰不知礼？"（《论语·述而》）鲁君如果算得上知礼，还有谁不知礼呢？有的人虽然承认孔子学识渊博，但又认为他没有什么特别的专长而成名："大哉孔子！博学而无所成名。"（《论语·子罕》）但也有人确实佩服孔子的多能，太宰问子贡："夫子圣者与？何其多能也？"（《论语·子罕》）子贡说："固天纵之将圣，又多能也。"（《论语·子罕》）孔子则解释说："吾少也贱，故多能鄙事。"（《论语·子罕》）颜回是孔子最得意的学生，在学问和精神境界方面最能理解孔子，他感叹道："仰之弥高，钻之弥坚。瞻之在前，忽焉在后。夫子循循然善诱人，博我以文，约我以礼，欲罢不能。既竭吾才，如有所立卓尔。虽欲从之，末由也已。"（《论语·子罕》）仰慕之情溢于言表。

孔子门人众多，有的跟随多年，但不能真正理解孔子，有时还自行其是。"子疾病，子路使门人为臣。"（《论语·子罕》）孔子病得厉害，子路组织治丧，要装门面，摆排场。孔子病情好转，责备子路"行诈"（《论语·子罕》）。子路还曾因为孔子病重"祷于鬼神"，孔子也不赞同。颜渊去世，父亲颜路请求孔子卖掉车子来替颜渊办外椁，孔子不同意。弟子们厚葬颜渊，孔子也不同意，但学生还是厚葬了颜渊，孔子非常无奈。孔子教育学生文质彬彬，但子路性格直率、急躁、脾气大，有时对孔子轻慢、冒犯，甚至当面说孔子"迂"。冉求不顾孔子"仁者爱人"的教诲，替季氏聚敛财富，孔子公开声讨他。

《论语》中特别记载了当时一些愤世嫉俗的隐士的言论，他们对孔子的看法更是与众不同，别开生面，充满疑惑误会、嘲讽奚落，乃至批评反对。微生亩对孔子说："丘何为是栖栖者与？无乃为佞乎？"（《论语·宪问》）石门的守门人对子路这样说孔子："是知其不可而为之者与？"（《论语·宪问》）楚狂接舆嘲笑孔子："已而，已而！今之从政者殆而！"（《论语·微子》）孔子叫子路去问路，长沮、桀溺说："是知津矣。"（《论语·微子》）意思是孔子应该知道渡口在哪里，暗讽孔子不识时务，在乱世中不知道自保，还周游列国，简直是自讨苦吃。子路跟随孔子落在了后面，遇见一位丈人，便向他询问有没有见过自己的老师，丈人说："四体不勤，五谷不分。孰为夫子？"（《论语·微子》）

孔子是怎样的人呢？自古以来，人们就争论不休，各执一词，甚至是天壤之别。《论语》记载叔孙武叔觉得子贡超过孔子，还诽谤孔子。子贡说："无以为也！仲尼不可毁也。他人之贤者，丘陵也，犹可逾也。仲尼，日月也，无得而逾焉。人虽欲自绝，其何伤于日月乎？多见其不知量也。"（《论语·子张》）子贡对孔子非常敬仰，极力维护孔子的地位："夫子之不可及也，犹天之不可阶而升也。……其生也荣，其死也哀，如之何其可及也？"（《论语·子张》）

四、理解孔子："贤者识其大者"

孔子的儒家思想到底是怎样的？孔子难道不希望有人真正理解他吗？他没有把自己的全部思想传授给后人吗？"子罕言利与命与仁"（《论语·子罕》），子贡也说："夫子之文章，可得而闻也；夫子之言性与天道，不可得而闻也。"（《论语·公冶长》）没有听到过老师关于天性和天道的言论。弟子们的心里也有疑惑，曾向孔子请教。孔子说："予欲无言。"弟子子贡说："子如不言，则小子何述焉？"孔子说："天何言哉？四时行焉，百物生焉，天何言哉？"（《论语·阳货》）看来，"无言"并不是不说话、不传授，有的事情仅靠语言是无法讲清楚的。但孔子诲人不倦，毫不保留，通过各种方式进行阐释："吾无行而不与二三子者，是丘也。"（《论语·述而》）

孔子为什么"予欲无言"？真理和语言是怎样的关系呢？对一句格言警句的理解，历经沧桑的老人和懵懂无知的少年会有极大的差别。社会人生的真理往往存在于不断理解、探索的过程中，需要经过切身的体验和深刻的思考，也需要去努力实践，才会真正成为属于自己的真理。所以真理不是语言文字，更不是僵化的教条，而是需要自己去体验、总结和实践。孔子说"予欲无言"，他诲人不倦，身体力行，以自己的教育事业，以自己奋斗的一生，向人们彰显自己的思想主张。孔子还说："吾道一以贯之。"（《论语·里仁》）他的思想虽然丰富，但又有高度的统一性，一个核心思想统领着各方面的学问和知识。如果深入理解了这个核心思想，就能高屋建瓴，理解孔子儒家思想的全部内涵。

在全面推进中华民族伟大复兴的今天，孔子儒家思想不仅回到了人们的身边，又渐渐深入人心，而且正逐渐在世界范围内传播，为更多人所接受，产生越来越大的影响。可是对《论语》的意见不一，后世又众说纷纭，该如何是好呢？孔子和孔子儒家思想到底是怎样的？应该如何理解孔子儒家思想？考察《论语》中人们对孔子的不同看法，似乎这些纷纷的议论更显出孔子的伟大；两千多年来历史沧海桑田，孔子依然被后世尊称为"圣人"，在当代中国，孔子已经成为中华传统文化的象征，具有崇高伟大的地位。所以，理解孔子儒家思想应朝着崇高伟大的方向去努力，虽然"仁者见仁，智者见智"，但无论"仁"或者"智"，都不应把孔子儒家思想简单化、庸俗化，都应去努力探索和体会孔子儒家思想的丰富多彩、高远深邃。

人们接触到孔子儒家思想时，可能会有各种各样的想法，甚至会反对、厌烦、鄙弃，这是自然的，但应该抱定坚定的信念，要"亲其师，信其道"，不断去学习、体会孔子儒家思想的崇高伟大。如果坚持轻蔑、鄙夷的成见，就是自己的态度有问题，结果也就会如子贡所言："多见其不知量也。"子贡也说过这样的话："文武之道，未坠于地，在人。贤者识其大者，不贤者识其小者。"（《论语·子张》）意思是孔子用自己的才能把握了周文王、武王之道的大道理，而普通人只能见识到细枝末节。同样，人们应该努力去探索孔子儒家思想的大道理。把孔子儒家思想往崇高伟大的方面去理解，即要做一个"贤者"。无疑，人的本质特性在于精神活动，要不断"臻于至善"。关于孔子及其儒家思想，努力去"识其大者"，不断提升自己的思想境界，从而也就能成为"贤者"。孔子鼓励人们不断进步，他认为，应该赞成进步，不赞成退步，人家已经去掉了污点，取得进步，不能再抓住过去不放。"三人行，必有我师焉"（《论语·述而》），孔子的一生是不断追求进步的一个过程，从"十有五而志于学"到"七十而从心所欲，不逾矩"（《论语·为政》），不断学习，达到高度自由的精神境界。之所以要尊重、敬仰孔子及其儒家思想，还因为不能无视历史，不能无视孔子儒家思想对中国传统文化巨大而深远的影响，不能无视他被尊称为"圣人"的崇高地位。

梁启超说："中国民族之所以存在，因为中国文化存在；而中国文化，离不了儒家。如果要专打孔家店，要把线装书抛在茅坑里三千年，除非认过去现在的中国人完全没有受过文化的洗礼。这话我们肯甘心吗？"[①] 人们自然是不甘心，反而越来越能体会中国传统文化的灿烂辉煌，所以对于孔子儒家思想，要努力去识其"大者"，理解和发扬伟大传统，汲取不竭的强大精神力量。晚年的季羡林甚至这样说："我现在感觉到其实用不着半部《论语》，有几句话就能治天下。例如像大家举的'己所不欲，勿施于人'，这个想法，这句话能办到，我看不仅中国大治，世界也大治，世界和平就有了保证。这一句就够了。"[②]

现在，人们越来越认识到，在任何文明中，在任何文化伟人面前，孔子及其儒家思想都毫不逊色，有其崇高伟大的地位。由此可以得到一个启示：要站在时代精神的高度，站在全人类众多思想巨人的肩膀上去审视和理解孔子儒家思想。思想的碰撞将更锻炼出真金的本色，将迸发更绚丽灿烂的光芒，照耀出人类精神更宽广高远的境界。

现在是历史的终点也是历史的起点，孔子的儒家思想存在于现实生活

---

① 梁启超：《儒家哲学》，北京大学出版社，2010，第14页。
② 季羡林：《风物长宜放眼量》，重庆出版社，2015，第189页。

中，影响着人们的未来。孔子是中国历史文化中"圣人"、伟人，其思想是伟大文化传统中的宝贵精神财富。中华民族生生不息，历史悠久，文化灿烂，现在正走向复兴，不断创造新的奇迹，创造美好的未来。郁达夫说："没有伟大的人物出现的民族，是世界上最可怜的生物之群；有了伟大的人物，而不知拥护、爱戴、崇仰的国家，是没有希望的奴隶之邦。"①"贤者识其大者"，要以孔子为骄傲，深入学习和体会孔子儒家思想，不断向高远精深的方向阐释和发展孔子儒家思想，要站在崇高伟大的"巨人"的肩膀上去达到更高的精神境界。

第三节　文化传统的力量

人类是不断创造文化的动物，生活在文化之中。文化是自己创造的结果，更是民族世代传承、不断积累与发展的过程。尤其是那些伟大人物的文化创造，更是难能可贵的，把人们带入光明灿烂的生活之中，指明前进的方向。在漫长的历史过程中，文化薪火相传，生生不息，形成独特的民族传统，是宝贵的精神源泉，彰显民族的生命活力。

一、传统的内涵

对于人类的文化创造来说，回顾历史，继承传统，开拓创新是基本的规律。在西方历史上，有始于意大利的文艺复兴，为摆脱中世纪神学的束缚而从古希腊、古罗马文化中汲取人生的精神营养，在哲学、科学、艺术等方面有许多杰出的创造，出现了许多伟大的人物，开辟了西方历史的新时代。后来又有古典主义、新古典主义等文艺思潮，主张学习古希腊、古罗马的精神。

---

① 郁达夫：《郁达夫精选集》，北京燕山出版社，2006，第334页。

在中国，孔子自觉继承和弘扬传统文化，以"克己复礼为仁"为己任。历朝历代的统治者常"以史为鉴"，不忘"古制"，借助传统的力量治理国家。清朝末年西学东渐，诸多励志图强的思想家强调接受西方文化，但也有一些学者眷恋传统的孔子儒家文化，真诚地信仰并坚持着。文化复兴是人类历史的重要主题，也体现出文化传统坚韧而顽强的力量。历史经验表明，人类生活必要接续传统，才能立足于当下，才能开拓未来。传统具备坚忍顽强的力量，有美丽神圣的迷人光彩，是永不枯竭的精神源泉。在当今这个文化复兴、继承和发扬传统的时代，有必要对什么是传统，以及传统的生命力进行深入的思考。

概念的意义在其实际使用中能更清楚地显现出来，人们平常总是这样说：传统文化、传统节日、传统服装、传统医药等。由此可以知道，所谓传统，即一个民族历史上曾有的生活方式，影响着现在及未来的生活。

所以，传统是一种文化的传承和发展的力量。传统是宝贵的生活经验，传统是不可替代、不可抹杀的历史存在；传统是世代相传的心灵历程，是滋生信念、热情、勇气和力量的精神源泉；传统是历史的经验，也孕育着美好的明天。如书法是中国的传统艺术，历史上有灿若群星的书法大家，创作出丰富多样的书法作品，作品中表现了中国人各种美好的精神境界。书法艺术让人们赞叹仰慕，喜悦自豪，滋养人们的心灵，不断变得高雅精妙。当代，仍有许多人热衷于研习、创作，继承和发展书法传统，不断创造更丰富多彩的精神境界。

传统是宝贵的精神资源，具有坚忍顽强的力量，一个个体乃至整个民族的发展都不能割裂传统，如果失去传统，个体和民族将成为无源之水、无本之木，会逐渐枯槁，失去活力。

二、传统力量的源泉

首先，传统的力量来源于人的本性：人是创造文化的动物。和动物一样，人生活于物质的世界中，是血肉之躯；但人与动物又有本质的区别，即人有精神的特性，人还生活在文化中，生活在一个有意义的世界中。创造文化、生存于意义世界之中，这是人所特有的生活方式。文化对人的生存来说至关重要，正如阳光、水、空气对人的动物性存在一样。创造文化体现着人所特有的生存方式，否则，人与动物就没有区别了。人必要过人的生活，必要不断创造文化，提升自己的精神境界。中国被周边国家称为"礼仪之邦"，"礼仪"是历史上周公"制礼作乐"的成果，是文化的创造。孔子自觉维护、继承和发展"礼乐"的文化传统，成为中华文明的一座崇高的精神灯塔，被后世尊称为"至圣先师"。

关于人的精神特性和文化创造，马克思认为，"人们自己创造自己的历史，但是他们并不是随心所欲地创造，并不是在他们自己选定的条件下创造，而是在直接碰到的、既定的、从过去继承到的条件下创造。"① 人生活在传统中，必然受到传统的影响。在某种意义上说，人是文化传统的产物。如印度"狼孩"本是人类婴儿，但从小离开人类社会与狼群生活在一起，虽然能生存，只能和狼相似，不能和正常的人一样了。因为离开了人类社会，离开了文化传统，躯体虽能发育，但人类所特有的精神能力则无法正常发展。

其次，传统是宝贵的精神财富，是先人智慧的结晶，是世代先人不断探索的结晶，有的是用生命的代价换来的，所以弥足珍贵。保证生存、创造文化是人类生活的永恒主题，其间有许多难题、许多艰难困苦，需要大智大勇的杰出人物去解答，需要品质卓越的优秀人物去探索，需要世代人生经验的积累和总结。如作为中国传统智慧结晶的《周易》，世传包牺氏作八卦，又有周文王拘羑里而推演八卦，还有孔子对八卦进行哲学解释等。《周易》是中国古代众多圣贤的创造，对宇宙自然、社会人生进行全面、深入思考，成为中国思想的源头。中国传统医学据说源于神农尝百草的传说，还有扁鹊、华佗等传奇人物的创造。传说中的人物或许是众人智慧的象征，而孔子、孟子、庄子、孙子等人则是真实的历史人物，其精神创造彪炳千秋，永远照亮人们的生活。

往圣先贤的探索发明，洞幽烛微，使人们对宇宙自然社会人生的重大问题

---

① [德] 马克思、恩格斯：《马克思恩格斯选集（第一卷）》，中共中央马克思恩格斯列宁斯大林著作编译局编译，人民出版社，2012，第669页。

有深入的理解。如孔子"仁者爱人""克己复礼为仁"的人生哲学；庄子返璞归真，活泼自然的生命真谛；古希腊苏格拉底"求知"的探索精神等，永远给人们以教益。再如古希腊的民主制度和古罗马的法律精神等都还在当代生活中发挥着重要作用。宝贵的精神创造不仅在于往圣先贤对社会人生重大问题的探讨，生活是具体而微的，饮食男女、衣食住行等方方面面也都需要不断创造和积累。如各地的风味小吃、民风民俗等，都在不自觉中形成传统，让生活丰富多彩，表现出个性特色。传统是智慧的结晶，是生活经验，也是精神特质和心理活动特点。如有的民族能歌善舞，有的民族富于哲学气质，有的民族热情浪漫，有的民族谦和含蓄等。

生活由点点滴滴构成，又从来都是一个整体，是一个人的、一个民族的生活，文化传统也是如此。精神世界中玄远高深的哲理探讨和日常生活中的细枝末节的讲究，都需要用心，需要积累，需要付出心血，或不经意间的举手投足，或不知疲倦地劳作，或殚精竭虑地苦思冥想，或勇往直前、奋不顾身、舍生取义等。

依照传统会形成人们生活的习惯，获得一种自动运作的心理力量，使生活在不自觉中自动进行。"万籁虽参差，适我无非新"，人总是生活在新的世界中，总要面对新的境况。但事物的发展总有一定的连续性或重复性，如果每一件事情都要再费尽心机地去研究一番，再决定如何取舍，如何应对，无疑会疲于奔命，手忙脚乱。所以有许多事情人们必须借助传统，依靠习惯去处理应对。这样会节省许多时间和精力，才会进一步在生活中从容地去面对新的问题。从这个意义上说，传统是人类精神能力的继承和发展，是生存所必需的一种习惯性力量。

再次，传统有助于自我文化身份的确认。对自我文化身份、个性的体认是传统之所以具有巨大力量的根源。"我是谁"，这是每一个人都要面对的问题。那该如何解答这一问题呢？当下转瞬即逝，未来无法确定，唯有过去的所作所为是确定无疑、永恒不变的，是自己的个性的表现。所以要回顾过去，反思历史，认识自己。要更深刻地认识自己还需要有更深更远的思考，自己的所作所为毕竟短暂，毕竟有限，是个别的现象，还要从本质上，从根源上，从更长远的历史尺度上来寻找普遍的规律。于是，就想到了父母、祖先，想到漫长的历史中先辈的所作所为、所思所想，他们的生活和他们的创造，从中找到自我的影子，发现自我的性情，体会到自己生活的本质规律。如此便更深地认识了自我，有了精神的归宿和支撑，有了生活的信念、勇气和热情。如此自我也便成为民族中的一员，有了超越自我个体的丰富性和永恒性。自我成为历史、传统中的一个组成部分。追溯历史，展望未来，"我"便不再是瞬间的当下存在，而是有了深沉悠远、崇高神圣的意味。

中国历史上有"数典忘祖"的故事，有人说"忘记历史等于背叛"，这都是在提醒人们不要忘记过去。历史形成传统，传统是过去，也是现在，更影响未来。忘记历史，漠视传统，是背叛，背叛的正是自己。所以中国人祭祀圣贤和祖先，过春节、清明节、端午节等；西方人礼拜上帝、过圣诞节、复活节等，都是为了回顾历史，体认传统，认识自己。失去自我个性的人是没有灵魂的人，将惶惶不可终日，陷入狂妄躁乱或迷惘沉沦的境地，不能有正常的生活状态。在中国历史上人们曾试图割裂传统纽带，如近代"五四"新文化运动时期，有人曾提出"打倒孔家店"，现在看来，其中有些行为让人觉得狂妄混乱，不可思议。历史虚无主义、盲目地反传统，带来深重的灾难，让人无比痛心。为什么会这样呢？因为割裂了传统，没有了精神的依傍，没有了圣贤的教导，没有了经验和教训，似乎可以为所欲为。是的，人类的生活可以有无数的可能，但实际上，最适合自己的生活只有一种。没有了传统，人们不能深入认识自己，如盲人一般难以行走，往往陷入危险的境地。曾有人说，在20世纪初期，世界上有两个最不幸的民族：一个是犹太人，有自己的灵魂，但没有自己的家园；一个是中国人，有自己的家园但没有自己的灵魂。"有家园但没有灵魂"，这应是在西方文明猛烈冲击下，中国人与传统割裂后的惶恐迷惑的心态，也是最痛苦悲惨的一种境况。

传统对于自我文化身份的确立至关重要，对于一个社会、一个民族的群体认同也有重要意义。因为"人是一切社会关系的总和"，人有自己的生活，但更是社会、民族中的一员，在各种社会活动中发挥自己的能力，成就自己的事业。社会环境对个人的发展有重要意义，而传统则是社会环境的重要组成部分。认同、接受传统会形成良好的社会环境，促进与他人的交流沟通，协同合作，增强社会、民族的凝聚力、向心力。古希腊文明是欧洲文明源头之一，在西方文艺复兴后的几个世纪里，欧洲各国仰慕、学习、研究古希腊文明，古希腊的理性、自由、民主的精神成为欧洲许多国家共同的价值追求。英国诗人拜伦亲赴希腊，帮助希腊摆脱土耳其人的统治，参加战斗，献出了自己的生命。基督教文明是欧洲文明的另一个源头，基督教的传统使欧洲各国有共同的宗教信仰。正是在这两大传统的基础上，欧洲逐渐一体化，成立欧盟，使得欧洲能更快更好地发展，在世界事务中发挥更大的影响。在中国，随着改革开放以来国力的增强，也更为重视文化传统的意义，国学越来越受到更多人的重视，一些传统节日成为法定节假日。孔子又成为人们敬仰推崇的伟大人物，而孔子一直被认为是中国传统文化的象征。高大的孔子塑像表明中国传统文化的崇高伟大，广博精深。

最后，传统的力量与客观的、不以人的意志为转移的自然条件密切联系。人类自己创造文化，形成传统，但传统的力量有时超越人的主观意志，不可随意改变。因为传统中的一些因素或源于创造者自身的先天本性，或源于客观的外部条件。这些都是人所不能超越的，不能改变的。这些因素包含在传统中，形成了传统的顽强坚韧的品质。因此，有些传统无法改变，否则就是违背自我的本性，违背客观的规律，最终不会有好的结果。如法国文艺理论家丹纳认为，在欧洲各民族中，日耳曼族与拉丁族各有不同的性格。继承传统，即是秉承本性要求自然发展，能扬长避短；如果偏要违背传统，去发展自己不喜欢、不擅长的方面，那无疑是自相矛盾，自己和自己过不去。传统是历史文化的延续，历史文化的创造还受自然条件和生活方式的影响，这也造成传统不可随意改变的特性。如在希腊半岛上，没有酷热和严寒，港湾众多，土地贫瘠，独特的气候和自然环境使古希腊人创造了海洋文明，形成崇尚理性、独立、自由、勇敢和健美的传统，给后世留下宝贵的精神财富。历史虽然过去了两千多年，但希腊的气候、自然环境依旧，航海事业依旧，古希腊的传统就依然还在延续。而且现在看来，随着历史的发展，古希腊的传统已经成为整个欧洲乃至西方文明的传统，具有普遍、永恒的价值。

同样，中国的文化传统也根源于民族本性，根源于这块土地上的气候和自然条件。和古希腊的海洋文明不同，中国古代文明是农耕文明。古代中国人立足于自己的土地，徜徉于熟稔的山水间，感受天地自然的季候变化，精心呵护自己种植的庄稼，体验喜怒哀乐的各种情感，追求美丽而高尚的理想。远古先祖开创中华文明，一代代的中国人生活在这块土地上，用自己的勤劳和智慧，努力创造文化，形成自己的民族传统。中华民族文化传统历史悠久，绵亘不绝，依然是龙的传人，依然在这片天地之间，在这块土地之上，在山水林泉之间，依然"歌于斯，哭于斯，聚国族于斯"。

所以虽然现在已是科技、信息的时代，社会发展日新月异，但天朗气清、惠风和畅，土地广袤，山高水长，草木葱茏，鸢飞鱼跃，这是中华民族永恒不变的、最坚实的生存根基。必须还要自觉继承自己的传统，在天地之间站稳脚跟，像《周易》中"王天下"的包牺氏一样，仰观俯察，寻找到最适合自己的方式生活，创造新的文化，实现美好的理想。

三、弘扬优秀传统

所以，传统有坚忍顽强的力量。这种力量来源于人类文化创造的本性，来源于对历史的尊重、对精神创造和往圣先贤的崇敬，来源于对自我文化身份的体认，来源于生活中无法超越的自我本性和外部自然条件的限制。必须正视传统，继承和发扬传统。当然文化传统中也有让人们警惕、批判和摒弃的成分，这些成分有时会成为进步发展中的沉重负担和顽固的保守力量。

哪些是传统中的精华或糟粕呢？这其实是一个非常重要也非常不好回答的问题，需要人们对当代的生活、对历史文化有全面深入的认识。但是从近代以来，中国饱经各种内忧外患，救亡图存的激烈历史过程容不得人们冷静客观、全面深入地认识自我，研究中国文化传统。从 20 世纪 90 年代以来，国学热兴起，传统文化逐渐复兴，这表明人们对传统的自觉，意识到传统的重要性，实际上也表明人们对传统的认识还是初步的、肤浅的，还需要进行全面深入的研究。如中国传统文化中的儒、释、道文化，历史悠久，博大精深，对中国传统文化的影响巨大而深远，深入人心，百姓日用而不知，在很大程度上塑造了中国人的内在精神和外在形象。对于这三种文化传统，有许多人衷心认同，以之作为自己的精神支柱，也有不少人坚决反对，指出许多弊端。

传统不是指历史的过程，不是指过去的生活现象，传统是连绵不断的文化传承，是人生经验的感悟和创造，更是深层的价值体系和精神内涵。传统不是照搬的模式，不是僵化的教条，传统应是源头活水，永远滋养人的精神，永远让人充满生命的活力。生活不断继续，离不开传统，但人们毕竟活在当下，传统也只能在当下展示自己的生命力。在中国当代社会生活中，需要人们把传统文化和现实生活有机结合起来，即把古代农耕文明中的优秀传统和当代的工业文明、信息文明有机结合起来，不断创新。

人类文明是精神创造的结果，是薪火相传、世代积淀、不断推陈出新的过程。在这个过程中，形成各世界上各民族的文化传统。那些历史上有许多伟大创造的民族，也创造出他们的伟大文化传统，成为人类共同的宝贵精神财富，必须要深入学习，继承弘扬。在实现中华民族伟大复兴的进程中，对于作为中国传统文化主流的孔子儒家思想来说，尤其需要付出更大努力，去汲取精神力量，开创美好的新生活。

第二章 "轴心时代"的孔子儒家思想

第一节 中华文明的重要世界地位

　　人类历史不断发展，创造文明，超越动物状态，从简单到复杂，从低级到高级，不断发展，直到今天高科技的信息时代。但即使现在国际文化交流高度发展，也能看出人类文明还有诸多的不同表现。因为科技是对外部物质世界规律的研究、掌握和运用，而文明还包含更多人类心灵自身的内容。历史文化、生活状态不同，心灵自然就不同，文明也有较大差异。从根源上说，科技也是心灵创造出来的，所以文明更是心灵的体现。心灵是自然的产物，也是人类不断创造生活的产物。在人类历史上，存在不同形态的文明，有不同的发展过程。有的文明失去活力，成为历史中的记忆，有的则不断发展，直到今天。以史为鉴，有利于未来人类文明更好地发展。

一、人类文明的产生和发展

　　人类从动物界中走出来，依靠自由创造的精神力量，超越动物依靠本能的生活状态，从野蛮蒙昧中逐渐开创出人类社会生活的文明世界。在这个过程中，人类不断地想方设法来满足生存繁衍的需要，追求更美好的生活，将理想变为现实。

从人类的历史发展过程可以看出，最早表现出人的精神特性，保证自己生存发展的是创造出帮助自己达到具体目的，满足物质需要的实用工具，即那些用以砍斫、切磋的石器。随着创造能力不断提升，人类发明的工具也不断增加，如弓箭、长矛、渔网、车船等。《周易·系辞下》中思考文明的发展，提到古人诸多的发明创造，如制作渔网、农具、舟楫、弓矢等。从远古时期最简陋的石器，到现在的电脑，虽然制造的水平有着天壤之别，但在本质上都是实现生活目的的工具，都是精神创造的产物，是人类文明的体现。所以恩格斯从使用工具的角度来界定人的活动："手的专业化意味着工具的出现，而工具意味着人所特有的活动，意味着人对自然界进行改造的反作用，意味着生产。"[1] 这种活动便是人类的生产劳动。

人靠这种发明创造的活动不断改变自己的生活，随着对外部世界和自我生活的认识不断增加，人的创造的能力不断提高，文明不断进步，越来越超越动物的生存状态。自然，正如马克思所说，人类"按照美的规律来构造"[2]。人的能力不断增强，既不断增加对外部世界的认识，也不断增加对自己内在需要的认识，还不断把二者结合起来，实现更多的理想，创造出更美好的生活。人类"在他所创造的世界中直观自身"[3]，获得美感，既看到并感受自己的生活，也在外部世界、在自身中看到自由创造的可能。在这种"直观自身"中，人们产生意义的联想，产生以自我为中心的精神世界。这个世界既是被精神光芒照亮的世界，是文明的世界，是美的世界，也是心灵的世界。

---

① ［德］马克思、恩格斯：《马克思恩格斯选集（第一卷）》，中共中央马克思恩格斯列宁斯大林著作编译局编译，人民出版社，2012，第859页。

② ［德］马克思、恩格斯：《马克思恩格斯选集（第一卷）》，中共中央马克思恩格斯列宁斯大林著作编译局编译，人民出版社，2012，第57页。

③ ［德］马克思、恩格斯：《马克思恩格斯选集（第一卷）》，中共中央马克思恩格斯列宁斯大林著作编译局编译，人民出版社，2012，第57页。

人类文明的历史就是这样一个不断创造的过程。从人类使用磨制石器的新石器时代到现在，已超过一万多年。人类的发明创造常常标志文明发展不同的时代，如青铜时代、铁器时代、蒸汽时代、电气时代、电脑时代等。现在，人类使用的工具从石器变成电脑，精神创造更显出强大力量。当代已经成为信息的时代、人工智能的时代。人类能够更大程度摆脱自然的限制，自由地创造自己的美好生活。衣食住行都发生了巨大变化，人类的创造甚至改变了地球的面貌，还在探索太空，飞向宇宙，去实现更神奇的梦想。

当然，这一切是外在世界的变化，其根源还在于人的精神创造。人类的心灵世界不断丰富，美的世界不断变得更美，精神的光芒不断更加光明灿烂，照亮更广阔的世界。对个人来说，人生的成长发展也是这样的一个努力创造的过程。在这个过程中，生命的本能感情是发展的原始动力，精神的自由创造是发展的具体方式，满足身心需要和实现美好理想是发展的目标。这是人类文明发展的基本规律。

但从世界人类文明的历史发展来看，人类文明的发展又有各种非常不同的表现。在漫长的历史过程中，在世界的不同地方、不同的民族创造出各自的文明。由于民族、地理气候等不同，以及周边民族的影响等，这些文明表现出各自的特点，也有不同的历史进程。

二、各种不同的文明

人类文明的本质是一样的，都是人类精神创造的产物，是人类聪明智慧的体现。但正如人类个体有许多方面的差别一样，人类文明也有不同的表现形态，有强弱不同的发展创造能力，也有着不同的发展过程和结局。

从历史变化的视角可以看出，有的文明比较低级，在满足了基本的生存需要之后似乎便失去进步的动力，从而停滞不前，世世代代重复着同样的生活。有的文明生命力较强，能继续发展，达到较高的水平，但由于努力的方向不对，最终走向消亡。有的文明不断进步，创造辉煌，但由于发展方向的偏差，逐渐出现各种问题，乃至腐败堕落，最终衰亡。但在历史的发展过程中，这种文明又出现复兴，焕发出新的生命力。有的文明起初看似简单弱小，但由于逐渐掌握精神创造的基本规律，走上较为正确的道路，从而表现出较强力量，尽管遭遇曲折坎坷，但能持续发展。有的文明能寻找到正确的发展方向，坚持不懈地努力，开放包容，不断进步，持续发展。也就是说，人类文明可以简单分为下面几种：停滞不前的文明、走向消亡的文明、经历中断的文明、神明约束的文明和自我持续发展的文明。

（一）停滞不前的文明

这种文明能保证人们生存繁衍的基本物质需求，已经发明创造出一些生产、生活的器具，如用来狩猎的弓箭、长矛，用来耕种的简单农具，用来饮食的简单陶器等。他们过着原始的游牧、渔猎生活，或以简单的农业为生，一般以血缘关系为纽带，组织成部落社会，共同遵守约定俗成的伦理道德规则，生老病死、婚丧嫁娶等人生重大事务有各种不同的仪式。他们有自己的语言，有关于民族历史、宇宙自然的神话传说，也有音乐、舞蹈、绘画等简单的艺术创造。他们的文明创造能保证生存，但也就仅此而已，世代如此，没有进一步的发展。如澳洲、非洲的一些部落民族，当欧洲人来到这些地方的时候，看到当地人的生活状态，不把他们当人类来看待，而是看作动物群体，残酷无情地进行压迫、掠夺，甚至杀戮。现在，在世界各地的一些地方，仍存在着这种低级的人类文明，不过随着人类历史的进步，他们受到应有的尊重和保护。

（二）走向消亡的文明

这种文明创造出生产生活的各种工具，满足生存发展的物质需要，还创造出大量的物质财富，建设了辉煌的工程。他们还掌握了丰富的知识，在数学、医学、经济等方面有很深入的研究。他们创造出自己的文字，在许多方面有高超技能。他们人口众多，建立力量强大的国家，有组织严密的社会机构和制度，有强有力的领导者。他们还有非常崇高、神秘的精神追求，膜拜偶像、神灵，倾尽全国力量投入这一伟大的事业中，创造出人类文明的奇迹。但由于他们努力追求的其实是虚幻的世界，违背人自身生存发展的规律，所以这种创造越发展，反而越对人类自身构成妨害。这种文明发展的方向与人性要求相悖，必定走向衰落，当它灭亡之后，就永远只存在于人类文明的历史中，不会有再度复兴的生命力。

古埃及文明就是一个典型的例子。当其他地方的文明还处于蒙昧期时，古埃及的文明就已经有辉煌的创造。他们人口众多，财富充裕，国力强盛，创造了象形文字，建造了巨大、神奇的金字塔，掌握了制作木乃伊的技术。金字塔和木乃伊是他们的国王追求永生的结果，而作为有血肉之躯的人类，生死是不可违背的自然规律。但国王们并不相信这样的自然规律，他们激动不安的精神状态让他们陷入对神的迷狂崇拜，甚至认为自己已经不是人类，而是神，他们要活在永生之中，永远统治整个世界。国家建立在人世间，最高统治者却要追求虚幻的永生世界。这注定是不可能实现的，统治者将自己制成木乃伊，而古埃及的社会文明也成为木乃伊，永远停留在人类的历史上。

（三）经历中断的文明

这种文明没有幻想的激情，不再追求虚幻的神秘世界，而是把激情投入现实的生活，发挥求生的强大本能力量，竭尽身体、智慧的潜能，打败敌人，占有财富，统治世界。他们在现实生活的各个方面都有非常杰出的发明创造，尤其在战争方面，他们身强体健，经验丰富，技能高超，兵器精良，战法先进，所向披靡，战无不胜。除了物质装备的优势，他们在国家社会的组织管理方面也有许多创造，保证人们有高昂的斗志、无畏的勇气、坚强的意志，同甘共苦，团结协作，产生强大的战斗力。因为这样，他们对自己生活的各个方面、对整个外部世界都进行思考、研究，掌握多方面的丰富知识，并且培养出追求知识、把握规律、增强力量、征服世界的精神追求。他们成为世界的统治者，充满自信和自豪，欣赏自己，创造辉煌灿烂的艺术，在文学、戏剧、绘画、建筑、雕塑、音乐等众多艺术方面给后世留下宝贵财富。他们甚至还欣赏战争，把激烈的对抗、角斗变成娱乐表演。他们有现实世界的英雄做榜样，也崇拜众多的神，这些英雄和神都代表他们的精神追求，要更聪明、更强有力，成为世界的统治者。但正因为他们崇尚力量，追求现实物质利益的夺取和占有，所以这种文明有更多动物性欲望的表现，缺少更崇高的精神追求。虽然他们不断取得胜利，创造了高度的文明，但因此也让他们难免盛极而衰。因为一方面他们自身可能被强烈的物欲所左右，陷入腐败堕落；另一方他们在不断给对手带来压迫和痛苦之时，也是在逐渐削弱自己文明的基础。所以，在历史的风云变幻中，这种文明也终会走到尽头。

这种文明的代表便是古希腊和古罗马文明。古希腊人组织起城邦社会，创立民主制度，崇尚独立、自由，不断征战，力量强大。马其顿城邦的亚历山大大帝统一希腊半岛，又四处征战，把希腊文明传播到埃及和遥远的西亚、中亚广大地区。后来的罗马帝国继承和发展了古希腊文化，建立起更加强大的帝国，征服广大地域，创造辉煌灿烂的文明。古希腊和古罗马文明灿烂辉煌，给后世留下无比丰富的宝贵精神财富，众多的思想家、艺术家、政治家、军事家、科学家群星璀璨，照亮人类文明的世界。但随着罗马帝国的灭亡，这种文明的发展也就中断了。但在欧洲经历了宗教统治的"黑暗的中世纪"之后，欧洲进入文艺复兴的时代，古希腊、古罗马的文明又重现生机。现代的欧洲人继承和发展了古希腊、古罗马文明，并以之作为自己的精神家园。而且随着西方国家海外殖民的发展，这种文明也早已走向世界，推动着许多国家的文明发展。

（四）神明约束的文明

这种文明经历了一个逐渐发展的过程，从被统治、受压迫的地位，最后成为统治众多国家和民族的强大力量。这种文明一度处于弱势，缺乏武力对抗、征服的物质力量，甚至长时间遭受苦难，生存欲望受到很大的压抑，但正因此，他们从自己的内心中产生强大的精神力量，寻找到生存的智慧。精神是人的本质特性，所以这种力量更可贵、更强大。借助这种强大的精神力量，人们不仅经受住苦难，还不断发展，有很多伟大的创造。在有的情况下，这种文明还逐渐征服更多的心灵，集合众多民众，形成更加强大的力量。这种文明就是宗教文明。人们信仰神明，严格遵守教规，希望得到神明的眷顾，有永恒幸福的生活。与古希腊罗马文明相反，宗教文明要求人们过禁欲的生活，超越动物的生存状态，从而远离邪恶和堕落；宗教文明还要求人们崇拜神明，追求无比美好的彼岸世界，从而激起活跃乃至迷狂的精神活动。

在宗教文明中，人们有符合教规的世俗生活，也有追求崇高的精神生活。所以，在宗教神明的名义下，信徒们有现实生活的规范，又充满对来世的希望，满足身心两个方面的需要。所以，许多人信仰宗教，既超越物欲的诱惑，又获得精神的安慰，让生活有了确定的秩序和美好希望。这实际上是一种受神灵约束的文明。由于压抑欲望、信仰神明，所以宗教在人类精神生活方面有较多创造，留下影响世界的宗教典籍。而且由于生活到底离不开物质生活基础，宗教文明历史又漫长，有的宗教还比较重视知识文化的学习，所以在物质文明、学术知识等方面也有不少贡献。如在欧洲的城市乡村，到处都有教堂建筑。有的教堂高耸入云，如奇迹一般，显示上帝的崇高伟大，其实也让人惊叹人类创造的力量。在历史上，以教堂为中心，音乐、绘画、雕塑等艺术逐渐发展。虽然有人认为信仰与理性对立，宗教阻碍科学的发展，但也有人指出，其实一些宗教文化也有助于科学的产生。如正是在宗教文化盛行的欧洲，科学才逐渐发展起来。基督教文明是西方现代文明的一个源头，虽然科学发达、文明进步，但宗教文明依然存在，给信徒们带来生活的希望和心灵的慰藉。

犹太教是非常古老的宗教之一，犹太民族历史中充满苦难，他们的祖先流落他乡，克服千难万险回归故土。在自己的土地上，又经历民族分裂、被外敌灭国、掳作囚徒、再次回归、再次被征服等。他们依靠信仰上帝的强大精神力量，渡过重重难关，顽强生存，不断发展。他们贡献出伟大的宗教经典，也以聪明智慧、意志坚忍闻名世界。后来基督教又从犹太教中发展出来，早期的基督教也受到迫害，但后来成为统治西方世界的宗教。

当然，因为宗教文明中神灵居于崇高的统治地位，人的地位自然就卑微低贱，没有尊严，缺乏自由创造的力量，或受魔鬼的威胁，或者受神灵的判决，人生中充满对立、斗争和不安，社会生活中也常有宗教战争，给人们带来痛苦。

三、持续发展的中华文明

和上述几种文明不同，中华文明是以人为本，持续发展的文明。中华文明不受物欲的驱遣，反对征服、掠夺其他民族。中国人自觉把自我和动物区别开来，时时警觉不要沦为动物的状态。中国人也不盲目崇拜神明，不受神明的支配。中国人从自己的生活历程、心灵感受中总结经验教训，寻找生存发展的道路。同时，中华文明认识到动物性欲望是人生的重要基础，也认识到对追求神圣境界的重要性，只是"饱食终日，无所用心"，难免陷入动物状态。人之所以为人，即在于"心"，在于人的精神活动，要发挥心的作用。要不断学习做人，通过发明创造满足生存的物质需要，通过深刻思考来追求生命崇高神圣的意义，在每天的修养身心中努力做人，追求"天人合一"的最高境界。

这是中国人探寻到的"克己复礼为仁"，也就是做人的道路。文明是从野蛮蒙昧中发展出来的，中华文明也曾经历了一个充满暴力、迷信神明的阶段。在商代，商王自认为有神灵保护他们，常常对外征战，杀死众多的战俘或奴隶来作为牺牲，祭祀神明。这种残暴的统治不得人心，后来被周人率领部落联军所推翻，建立了周朝。在历史的发展中，周人认识到人的力量，重视德行，依靠人自己内心的力量来维护统治。所以周公"制礼作乐"，创造出体现新的伦理道德的社会秩序。

春秋时期，孔子继承和发展了周公的礼乐文化，提出"仁"的思想，主张"克己复礼为仁"，充实和完善了中华文明对"人"认识。孔子兴办私学，教书育人，还积极从政，带领自己的学生周游列国，虽然没有得到各国国君的重用，实现自己的政治理想，但使得自己的思想广为传播。晚年整理文化典籍，继续阐发自己的思想，为中华文明的发展作出巨大贡献。孔子一生努力"为仁"，成为后世仰慕学习的典范。汉代设立五经博士，推崇儒家经典，以儒家思想治国，使其深入人心，成为社会文化的主流与核心。在其后漫长的中国古代社会，儒家思想一直在社会文化中居于最重要的地位，成为中华文明的代表。

中华文明历史悠久，光辉灿烂，在人类文明史上曾一直处于领先地位，为人类文明发展作出重要贡献。中华文明以人为本，思想开放包容，逐渐形成儒、释、道三种并存的思想体系。三种思想相互独立，又相互补充，使得中国人的思想既立足于现实社会人生，又在天地自然的广阔世界中自由驰骋，还能不断升华，进入更加崇高、神奇的纯粹精神世界，也就是佛教涅槃的境界。因此中国人的精神世界圆满自足，和谐稳定，又开放包容，兼收并蓄，充满活力。中国地域广大，人口众多，有"大一统"的政治观念和实践，不断创新政治思想、制度，如律令制度、科举制度等，积累丰富深厚的实践经验。中华文明以史为鉴，不断总结社会治理的经验教训，开创新的历史时代。中国人重视记录历史，思考宇宙自然、社会人生，歌咏自己的生活，留下卷帙浩繁、举世无双的历史、哲学、文学的典籍。中国人热爱生活，努力创造美好生活，在建筑、绘画、书法、雕塑、音乐、舞蹈、戏剧等多种艺术领域中都有杰出的成就。中国人勤劳智慧，不断想方设法，在农业、各种手工业等方面有众多发明创造，如"四大发明"在世界范围广泛传播，有力推动人类文明的发展。中国人重视个人修养和社会文化，在不断提高伦理道德和移风易俗教化民众方面有丰富的理论和实践，也为后世留下宝贵的精神财富。

中华文明坚持以人为本，走人文创造的中庸道路，不为物欲所左右，也不盲目崇拜神灵，虽历经几千年沧海桑田的历史变化，但始终绵延不断，永葆生机活力，在当代又迎来中华民族的伟大复兴。习近平总书记指出："中华文明是世界上唯一绵延不断且以国家形态发展至今的伟大文明。这充分证明了中华文明具有自我发展、回应挑战、开创新局的文化主体性与旺盛生命力。"[①]

---

① 习近平:《在文化传承发展座谈会上的讲话》,《求是》2023/17，http://www.qstheory.cn/dukan/qs/2023-08/31/c_1129834700.htm。

四、中华文明的重要地位

中华文明在世界人类文明发展中占有重要地位。在各种人类文明中，只有中华文明真正以人为本，走上一条健康发展的道路。按照德国哲学家雅思贝尔斯的观点，人类文明的发展经历了一个发生质的飞跃的时代，即"轴心时代"，出现了许多伟大的哲学家。以这些伟大哲学家的创造为标志，人类文明出现质的飞跃。

这些伟大哲学家包括孔子、苏格拉底、释迦牟尼、查拉图斯特拉等人。他们的心灵敏感聪慧，精神能力高超。他们的精神光辉照亮人生的世界，开创了这种超越动物的、人的存在方式："自此以后，人才之所以成为人。"① 因为这些伟大哲学家的创造，人类在历史上才是"人的存在"的状态，进入拥有人的精神世界、人的心灵的时代。出现伟大哲学家的文明获得强大的精神动力，不断发展进步；没有出现伟大哲学家的文明则或发展缓慢，或停滞不前甚至走向消亡。

在这些伟大哲学家中，只有中国的孔子所指明的道路是"克己复礼为仁"的道路，也就是真正的"做人"的道路。以苏格拉底为代表的古希腊文明是偏于满足欲望，去征服、占有的文明。释迦牟尼、查拉图斯特拉则开创了宗教文明，超越现实人生，追求彼岸的世界。两千多年来人类历史的检验证明，人不应受制于物欲，也终究不能脱离现实，以孔子"仁"学为主导的中华文明是更正确的发展道路。

中华文明不断向周边传播，促进其他民族的文明发展，形成地域广大、人口众多的汉字文化圈。即使是汉民族处于弱势地位，甚至受异族统治的时代，中华文明也不断发挥作用，使得入侵民族自觉学习中华文明，成为中华民族大家庭中的一员，共同推动中华文明的发展。如南北朝时期北方五胡乱华，又融

---

① ［德］雅思贝尔斯：《论历史的起源和目标》，李雪涛译，华东师范大学出版社，2016，第7—8页。

入中华文明，使中华文明进入更加强盛的隋唐时代。再如后来的契丹、女真、蒙古、满族等，也通过同化的过程接受中华文明。文明是人们追求美好生活的必由之路，这些历史的发展都表明，中华文明是一条更加正确的生存、发展的道路。

人类文明发展是一个不断交流的过程。在漫长的人类文明发展过程中，中华文明传播到世界各地，有力地推动人类文明的发展。两千多年以来，通过举世闻名的陆上、海上丝绸之路，中国的丝绸、陶瓷、茶叶等商品不断传播到世界各地，提高人们的生活水平，为人类文明进步作出重要贡献。中国古代的四大发明等科技也广泛传播，有力推动人类文明进步。如指南针为西方大航海时代的船员指明方向；火药为西方殖民者开拓新世界提供强大力量；造纸术、印刷术西传，极大促进世界范围内人类文明的发展。习近平总书记指出："儒家思想同中华民族形成和发展过程中所产生的其他思想文化一道，记载了中华民族自古以来在建设家园的奋斗中开展的精神活动、进行的理性思维、创造的文化成果，反映了中华民族的精神追求，是中华民族生生不息、发展壮大的重要滋养。中华文明，不仅对中国发展产生了深刻影响，而且对人类文明进步作出了重大贡献。"[1]

在近代中西文明碰撞交流的过程中，中华文明不断向西方文明学习，同时西方文明的发展也受到中华文明的重要影响。西方列强从中国掠夺大量物质财富，也学习种茶、烧瓷等技术，促进资本主义经济发展。西方传教士把许多中国文化典籍带回欧洲，一度兴起中国文化热。如在 18 世纪法国启蒙运动时期，儒家思想极大地推动了欧洲思想解放运动。许多著名思想家都赞美儒家文化，颂扬孔子的高尚人格和学术贡献，高度评价他在世界文明史中的地位。伏尔泰非常仰慕孔子，在儒家学说中找到他所向往的道德治国、哲人治国的政治理想。梁启超说："凡欧洲新的政治学说，社会主义，皆与儒家以极大的影响。"[2]

---

① 习近平：《在纪念孔子诞辰 2565 周年国际学术研讨会 暨国际儒学联合会第五届会员大会开幕会上的讲话》，新华社北京 9 月 24 日电，https://www.gov.cn/xinwen/2014–09/24/content_2755666.htm。

② 梁启超：《儒家哲学》，北京大学出版社，2010，第 34 页。

直到 18 世纪，处于康乾盛世的中华文明还在世界上处于领先地位，只是由于闭关锁国、腐败僵化等原因，加之西方文明的快速发展，中国才逐渐陷入落后挨打的悲惨境地。但西方文明除了给世界带来科技进步，也带来野蛮的暴力。西方列强在全世界殖民，压迫土著居民，甚至进行种族灭绝，贩卖奴隶、鸦片等，给世界各国带来灾难，同时自己也不得安宁，遭受痛苦。梁启超曾去欧洲考察一年多的时间，回国后他在书中写道："一百年物质的进步，比从前三千年所得还加几倍，我们人类不惟没有得着幸福，倒反带来许多灾难。"[①]20 世纪人类社会发生两次世界大战，之后又有冷战，至今人们还生活在核毁灭的阴影中；西方文明企图征服自然，结果破坏生态平衡，导致生态灾难，直接威胁人类的生存。在西方文明主导的国际秩序中，人类社会似乎仍是弱肉强食的丛林世界。

中华文明始终以人为本，追求人类生活的美好明天。中华文明开放包容，不断吸收人类文明的先进成果，增强人文创造的力量。经过一百多年的不懈奋斗，当代中华民族实现伟大复兴，中华文明又走在了世界文明前列，推动构建人类命运共同体，继续为世界人类文明的发展作出更多贡献。

所以，在人类文明发展的历史上，中华文明占有非常重要的地位，为世界人类文明发展作出重要贡献。随着当代全球化趋势的深入，人类文明早已超越各自相对独立发展的阶段，逐渐形成全人类共同的文明。这种新的人类文明必然超越国家、民族、种族、宗教等文化局限，以人为本，团结全人类，努力为更加稳定、和平、繁荣的人类美好明天而奋斗。在这种新文明中，中华文明以人为本，源远流长、开放包容、博大精深，必将发挥更加重要的作用。

五、人类文明发展变化的原因

人类创造文明，生活在文化中。几千年以前，在世界不同的地区、不同的民族中间，曾兴起多种不同的文明，经历了不同的发展过程，各有不同的结果。

---

① 梁启超著，张品兴主编《梁启超全集·第十卷》，北京出版社，1999，第 2974 页。

影响文明发展变化的因素有很多，有地理、气候或与其他文明交流等原因，也有文明自身能力的问题。

如在地理方面，那些土地肥沃、水源充足、动植物资源丰富的地区，适合人类生存，文明也就容易发展起来。如水是生命之源，也是文明发展的必要条件，世界上许多文明都和江河有关。在非洲的尼罗河流域，由于河水定期泛滥给中下游带来肥沃的河泥土壤，古埃及人发展农业，创造高度的文明。在美索不达米亚，也就是幼发拉底河与底格里斯河中下游地区，诞生了巴比伦文明。在亚洲，黄河流域是中华文明的摇篮，而恒河流域则是印度文明的摇篮。

文明的产生和发展受气候的影响。气候温和，不太冷，也不太热，有利于人类生存和文明发展。如一些文明古国都出现在北半球中纬度地区，赤道地区和靠近南北两极的地区的气候则不适合人类生存，也没有出现比较发达的文明。文明是人类精神创造的结果，如果冷得缩成一团，或者热得头昏脑胀，能够生存下去已经不易，自然没有多余的精力来进行思考和发明创造了。

世界上有不同的文明，相互之间也会有交流，影响彼此的发展。或者更加强大，或者变得衰弱乃至消亡。如古希腊文明曾经辉煌灿烂，它是在吸收了非洲、亚洲等更加古老文明的基础上产生的，古罗马文明则又吸收了古希腊文明的成果，不断发展成为统治西方世界的强大帝国。在那些比较偏僻、远离人类文明中心的地区，由于缺乏交流、借鉴，文明的发展常常比较低级、落后。

文明的发展是人类自己创造的结果，而人的创造能力又不尽相同，能力强一些，文明程度会更高，能力弱一些，文明程度会低一些。如雅思贝尔斯所指出的，有的文明中因为出现伟大人物，会大大推动文明的发展，甚至产生飞跃。有的文明可能因为没有出现这样的人物，也就缺少进一步发展的强大内在动力。梁漱溟说："一个社会实在受此社会中之天才的影响最大，天才所表出之成功虽必有假于外，而天才创造之能力实在无假于外。中国之文化全出于古初的几个非常天才之创造，中国从前所谓'古圣人'，都只是那时的非常天才。"[①] 回顾人

---

① 梁漱溟：《东西文化及其哲学》，商务印书馆，2006，第 158 页。

类文明的发展，确实，许多伟大的天才人物如日月星辰，照亮人类历史的天空，至今光辉闪耀，指引人类文明前进的道路。而中国的孔子更加高瞻远瞩，引领中华文明走上人文创造的中庸道路，既不受物欲束缚，也不盲目崇拜鬼神，使得中华文明在世界各种文明中独树一帜，绵延不断，永葆活力。

文明的发展变化受多种因素的影响，每种文明的具体情况又各不相同。如古埃及文明的早期发展得益于地理、气候的有利条件。尼罗河水源充足，两岸土地肥沃，气候比较温和，文明就在很早时期便发展起来。但后来气候变得干燥，土地沙漠化，再加上其他文明的不断入侵以及自身文明固有的不足等，古埃及文明最终消失在历史的长河中。

中华文明自我持续不断发展，也有多方面的原因。在人类文明发展的"轴心时代"，中国就出现了一些伟大哲学家，如孔子、老子等，增强中国人的精神力量。后来中华文明又吸收印度的佛教文明，更加拓展、提升了中国人的精神世界。中国的地理、气候方面的条件都比较优越，有利于人类生存和文明发展。在中原地区，平原土地广阔，河流水源充足，山岭草木繁茂，鸟兽生息繁衍，这样的自然条件有利于人类生存，文明不断发展，向四周传播。虽然也常有北方游牧文明入侵，但中国人口众多，地域广阔，回旋余地大，文明水平高，不仅没有被入侵者甚至征服者所改变，反而能同化外来文明，使之成为中华文明的组成部分。

事物的发展受内因和外因的影响，文明的发展也是如此。地理、气候、与其他文明的交流等是外因，文明自身的特性则是内因，外因是文明发展的条件，内因是文明发展的根据。在世界人类文明发展史上，唯有中华文明源远流长，从未中断，不断发展。这固然和外部条件有关，更和中华文明的内在核心，也就是孔子儒家思想密不可分。在 21 世纪的今天，中华文明正在实现伟大文明复兴，走向世界，推动构建人类命运共同体，焕发出强大生机活力，继续为人类文明的发展作出更多的贡献。

第二节 "轴心时代"孔子儒家的文明飞跃

依靠精神创造的能力，人类超越动物状态，文明不断进步。但若仅仅是通过发明创造获得生存所需的物质资料，这样的生活离动物的生存并不远。一些动物也可以使用简单工具，甚至有互相合作的策略。其实这些活动都在动物的本能范围之中，是自然神奇造化的体现。而人类特有的生存方式在于精神创造，人的行为是精神活动的外在表现。人的精神世界中有动物本能欲望的强大力量，也有精神自身的无限广阔、自由。人要在这个世界里寻找到自我，不断创造，推动文明进步。

一、文明发展创造人类自己

自我创造是人类的存在方式。人类有精神活动能力，要超越动物状态，但精神是物质的产物，无法完全脱离血肉之躯和现实世界。精神活动的动力无疑是生存的本能力量，这种力量驱动人们去努力想象，去发明创造改变现实，保证生存。在这个过程中，本能力量推动精神活动指向现实世界的物质需要，产生永无止境的欲望力量。本能力量也推动精神自身的活动，而精神自身广阔自由，不可把握，难以理解，便产生种种幻想，乃至出现种种神灵。

本能欲望的强大力量表现出来，人类生活中便有和动物一样的征服、占有、统治的行为，如抢夺、劫掠、欺凌、压迫、战争和杀戮。种种幻想、神灵表现出来，便有崇拜、迷信等各种行为，如史前文明中的生殖崇拜、图腾崇拜和各种巫术活动。

在文明的早期，人类精神活动便主要表现在这两个方面，或者是被动物性的欲望所支配，或者是被幻想的神灵所驱遣。此时人类文明能力低下，无法真正把握自我，还没有真正人的生存方式。但人不是动物，必定要超越动物的生存状态；人不是神灵，必定要靠自己的努力来创造生活。动物是人要超越的生存状态，神灵是精神生成的幻象。只有欲望的满足，不过是动物；只幻想神灵，必定陷入疯狂。这二者都不是人的生存方式，人不是动物，也不是神灵。二者之间才是人，既有动物肉体生存的物质基础，又有积极活跃的精神能力的发挥。

人类文明发展的历史便是在二者之间创造自己的过程，文明不断发展进步，人自身也就不断显现出来。在这个过程中，一方面不断解除物欲束缚，超越动物状态；另一方面也不断摆脱精神迷狂，走出神灵的阴影。人的创造渐渐增多，所思所想的精神活动也逐渐增多，也就是人的理性思考的成果，即知识和理论逐渐增多，人更多地生活在精神的世界里，也就是说生活在人的状态中。但这条道路坎坷曲折，人在动物和神灵两个极端之间左冲右突，动物、人、神灵，这三种力量不断交战，经历许多艰难困苦，经受无数的折磨煎熬，付出巨大代价，人类才逐渐增强自己的力量，拥有人的生活方式。

看一下人类历史上这段时期遗留下来的一些记忆痕迹，便可以理解取得这种进步的困难，想象其中的艰苦。如在古希腊神话中，宙斯的父亲吞吃自己的孩子，宙斯则用武力推翻父亲的统治，自己获得最高的权力。《荷马史诗》中的许多英雄杀人不眨眼，以征服、杀戮为游戏，无数人失去生命，壮丽的特洛伊城被抢掠、焚毁。古希腊神话中还有吃人的独眼巨人，用眼光让人变成顽石的美杜莎，要求以童男童女献祭的弥诺陶洛斯等。古希腊神话并非无中生有，而是现实生活的某种反映，特洛伊城市遗迹也被考古学家挖掘出来。这种残酷血腥的暴力征服、占有是人类早期生活的特点，是动物性欲望的直观体现。

神灵是人的精神活动的产物，如宙斯、阿波罗、雅典娜等，是想象发挥到极限而产生的形象。正如鲁迅所说："昔者初民，见天地万物，变异不常，其诸现象，又出于人力所能以上，则自造众神以解释之：凡所解释，今谓之神话。"[①]神话传说有其现实世界的依据，更增加了许多夸大、幻想的成分。但因此，也高度集中、概括、象征性地回答了关于世界、人生的许多最基本也是最重要的

---

① 鲁迅：《鲁迅全集·第九卷》，人民文学出版社，2005，第19页。

问题，揭示现象后面的本质性内涵。因此，神话传说才充满魅力，世代流传，是人类的宝贵精神财富。

在中国神话中也有类似的形象，如共工、蚩尤、刑天等是欲望暴力的象征。经过血腥的战斗，黄帝和炎帝的两个部落才最终统一起来，他们被后人奉为中华民族的始祖。夸父、后羿、大禹等也是承载着欲望力量和精神想象的神灵。在文明稍有进步后的商代，商王的建国、统治都是十分残暴血腥的。考古发掘出来的商代数量巨大的牲殉、人殉的遗骸，都是有力的证据。这种残暴也抽象化为商代青铜器上狞厉的饕餮形象，显示着商王统治的力量与威严。在有关夏商的传说中，都有夏王、商王与上天相沟通、获得神秘力量的传说。这些都是那个时代的巫术活动，是承载着巨大的生存欲望的精神想象。

在这些巫术活动中，虽然充满暴力、恐怖和疯狂，但人类的历史也在不断发展、进步，逐渐从这种神秘氛围中一步一步走出来。大禹是神话中的英雄，他的儿子启能和上天沟通，建立夏朝。汤则成为举行巫术活动的巫师，也是商朝的开创者。周人祖先公刘为躲避戎狄的暴力侵犯，带领部族迁徙他乡。后来的周文王被商纣王囚禁在羑里，虽然失去身体行动的自由，却拥有精神活动的广阔世界，他推演《周易》，成为建构世界新秩序的伟大思想家。而这种新的精神秩序也很快体现在人间世界，周武王推翻了商纣王的统治，建立周朝。武王的弟弟周公制礼作乐，把社会统治秩序和人密切联系起来，使文明有了巨大进步。和"率民以事神"（《礼记·表记》）的商代相比，周代文明不再盲目使用暴力、迷信鬼神，而是认识到人的自身力量。周人以史为鉴，创造更高级的礼乐文化，人的形象更加突出，地位更加重要，精神世界更加清晰明确，文明更加进步。

为了生存和发展，人类不断开动脑筋，想方设法，满足需要。似乎是有神灵的帮助，人类创造出各种工具，获得了前所未有的能力，改变了周围的世界，也改变了自己的生活。这些新的变化便是人类文明进步的体现，是和动物、神灵不同的，处于二者之间的一种状态。人类的创造越多，人的生活也就越丰富充实，越远离动物状态，有越来越高的文明。丰富多样是生活的外在表现，实际上，这些都是精神创造的结果。

二、人类文明的飞跃

在文明发展的早期，人类还没有自我觉醒的意识，没有多少自由创造的能力，保证生存是本能的要求，也是最大、最强烈的愿望。随着历史发展，人类精神创造增多，文明进步，生活状态不断得到改善，如陶器和青铜器等新器物的创造、文字的创造以及音乐、舞蹈等艺术的出现、氏族部落等社会组织的形成等。但这些大多是外在现象，是对具体生存问题的解决，还没有实现文明的飞跃，没有自我意识的觉醒。只有文明发展到一定阶段，精神创造的成果积累到一定的程度，出现伟大的哲学家，阐明人和动物、神灵的不同，深入认识人类的自我本性，人类才能获得独立和自由，实现文明的飞跃。

这就是德国哲学家雅思贝尔斯所说的人类文明发展的轴心时代，即大约在公元前500年，在世界不同地区，出现了许多伟大的哲学家。以他们的精神创造为标志，人类文明出现质的飞跃，他认为孔子就是这样的伟大思想家。一些中国思想家的观点和他不谋而合，也更好地解释了"轴心"一词的含义。如柳诒徵说："孔子者，中国文化之中心也。无孔子则无中国文化。自孔子以前数千年之文化，赖孔子而传；自孔子以后数千年之文化，赖孔子而开。"①

在孔子的时代，中华文明更加发展，实现突破，产生具有划时代意义的伟大文化创造，即阐明了人之所以为人的道理。在这个过程中，孔子发挥了非常重要的作用，如梁漱溟说："中国数千年风教文化之所由形成，周孔之力最大。举周公来代表他以前的那些人物；举孔子来代表他以后那些人物；故说'周孔教化'。周公及其所代表者，多半贡献在具体创造上，加礼乐制度之制作等。孔子则似是于昔贤制作，大有所悟，从而推阐其理以教人。道理之创发，自是更根本之贡献，启迪后人于无穷。所以在后两千多年的影响上说，孔子又

---

① 柳诒徵：《中国文化史》，岳麓书社，2010，第282页。

远大过周公。"①

　　轴心时代是人类文明发生质的飞跃的时代，是一个出现"人的生存方式"的时代。这个轴心时代的伟大哲学家包括孔子、苏格拉底、释迦牟尼、琐罗亚斯德等人。他们的思想探索建构起了人的完整、独立、富于活力的精神世界。也可以说，人把自己的存在和动物、神灵明确区别开来。在动物和神灵之间，人找到自己的立足点，生成内在的动力，不断创造自己的生活。在"轴心时代"出现飞跃的文明获得更强大的生命力，不断发展，为人类文明作出重要贡献。

　　那些没有实现飞跃的人类文明，则没有获得进一步发展的内在动力，在较低的水平上停滞不前，世代重复着几乎一样的生活。有的文明虽然人口众多、力量强大，但只是如动物一样，欲壑难填，野蛮劫掠、征服其他民族。人终究不是动物，这样的文明没有发展前途，最终变得衰弱，乃至消失在历史中，如那些曾在欧亚大陆北方草原上驰骋的游牧文明。有的虽然表现出更多精神方面的活动，甚至有杰出的发明创造，却把自己当成神灵，追求不朽和永生。但人毕竟不是神灵，这样的文明不断走向虚妄，也难免衰落和消亡，如曾经建造金字塔、狮身人面像等奇迹的古埃及文明。有的向实现飞跃的高级文明学习，也走上继续发展的道路，如欧洲的法国、德国等学习古希腊、古犹太文明，亚洲的日本、韩国、越南等，学习古代中华文明。

　　文明的飞跃是人类精神能力得到巨大提升的结果，由上述伟大的哲学家们经过努力探索才得以实现。文明的飞跃表现为人类对自我和世界有了更多的认识，把握了更多规律，能有更多发明创造，有更好的生存状态，有人生追求的远大目标。除了这些之外，尤其重要的是人自身的觉醒，产生了坚定的精神信仰，确定了人自身在宇宙中的地位，不再受动物欲望和神灵幻想的主宰。人类有了精神信仰，便有了稳固的立足点，能产生强大力量，有明确的发展方向，不断进步。

　　实现文明飞跃之后，人才真正有了"人的生存方式"。也就是说，人有了完

---

① 梁漱溟：《中国文化要义》，上海人民出版社，2011，第99—100页。

整、稳固、自由的精神世界，有了真正的人的心灵，产生强大的精神力量，不再轻易受外部世界的影响。如果用一个比喻来说明，可以把人的精神世界看作一个遮风挡雨、供人生活起居的建筑，在实现文明飞跃之前，这个建筑不过是简陋的窝棚，几根木棍搭上一些茅草。这样的建筑轻易就会被风吹得散了架，吹得没了踪影。而在实现文明飞跃之后，这个建筑便有了牢固的地基、粗壮的立柱和横梁，有了坚实的墙壁和屋顶，各个部分紧密地有机结合，构成一座雄伟坚固的殿堂，能经受得住狂风暴雨的冲击。这座精神殿堂的地基便是人生信仰，立柱横梁是生活规律，墙壁屋顶是丰富的知识，或者还有各种艺术的装饰。

从人类文明的发展来看，不同文明正是创造了风格各异的许多伟大建筑，人们常常以之作为各种文明的象征。如古希腊文明中的神庙，古罗马文明中的大竞技场，基督教文明中的哥特式教堂，伊斯兰文明中的清真寺，中华文明中雕梁画栋、飞檐斗拱的楼房等。

在不同的文明飞跃中，这种精神信仰的表现不尽相同，影响各自的不同发展。按照和动物性欲望、幻想性神灵的接近程度的不同，文明飞跃的情形可以分为三种：偏重欲望的文明、偏重神灵的文明，以及居于欲望和神灵之间的人的文明。

三、有所偏颇的文明

那些实现飞跃的文明为人类的发展作出重要贡献，直到当代，人们的生活还受益于这些文明，如中华文明、古希腊文明、古印度文明、古犹太文明、古波斯文明等。在这些文明中，可以说中华文明以人为本，古希腊文明偏重欲望，其他文明则是偏重神灵的宗教文明。

在欧洲的古希腊，苏格拉底是最伟大的思想家，他提出"认识你自己"的命题。他主张积极发挥人类理性思考的力量，超越动物状态，去追求知识，同时又知道人和神之间的距离，保持对神的敬畏和信仰。苏格拉底喜欢思考，他认为自己有许多问题不明白，经常向别人请教，和别人进行辩论，来获得知识。

他认为人之所以为人就在于有清醒的头脑，能思考问题，寻求知识。他说他要做一只牛虻，不断叮咬人们，以保持意识清醒，不至于陷入昏沉的动物状态。古希腊人也敬畏神灵，他们建立神庙供奉雅典娜、阿波罗等。哲学家色诺芬是苏格拉底的朋友，他说苏格拉底"常常在家中献祭，也常常在城邦的公共祭坛上献祭，这是人们有目共睹的。"① 对于现实生活，苏格拉底有自己的原则，不被动物欲望左右。他告诫年轻人过有节制的生活，劝勉人们去追求知识和那最光荣、最美好的德行。

他的学生柏拉图继续思考，且想得更远，面对世界万物，提出"理式"说。他认为在纷纭变化的万事万物之上有一个世界的本源，即"理式"，是真实、永恒的存在。人可以观照现实，让思想高飞远举，达到"理式"的世界。在对诗人的评论中，他认为诗人凭借灵感而进入"理式"世界。亚里士多德是柏拉图的学生，与老师的理想主义相反，他注重对客观物质世界的研究，也研究"形而上学"即哲学，认为可以在研究物质世界的基础上去追问世界的本源。

这三位哲学家都重视人的理性，古希腊人即运用理性的力量，发挥人的聪明才智，保证个体和社会的生存发展。他们也有关于社会发展的思考，如苏格拉底的理想国是由统治者、武士、平民三个阶层构成的一个理想社会。在苏格拉底、柏拉图、亚里士多德等哲学家的影响下，古希腊文明不断发展，成为西方文明的一个源头。古希腊文明追求知识，不断探索、征服外在世界。这种精神在文艺复兴时期得到继承和发展，如英国的培根提出的"知识就是力量"的论断，对推动科学技术发展、促进人类文明进步起了很大作用。

伟大哲学家独立思考，也受历史时代环境的影响。古希腊人获得知识，增强力量，却主要是为了保证生存，征服他人，满足自己动物性的物欲需要。在古希腊神话中，宙斯、雅典娜、阿波罗、维纳斯等都非常自私，他们的故事主要是维护自身利益，满足自己占有、统治的欲望。在伟大的《荷马史诗》中，那些希腊英雄不过是掠夺、抢劫他人的强盗。为了劫掠财富，他们毁灭一座城

---

① ［雅典］色诺芬：《回忆苏格拉底》，吴永泉译，商务印书馆，2010，第1页。

市，屠杀无数无辜的生命。古希腊城邦实行奴隶制，那些自由的公民，包括哲学家在内，他们的优裕生活是建立在奴隶们的痛苦之上的。其中最典型的是斯巴达城邦，本身就是一个大军营，靠残酷压迫奴隶来生存。

城邦统治者也不断向外扩张，靠暴力征服对手。马其顿城邦的亚历山大是亚里士多德的学生，他带领军队四处征战，占领城市，统治人民，夺取财富。后来古罗马吞并古希腊，继承和发展了古希腊文明，仍是依靠强大军事力量不断征服、统治，建立强大帝国。但这种文明依靠暴力满足欲望，有更多动物性成分，不是人类文明的正道，所以当罗马帝国达到鼎盛之后，也就开始了衰落的过程，最终难免灭亡的命运。古希腊文明智慧高超，留下许多宝贵的精神财富，通过后来的文艺复兴的继承和发展，继续推动着人类文明的发展。

古希腊、古罗马文明是满足欲望的文明，而宗教文明主张禁欲，是崇拜神灵、有更多神性的文明。如犹太教的历史非常悠久，从犹太教中又发展出基督教。基督教是西方文明的又一个源头，对世界文明有重要影响。在犹太教的经典《圣经旧约》中，记录了犹太民族的历史，这个历史也是犹太人不断寻找上帝，坚定信仰的过程。在《出埃及记》中，犹太人的领袖摩西得到上帝的召见，从上帝那里接受律法。依靠上帝的保佑和指示，犹太人获得强大的精神力量，克服无数艰难困苦，最终回到自己的故乡。

在犹太教中，上帝是唯一的万能的神，只有全身心地信仰上帝，才能获得上帝的保佑。但在犹太人民族的历史中，他们又常常忘记上帝的训诫，任意妄为，迷失正道。他们不断遭遇悲惨命运，先是被亚述打败，后来又被巴比伦灭国。这一时期，犹太民族中出现以赛亚、耶利米等先知。面对苦难命运，他们深刻反省，检讨犹太人的各种过错，改过自新，重新坚定对上帝的信仰。通过这些先知的努力，犹太人逐渐建立起自己强大的精神世界，他们懂得生存的规则，严守戒律，信仰上帝，无比坚毅顽强。他们认为，人不能只满足自己的动物性欲望，只图感官享受，要遵守严格的戒律，虔诚信仰上帝，才能获得保佑。因为崇拜上帝、遵守戒律，所以信徒既有对上帝的追求，又有超越动物的表现。而那些戒律，那些民族生活的历史经验教训，以及先知们的思考成果，逐渐建构成犹太民族的精神世界。尤其是对上帝的虔诚信仰，让犹太民族获得强大的精神力量，帮助他们克服各种困难，不断生存发展。

《圣经旧约》是古老犹太民族生活画卷的记录，其中的光荣与耻辱刻印在犹太人的心上，给他们以经验和鼓舞，或教训和刺激，去努力奋斗。基督教从犹太教中产生出来，传播更为广泛。对于生活在黑暗中世纪的基督徒来说，基督教也带来心灵的慰藉和安宁，带来生活的秩序、力量和希望。宗教中有对神灵的敬畏、对动物性欲望的超越，那些戒律为人们提供生存发展的原则和方法。由此，人类文明在神灵的佑护下不断进步。

与偏重满足现实欲望的古希腊文明相比，宗教文明压抑人们的欲望，偏重崇拜虚幻的神灵。在受到强大外界压力，生存遭遇严重困难时，宗教中的神灵给人们带来生存发展的强大精神力量。但这种精神力量也会造成人的异化，不利于人的自由创造。在欧洲的中世纪，人们拜倒在上帝面前，认为只有上帝才能拯救自己。人没有什么地位和尊严，没有创造的能力，而且是有罪的、卑贱的，人生的意义只在于早日离开现世，升入幻想的天堂。基督教束缚了人性的自由，阻碍文明的发展。随着文艺复兴时代的到来，人们才逐渐走出上帝的阴影，恢复人性的生机活力，发挥聪明才智，创造出新的文明。

人类文明中必要有超越性的精神追求，宗教能满足人性这方面的需要，所以宗教文明历史悠久，直到现在，许多人依然是各种宗教的信徒。但宗教容易造成人性的异化，不利于人的自由创造。而且各宗教之间，乃至同一宗教的不同教派之间，往往对立严重，矛盾不断，在神的名义下发生冲突、战争，给人们带来巨大痛苦，对文明造成严重破坏。

四、孔子儒家的文明飞跃

和上述两种文明不同，中华文明没有欲望、神灵方面的偏颇，是一种以人为本、包容动物性欲望和神性追求的文明。对中西文化，梁漱溟曾进行过全面深入的比较研究，他看到西方文化中宗教的重要性，也认识到："宗教所必具之要素，在孔子不具备，在孔子有他一种精神，又为宗教所不能有。这就是他相信人都有理性，而完全信赖人类自己。"①所以梁漱溟认为，中华文明以孔子儒家思想为核心，是以人为本的人文主义文明。

孔子儒家思想的核心是"仁"，也就是"人"或"做人"。孔子说"克己复礼为仁"，而礼起源于动物性的饮食需要，但又超越动物，有"致其敬于鬼神"的精神活动，"礼"表明人和动物的区别。在礼的起源中，"致其敬于鬼神"表明礼有超越动物的精神内涵，同时还表明与"鬼神"之间的距离，表明敬畏神灵的心理，不至于走向精神迷狂。人之所以为人，在于和动物、鬼神的区分。这种思想在《论语》有明确表达，如人与动物的不同，孔子说"鸟兽不可与同群"（《论语·微子》），如人敬畏鬼神，孔子说"敬鬼神而远之"（《论语·雍也》）等。

孔子不迷信鬼神，但有敬畏之心，有对"天"的信仰。孔子说："不怨天，不尤人，下学而上达。知我者其天乎！"（《论语·宪问》）孔子"畏天命"（《论语·季氏》），"天"崇高神圣，是生命的根基和源泉，是生存发展的保障，是精神信仰的对象。圣人开创文明，人要以圣人为榜样，"克己复礼为仁"，发挥自己的能力，成就自我，经世济民奉献社会，同时也和天地合而为一，能够达到参天地、赞化育的崇高境界。

"为仁"就是要超越动物状态，追求天人合一的崇高境界。孔子认为"为仁"在于自己的努力，不能依靠其他外在力量："为仁由己，而由人乎哉？"（《论语·颜渊》）人担负着弘扬"道"的神圣使命："人能弘道，非道弘人。"（《论语·卫灵公》）因此"君子无终食之间违仁，造次必于是，颠沛必于是"（《论语·里仁》），"志士仁人，无求生以害仁，有杀身以成仁"（《论语·卫灵公》）。

人不是动物，也不是鬼神。生活中有丰富的内容，有确定的秩序，还有明确的方向，即追求崇高神圣的精神境界，这就是"仁"。孔子"仁"的思想建构了中国人的精神世界，也就是中国人的心灵。

---

① 梁漱溟：《中国文化要义》，上海人民出版社，2011，第100页。

孔子儒家"仁"的思想确定了人的高贵地位,如"人者,天地之心也"(《礼记·礼运》),"天地之性,人为贵"(《孝经·圣治章》)。后世儒家不断阐发"仁"的思想,把人的精神世界,也就是心灵和万物、宇宙联系在一起。人是世界的中心,人心中包含了宇宙万物。宇宙永恒运行,万物生生不息,那么人坚持自我本性,就能不断发展繁荣。

孔子阐发"仁"的思想,实现中华文明的飞跃。后世儒家不断丰富、深化、践行孔子儒家思想。"为仁"也就是"做人",成为中国文化的核心思想,中华文明是一条以人为本的人文主义道路。"古代中国的大多数圣人,如孔子和他的弟子以及践行相同道路的人,他们的思想皆着重在人文,在尘世或精神文化之域,用力在于转化人类的低等自性,锻造其品格,擢升人类至更高层度。其影响遍布极广,恒长且持久,中国文化因此发展与繁盛。"[①] 中国传统文化经过几千年的发展变化,但儒家思想始终是文化的主流,引领中国人努力做人,不断创造,奉献社会,乃至于参天地赞化育,和天地成为一体。因此,中国人的人生也就无比广阔高远,光明灿烂,崇高伟大!

> 在"轴心时代",经过伟大哲学家们的努力,人类文明产生飞跃,从较低级的蒙昧、混乱的时期,进入光明灿烂、有序发展的新阶段。人类认识到自己的特性,寻找到人生的意义和价值,有了崇高的精神追求,不断追求理想,创造生活,推动文明的发展。在实现飞跃的几大文明中,以孔子为代表的中华文明独树一帜。其他文明或受动物性欲望牵绊,或被神灵的幻象遮蔽,中华文明则坚持人文创造的道路,不偏离本性,不走极端。所以,中华文明永葆生机活力,虽然历经沧桑,但绵延不断,在当代又迎来中华民族的伟大复兴。

---

① 徐凡澄、李文彬译《孔学古微》,华东师范大学出版社,2015,第11页。

第三节　孔子儒家思想的深厚根基

依靠精神创造，人类文明不断发展进步，从刀耕火种的原始社会，直到当代信息时代。精神创造不是凭空产生的，而是有现实生活的根基。根基越深厚，后继的精神创造才能越崇高伟大。中华文明历史悠久，辉煌灿烂，和博大精深的孔子儒家思想密不可分。在孔子之前，中华文明已有漫长的发展历程。特别是周代的文明成果，为孔子儒家思想的发展提供了很好的条件。

一、和谐稳定的农耕文明

思想是生活的升华，生活必须首先保证物质需要，物质生活资料来源于生产劳动。那么，人们的哲学思想和生产方式有密切联系。人类文明各不相同，和人们的农耕、游牧、商贸的生产方式有关。中国的农耕文明悠久漫长，是孔子儒家思想产生的土壤，并使之不断得以传承、发展。

在中国历史上，周朝取代商朝，是社会文明的一大进步。从生产方式上来看，便是农耕文明的高度发展。虽然农业已经成为商朝的主要生产方式，但据郭沫若的研究，商人祭祀时用牲很多，"这和传说上的盘庚以前殷人八迁、盘庚五迁的史影颇为合拍。这样屡常迁徙，是牧畜民族的一种特征。"[①] 另外，商朝之所以被称为"商"，也和他们常从事商贸活动有关。周人以农业兴国，随着人口的增加，生产工具和技术的改进，到春秋时期，农业高度发展，奠定了中国两千多年的农耕文明模式。如《诗经》中收集的主要是周代的诗歌，其中和农业有关的就有数十篇，描绘农业生活的各个方面，可见农业的盛况。

农耕文明是人们种植庄稼，培养五谷，春种秋收，保证生存发展。和畜牧

---

① 郭沫若:《十批判书》，东方出版社，1996，第 13 页。

业、商业相比，农业是一种更稳定的生产方式。土地固定不动，秧苗生长扎根在地上，人们也过着定居的生活。农民守护土地、秧苗，用心用力，辛勤照管，收获粮食。农业有紧张劳作的时候，也有冬夏农闲的季节，人们可以放松休息，能安静下来，感受和思考生活。因此，农业文明中人们的生活比较稳定，靠自己的努力来生存，对自己和身边的世界有更多熟悉亲切的感觉，不轻易地盲目迷信鬼神。所以"子不语怪，力，乱，神"（《论语·述而》），有对"安"的体验和追求，如"君子食无求饱，居无求安"（《论语·学而》）、"既来之，则安之"（《论语·季氏》）等。

而畜牧业常四处迁移，居无定所，要面对未知环境中的各种危险，和其他的游牧人群做斗争，所以常缺少安全感，有崇尚勇武的倾向，也常迷信神灵。在历史上，游牧民族常常侵扰其他民族，少有安静、深远的思考，难以发展出更高的文明。和畜牧业相似，商贸活动也不如农业稳定，有较多偶然性。商贸活动是为了获利，人和人之间的斗争比较突出。商业文明也倾向于崇拜神灵，但这些神灵更多是人的各种能力的理想化体现，如古希腊的战神、智慧神、美神等。商朝巫术活动盛行，非常崇拜迷信鬼神，这应该和商朝畜牧业发达，还从事商贸活动有关。

农业文明有助于以人为本思想的产生。在开垦土地、种植庄稼、发展农业的活动中，人是决定性的因素。从播种到收获，都要人来关心照顾，辛勤操劳，才能保证庄稼生长旺盛，有好的收成。农业劳动有时需要更多的人手，个人的力量难以顺利完成繁重工作，如为了不误农时，有时需要抢种、抢收。特别是在生产力水平低下的时候，更需要众人齐心合力。人们靠土地为生，自然聚集定居，世代为邻，人和人之间的关系尤其重要。郭沫若认为，在周代，"土地是国家的所有，做着大规模的耕耘。"①如《诗经·周颂·噫嘻》中就有集体劳作的诗句，大意是成王祈祷祖先神灵保佑，率领农夫，使用农具播种百谷，在整个三十里的田野上，有一万人相互配合，共同劳作。

---

① 郭沫若：《青铜时代》，中国人民大学出版社，2009，第73页。

在这种情况下，增加人口是社会发展的重要因素。因此，儒家治理国家的一个重要政策是"来远人"，如孔子说："故远人不服，则修文德以来之。"(《论语·季氏》)国家治理有道，"则四方之民襁负其子而至矣"(《论语·子路》)。《中庸》提出"凡为天下国家有九经"，其中"四经"是"子庶民也，来百工也，柔远人也，怀诸侯也。"《大学》也非常重视人的重要作用："有德此有人，有人此有土，有土此有财。"农业文明是儒家以人为本思想的基础，首先有民众，然后才有农业，有生存的物质基础，有社会和国家，有文明和文化。孔子高度重视人的作用，以人为本。

农业文明有助于仁者爱人，培养"爱心"。农业是种植、培养庄稼，看到种子发芽、成长、结实，农民就看到生活的保障和美好未来。所以，庄稼是农民辛苦劳作的对象，也承载着农民生活的希望，是热爱的对象。如《诗经·生民》叙述周人的始祖后稷试种瓜、豆、禾、麻、谷子等庄稼，表达了由衷的喜悦，人们对各种庄稼那么熟悉、亲切，观察细致，爱青翠的嫩苗、茂盛的枝叶、累累的禾穗、饱满的颗粒，无比高兴。如《小雅·大田》写周代农业耕作，诗句生动活泼，洋溢着深厚的感情，生活充满希望。农民勤劳不辍，世代如此，有爱心，有美好的生活。

对庄稼充满爱心，其实爱心更是自己的。爱庄稼，爱身边的人，推而广之，爱所有的人和整个世界。而且农业生活中相互帮助，团结协作，才能保证庄稼丰收，使人们拥有美好的生活。《诗经》中有诗句描写周王和官员、百姓共同劳作，其乐融融的场景，如《小雅·大田》《周颂·载芟》。人们勤奋劳作，社会和谐，五谷丰登，生活美好。所以孔子解释"仁"："爱人""己所不欲，勿施于人"等。《诗经》中还有"彼有遗秉，此有滞穗，伊寡妇之利"(《小雅·大田》)的句子，这种仁爱思想在孔子那里继续发展，成为"大同社会"的重要内涵。

农业文明有助于天人合一思想的产生。在人类文明史上，与游牧、渔猎的生产方式相比，农业生产的发展是文明的重要进步，表明知识增加、技术提升。在《诗经》中，可以看出周代生产、生活各方面的丰富内容。孔子以《诗经》教授学生，《诗经》可以说是一部周代文明的百科全书，能够让人认识生活，学习为人处世的道理，认识自然界的各种事物。

农业生产要求人们用心培养庄稼，辛勤劳作，还和四季更替、风霜雨雪的气候有关，和山川草木、飞禽走兽的环境有关。农业生产和天地自然的规律相和谐，才能更有保障。《豳风·七月》记叙周代人们一年四季的劳动生活，从七月写起，按照农事活动的顺序，逐月展开各个画面。诗中写春耕、秋收、冬藏、采桑、染绩、缝衣、狩猎、建房、酿酒、劳役、宴飨等，无所不有。丰收给人们带来喜悦，人们热爱生活，也报本反始，祭祀祖先神灵、天地自然。周代有对"天"的信仰，在孔子儒家思想中发展为天人合一的精神追求。

二、宗法制度下的长久和平

从社会组织方面来看，商朝是商人凭借自己的武力，以松散的部落联盟方式建立起来的。商王掌握联盟的权力，支配各个地方部落。周代则改变这种方式，加强对各个地方的统治。据《左传》记载，周公在平定三监之乱后，鉴于管叔、蔡叔的忤逆作乱，采取"封建亲戚以蕃屏周"的方式，开创了西周的分封制。

分封是指按照宗法制，即血缘关系的远近，将宗亲贵戚和功臣分封在离周朝王畿远近不同的地方，建立诸侯国。周朝以宗法制分封诸侯，建立起一种新的统治秩序。在各个诸侯国内，也实行这种分封制，来组织和管理社会秩序。商人崇拜、迷信鬼神，主要依靠暴力威严进行统治，缺乏亲近的感情，最终导致了自己的灭亡。汲取商朝灭亡的历史教训，周天子通过分封制，和各地诸侯形成了紧密的君臣关系，同时还有宗法血缘的亲情关系，有利于维护周天子的统治，稳定社会秩序。由于"同姓不婚"，没有血缘关系的周天子和诸侯之间、诸侯与诸侯之间相互联姻，也和宗法制建立起联系。由此，周朝以宗法血亲为纽带，建立起"家国一体"的统治结构。

所以周朝统治者非常重视血缘亲情，将其作为维护统治、治理社会的重要力量。在《尚书·康诰》中，周公告诫康叔说，只要像保育婴儿一样，百姓自然会被治理得很好。周公还说，罪大恶极的人让人痛恨，但还有不孝不友的人更为可恶。儿子不恭敬服侍父亲，让父亲伤心；父亲对儿子不疼爱，反而憎恶；弟弟不顾天伦之道，不敬重哥哥；哥哥不顾弟弟可怜，不加爱护。如果宽容这些罪行，不加以判罪，上天给我们定下的伦理就将陷于混乱。所以要赶紧按照文王的刑法严惩恶行，不予宽赦。

《诗经》中也有诗句表明周人对亲情的重视。《大雅·泂酌》中说，品德高尚的君子，好比百姓的父母一般。《大雅·文王》鼓励臣民尽忠职守，要念及自己的祖先，好好休养美好品德。周幽王时，国家遭遇危机，《大雅·瞻卬》中说，不要辱没祖先，努力救助你的子孙。《小雅·蓼莪》表达人民终年在外服劳役，对父母病痛、老死不能照料而悲哀的感情。诗中感恩父母的辛苦养育，满怀深情："哀哀父母，生我劬劳""哀哀父母，生我劳瘁"。

血缘亲情是一种出自生命本能的强大力量，凭借血缘亲情的向心力和凝聚力，周人的生活和谐稳定，感情上获得安慰和满足。在孔子儒家思想中，这种血缘亲情更受重视，成为社会秩序的重要保障，还成为精神信仰的源泉。孔子儒家把孝顺父母、友爱兄弟的道理应用到社会政治上，在家里父慈子孝，在国家治理中则君仁臣忠。儒家重视孝道，孔子维护"三年之丧"的礼节。《孝经》记载，孔子认为孝道是社会和谐、国家安定的"至德要道"："先王有至德要道，以顺天下，民用和睦，上下无怨。"（《孝经·开宗明义》）

血缘亲情是天然的本能感情，儒家用这种感情把个体、家庭、国家、天地联系在一起。这种感情是个体成长的保障，是社会和谐、国泰民安的基础，是宇宙天地生生不息的"大道"的体现，是中国人的精神信仰的根源。需要注意的是，虽然儒家重视血缘亲情，但并不是被束缚在这种本能感情中，而是让这种感情成为意识活动的对象，进入精神世界。在不断自由超越的精神活动中，这种感情便成为仁者爱人的忠恕之道，追求四海之内皆兄弟、参天地赞化育的崇高境界。

周礼是一整套习惯统治法规，"以血缘父家长制为基础（亲亲）的等级制度是这套法规的骨脊，分封、世袭、井田、宗法等政治经济体制则是它的延伸扩展。"① 因为周礼重视血缘亲情，所以在维护社会稳定和谐方面，周礼发挥着非常重要的作用。正如孔子的学生有子所说："其为人也孝弟，而好犯上者，鲜矣；不好犯上，而好作乱者，未之有也。"（《论语·学而》）因为少有犯上作乱的人，所以社会和谐稳定，人和人之间有较多的血缘亲情。从周代建立到孔子的时代，社会生活基本上处于长久和平的状态。

长久和平有利于文化的传承、积累，并且能够不断发展、完善。如到孔子时代，礼乐文化依然非常完备，丰富多样。孔子能够随时随地学习，还能实地考察夏礼、殷礼，进行深入的研究。如果是经常战乱，生灵涂炭、城乡毁坏、规章制度受冲击，各种礼器被破坏、废弃，社会文化遭受很大破坏，则不利于思想创造和文明发展。

长久和平有利于文化传统的形成和社会心理的培养。周公制礼作乐是文明的创造，但圣贤的发明要经过推广、普及的过程，才能成为人人遵守的社会规范、不自觉的生活习惯，以至于内化为人们的心理结构定式，形成有生命力的文化传统。从孔子对《诗经》的评论中，可以看出周代礼乐文明的成果。孔子认为，《诗经》的思想特点，用一句话来概括的话，那就是纯正无邪。人们对礼乐文化耳濡目染、身体力行，逐渐影响人们的心理，培养出这种真诚纯正的思想感情，这与商代恐怖残暴的社会文化氛围截然不同。再如孔子说：《关雎》，乐而不淫，哀而不伤。"（《论语·八佾》）《关雎》让人感到快乐但不会过分，让人感到悲哀但没有什么损害。其实不只《关雎》这首诗歌，《诗经》的整体风格也是中和的，充分体现周代礼乐文化的特点。

长久和平有利于人们以一种平静从容、高瞻远瞩、深思熟虑的态度用全面深入且综合系统的方法观照、探索宇宙自然和社会人生。人们的思想能更自由、细致、敏锐，更有力量，去体会自我内心，感受广大世界，回顾历史，展望未来，把握本性，认识人在宇宙中的地位。如孔子和弟子们坐而论道，气氛轻松活跃、自由和谐、开放包容，各言其志，深入交流，探讨学问，思考人生，畅

---

① 李泽厚：《中国古代思想史论》，生活·读书·新知三联书店，2008，第4页。

谈理想。

这种社会环境非常宝贵，也非常难得。在世界几大文明中，只有孔子儒家思想产生于这种社会环境中，有中庸和谐的特点。其他文明的伟大先哲都生活在充满战争的社会环境中，他们的思想与现实世界呈现出不同程度的对立、紧张。如古希腊城邦经常向外殖民、征战。哲学家们重视思考，倾向于获取知识，不断探索、征服、占有外部世界。而古犹太民族常受其他民族的严重压迫，为了抗衡外敌求得生存，他们信仰上帝，获得强大的精神力量，能忍受苦难，继续生存下去。和古犹太民族的先知们相似，古波斯的琐罗亚斯德、古印度的释迦牟尼也选择了宗教的力量。由于面临严峻紧迫的问题，这些哲学家们虽思想高超，但也难免偏颇。孔子则能全面深入认识人类本性，坚持以人为本，追求天人合一。

三、悠久深厚的文化积淀

文明薪火相传，孔子儒家思想得益于悠久深厚的历史文化积淀。周朝从夏、商兴衰中汲取经验教训，有许多新的文化创造，为孔子儒家思想的发展奠定基础。

鲁国的曲阜是孔子出生和成长的地方，也是周代文化积淀深厚的重要都城。曲阜是周公的封地，由于周公在当时的地位非常高，周天子允许鲁国以天子之礼乐来祭祀周公，"周礼尽在鲁矣"（《左传·昭公二年》）。鲁国保存了最完备丰富的周礼，所以孔子能从小受到礼乐文化的熏陶，"孔子为儿嬉戏，常陈俎豆，设礼容"（《史记·孔子世家》）。孔子说自己十五岁的时候就立志学习，学习的主要内容就是这些古代文化知识。孔子"入太庙，每事问"（《论语·八佾》），向专职人员学习。在他生活的社会环境中，礼乐是最常见、最重要的社会文化活动。季氏"八佾舞于庭""三家者以雍彻"（《论语·八佾》），这是记载权臣僭越的事情，但从中可以看出鲁国举行礼乐活动的频繁。孔子积极参政，曾担任过司空、司寇等官职，自然对礼乐非常娴熟。

孔子不仅在当地学习，也曾专门到周天子所在的洛阳参观学习。孔子还亲自到各地进行文化考察，增进学问。他学无常师，随时随地学到知识。孔子向郯子学官制，向苌弘学音乐，向师襄子学琴等。他还积极地在生产、生活实践中学习。孔子掌握了不少古代典籍，如《尚书》《周易》《诗经》等，获得许多历史文化方面的知识，教授"六艺"，成为学识渊博的人。

孔子的博学有时候令人惊奇，如《史记·孔子世家》记载，孔子知道会稽出土的防风氏的骨头，而防风氏是大禹时代的人物。《孔子世家》还记载，孔子在陈国认出了肃慎进贡的楛矢，还知道陈国府库中就有这种矢，是武王分封给陈愍公的祖先的。

孔子的知识学问还和"儒"有关系。他开创儒家学派，其实在社会上早有一些"儒"者。关于"儒"，已有许多学者专门研究，提出各种不同解释，如有的说是原来的王官、祝史，后来流落到民间；有的说是一些术士；有的说是一些有忧患意识的知识分子；有的说是退职后的行政官员；有的说是教书的先生；有的说是负责礼乐教化的官员，等等。诸多说法各有道理，不过都说明一个事实：那时的社会中已有不少知识分子，社会文化水平不断发展、提高。

由于孔子广泛掌握记录历史的文献、有关政治制度的典籍和哲学思想的著作，并进行诗歌文学的汇集、礼仪音乐的传承，受到了风俗习惯的浸染，亦有自身人生经验的不断积累，因此孔子有丰富的知识学养，有高超的思想创造。

正是在这样悠久深厚的历史文化的基础上，孔子阐发高深的思想，创立影响深远的儒家学派。在这个方面，与其他文明中的那些伟大的哲学家，如释迦牟尼、苏格拉底、犹太民族的先知等相比，孔子拥有更优越的社会文化条件。

四、众多贤哲的思想创造

孔子儒家思想的伟大创造，得益于深厚的历史文化积淀，还得益于在他之前的伟大思想家的成果，受到同时代贤哲的启发。

在周代的历史上，有两位非同寻常的政治领袖、思想家，即周文王和周公。

司马迁说周文王拘而演《周易》,《周易》本是占卜的书,后来成为中国古代文化中的群经之首、大道之源。周文王是周民族的杰出领袖,为武王伐纣奠定坚实的基础。周民族曾遭受过商朝的暴虐统治,周文王励精图治,积蓄力量,决心推翻纣王的统治。他深入观察、思考宇宙自然、社会人生的诸多现象,把握其中的道理,精神境界得到极大提升。

周文王是伟大的政治领袖,他的功绩受到后人的由衷歌颂。《诗经·大雅·文王》:"济济多士,文王以宁。穆穆文王,于缉熙敬止。"《中庸》引用《诗经·周颂·维天之命》中赞美周文王的句子:"於乎不显,文王之德之纯!"周文王的德行至纯没有止息,合乎天道运行的规律。

虽然也有一些学者认为,周文王"拘而演《周易》"并不可信。但不可否认,即使是作为集体创作或者历史积淀的结果,《周易》的出现和伟大的思想家密不可分。孔子继承前人的思想成果,《周易》是其哲学思考的重要基础。在此基础之上,孔子继续求索,把握宇宙自然、社会人生生生不息的道理,建立起崇高的精神信仰,实现文明的飞跃。

周文王为推翻殷商做了充分的准备,周武王继承文王的遗志,起兵伐纣,建立周朝。"周公成文、武之德"(《中庸》),周公"制礼作乐",辅佐成王成就了文王和武王的德业。

周文王"演周易",是新的世界观的创造,周公"制礼作乐"则是社会政治制度上的创造。吸取历史的经验教训,周人懂得"皇天无亲,惟德是辅"(《尚书·蔡仲之命》)的道理,重视德行,依靠人自己的力量来维护统治。周公"制礼作乐",创造出体现新时代思想的社会秩序。

除了周文王、周公两位伟大的创造者,在春秋时期,还有一些其他杰出人物,他们的作为和思想曾影响孔子。如孔子非常敬佩管仲,也称赞晏子,他们是齐国优秀的政治家。郑国的子产政绩显著、卫国的蘧伯玉和史鱼为人正直,都受到孔子的赞扬。《史记》中记载孔子曾向老子问学,老子的教诲让他获益匪浅。

在《论语》中,孔子还提到皋陶、伊尹、老彭、微子、箕子、比干、泰伯、仲雍、季历、伯夷、叔齐等贤哲、君子。自然,《论语》中也提到羿、奡、纣等失败的人物。这些人物的事迹都有助于孔子观照世事人生,思考其中的道理。

与人类文明轴心时代的其他思想家相比,中国的孔子独树一帜,提出"克己复礼为仁"的思想,引领中国人走上人文创造的发展道路。这是孔子努力探索的成果,也得益于当时中华文明已有的深厚根基,包括先进的农业生产方式、长久和平的社会环境、悠久的历史文化积淀和众多贤哲的贡献等。因此,孔子儒家思想博大精深,中华文明有强大生机活力,几千年绵延不断,在当代又迎来伟大的民族复兴,继续为人类文明发展作出自己的贡献。

第三章　孔子儒家"克己复礼为仁"思想

第一节　孔子儒家"仁"学内涵

关于"仁"，冯友兰说："故仁为孔子'一贯'之道，中心之学说。故《论语》中亦常以仁为人之全德之代名词。"[1] 李泽厚认为孔子"仁"的思想的出现是历史的一个大进步，"孔子通由仁而开始塑造一个文化心理结构体，如说得耸人听闻一点，也就是在制造中国人的心灵。"[2] "仁"是孔子对"人"的思考，关乎人类生存的意义和价值，指引人生的方向。

但对于什么是仁，向来众说纷纭。《论语》中孔子多处讲仁，也常常有不同的解释。是不同处的仁有不同的含义，只能分别来理解？还是应该把诸多不同的含义综合起来理解？前者不符合孔子"正名"的主张，他强调思想明晰，概念准确。后者应该更合乎孔子本意，仁的含义丰富深刻，不可能一语道尽，所以在不同的场合分别进行解释。但这众多的解释终会殊途同归，汇成完整的仁的思想。显然，后者比前者更为合理，更符合孔子"吾道一以贯之"(《论

---

① 冯友兰：《中国哲学史（上册）》，华东师范大学出版社，2000，第 62 页。

② 李泽厚：《论语今读》，安徽文艺出版社，1998，第 32 页。

语·里仁》)的思想，也更符合后世人们对孔子儒学崇敬、学习与探索的历史事实。

一、以人为本："仁者爱人"

"仁者爱人"，人的生命最宝贵，人的生存发展最重要。孔子"仁"的思想以人为本，关心人，爱护人。在孔子看来，人的价值至高无上，甚至超过国家、天下，不能以任何借口来损害人，所以"危邦不入，乱邦不居。天下有道则见，无道则隐"（《论语·泰伯》）。

"仁者爱人"，仁揭示人的本性。人热爱生命，不只是爱自己和亲人，甚至对整个人类都充满爱的情感。生命是宇宙自然中最神奇的事情，是世界存在的基础，仁源于生命生存繁衍的本能。在人类的生活中，仁表现为对生命的自觉、尊重、珍爱生命，努力让自己、他人生活得更好，让世界变得更美好。"可怜天下父母心"，父母对孩子的爱出于本能，是最慷慨无私，最深厚强烈和崇高伟大的。这种"父母心"即"爱心"是仁的体现，是人、社会存在、发展的前提和基础。所以儒家强调"孝"的观念，要自觉地理解、反思和崇敬这种"爱心"，更要尽己所能去体现这种崇高伟大的人类本性，如此才有人生的根基和意义。

孔子批评宰我"予之不仁也"，因为宰我否定"三年之丧"，而孔子认为"子生三年，然后免于父母之怀"（《论语·阳货》），在这里，孔子强调了"父母心"即"爱心"的伟大。每个子女的成长是因为父母的仁，将来也都会为人父母，所以一定要自觉体认自己内心的仁，按照生命的本性要求去"爱人"。如果遮蔽了内心的仁，就会失去立身之本，失去生存发展的根基和希望，"君子去仁，恶乎成名？"（《论语·述而》）在生命现象中，动物和人都有生殖哺育后代的本能，但与动物不同，人还有自我反思、感恩报本的能力，也就是孔子儒家强调的"孝"。这种超越动物本能的能力其实表明了人类的本质特性：精神。人类有动物的生存本能，更要靠精神的能力去发扬"爱人"的情感，去更好地生存和发展。从这种意义上说，仁既重视人类动物本能的力量，又强调人类的精神特性。二者统一起来，人类才会有更好的生活。

人类个体的生存和发展离不开父母的养育呵护，同时也离不开社会，人和人必须组成社会才能保证个体以及种群的生存繁衍，所以仁必须还要在社会生活中得以实现。如果说父母和孩子之间的爱有更多血缘亲情的天然联系，即更多的动物本能成分的话，社会中的爱更能表现出人类的精神特性：对内心仁的体认和发扬。社会中充满着仁，充满着爱心，那么人的生存发展就更有保证，才能达到更好的生存状态。

仁者的内心充满爱，对待别人如对待自己一样，让自己和别人都能生活得更好："夫仁者，己欲立而立人，己欲达而达人。"(《论语·雍也》)阳货问孔子："怀其宝而迷其邦，可谓仁乎？"(《论语·阳货》)。自己身怀本领，却听任国家迷失正途，能叫仁吗？此处的"仁"也是一种爱护、爱惜、不忍的内心情感。"仁者"要发挥自己的聪明才智，为国家效力，为百姓谋福。仁是人内心中要求生存发展的强烈思想情感，来自生命本能，也是自觉的理想和追求。这种强烈的思想情感表现在向善上，也表现在对恶的批判和反抗上，立场明确坚定，爱憎分明："唯仁者能好人，能恶人"(《论语·里仁》)。孔子痛恨那种没有原则，随波逐流的人："乡愿，德之贼也"(《论语·阳货》)。

要把"仁者爱人"的精神推广到全社会，人与人之间亲如一家："四海之内，皆兄弟也。"(《论语·颜渊》)"仁者爱人"，要让人世间充满爱，这种思想"一以贯之"地表现在各种儒家重要典籍中。如"人不独亲其亲，不独子其子，使老有所终，壮有所用，幼有所长，矜寡孤独废疾者皆有所养。"(《礼记·礼运》)"老吾老，以及人之老；幼吾幼，以及人之幼"(《孟子·梁惠王上》)。"四海之内，皆兄弟也"，这是两千多年前孔子所提出的儒家理想，现在仍然是人类社会的美好蓝图。

这种爱还可以推广到其他的生命，"子钓而不纲，弋不射宿"(《论语·述而》)。人的生存发展还离不开天地自然，爱的情感与天地自然息息相关，"智者乐水，仁者乐山"(《论语·雍也》)，面对世界，孔子发出这样的感慨："岁寒，然后知松柏之后彫也"(《论语·子罕》)，"四时行焉，百物生焉"(《论语·阳货》）。"仁"中包含着儒家天人合一的崇高信仰，"爱人"的仁者真诚地对待自己、他人和万物，能与万物合而为一。

仁是人的本性，仁并不遥远，就在每个人自己的心中。孔子说："我欲仁，斯仁至矣。"（《论语·述而》）内心中有了仁，就能远离邪恶，向善的方向发展，"苟志于仁矣，无恶也"（《论语·里仁》）。内心中有了仁，就有了言行的内在依据，有了信心与力量的源泉。

二、"任重而道远"的人生奋斗

仁是人的内在本性，是内心的思想情感，要"仁者爱人"，更要付诸行动，在人生的社会实践中表现出来，努力奋斗。樊迟问仁，孔子回答："居处恭，执事敬，与人忠。虽之夷狄，不可弃也。"（《论语·子路》）平日态度严肃、做事认真、待人忠诚，即使到了夷狄之地，也要这样。"仁者先难而后获，可谓仁矣"（《论语·雍也》），仁者不怕困难勇于进取，付出努力然后收获成果，不能坐享其成。人必须努力奋斗去成就仁，才配得上"人"的称号。仁必须自我完成，任何其他人都代替不了："为仁由己，而由人乎哉？"（《论语·颜渊》）

不断学习、思考，获得知识，坚定志向，提高修养也是仁的一种表现，子夏说："博学而笃志，切问而近思，仁在其中矣。"（《论语·子张》）孔子以"六艺"教育学生，而仁是教育的根本："人而不仁，如礼何？人而不仁，如乐何？"（《论语·八佾》）孔子教育学生"君子不器"，与"器"相对的是"道"，而做人之道即是仁。

仁在于心中有"爱"，在于努力奋斗，更在于坚持不懈，用自己的一生成就自己，奉献社会。在《论语》中，孔子称微子、箕子、比干为"三仁"（《论语·微子》），他们为自己的理想和志向作出牺牲，甚至献出自己的生命，为后人树立了精神的榜样。管仲建立了丰功伟绩，被孔子称赞为仁。子贡问孔子："如有博施于民而能济众，何如？可谓仁乎？"孔子说："何事于仁！必也圣乎！尧舜其犹病诸！"（《论语·雍也》）这哪里是仁？一定达到圣的境界了！这样的事业尧舜都难以做到啊。

仁体现在那些卓有建树的人物身上，也体现在普通人的日常活动中。颜渊问仁，孔子说："克己复礼为仁。一日克己复礼，天下归仁焉。"（《论语·颜渊》）每个人都要努力把内心的要求表现出来，实现自己的意愿。仁是日常生活中的积极努力，为生存和理想而奋斗。为了成就仁，有时甚至要不惜牺牲自己的生命。仁是人性的内在要求，体现在每个人的身上，更有崇高神圣的意义，就是遵从和体现宇宙天地的大道。

仁是一生的事业，要用毕生的努力去成就。所以，对每一个还在奋斗的人来说，不宜称其为仁。因此，可以理解为什么孔子对人不轻许以"仁"，如对于忠于职守的令尹子文、爱憎分明的陈文子，有人问孔子他们"仁矣乎"？孔子都回答说："未知，焉得仁？"（《论语·公冶长》）对于自己的弟子冉求、子路、公西赤，孔子认为他们各有不同的本领，但"不知其仁也。"（《论语·公冶长》）《论语》中被孔子称为"仁"的，是殷末的微子、箕子、比干，还有功绩卓著的管仲，他们都是用自己一生的奋斗去体现仁。

对"仁"字起源的探讨可以帮助人们理解这一点。谢阳举在《"仁"的起源探本》一文中指出，东汉许慎在《说文解字》中已认为"仁"字有三形三义，一是"亲也，从人二"，一是"古文仁从千心"，一是"古文仁或从尸"。谢阳举认为，第一种意义相当于春秋以后凸显的仁者爱人的内涵；第二种意义相当于人应有的心性；第三种则透露了"仁"字更原始的意义。"'仁'本来是对祖灵的一种极端虔诚和敬拜的自然心性，它指的是像死人活在眼前一样地怜爱和敬祀他（她）。"[1]人到底是什么？古希腊的哲学家通过思考"认识你自己"，认为哲学是面对死亡的练习。面对死亡同样也让古代中国人超越现实世界，思考"人"的意义。面对死亡，所有日常的纷扰烦恼都烟消云散，只剩下生与死的庄重、严肃、崇高、神圣甚至神秘。那么人是什么呢？"慎终追远"，反思和总结，人是死者的思想情感，是生活经历，是一生不断挣扎奋斗，努力追求的过程。《中庸》

---

① 谢阳举:《"仁"的起源探本》,《管子学刊》2001 年第 1 期。

也记载了孔子这样的话："力行近乎仁。"

在坚持不懈的奋斗和探索中，人才能更全面深入地体会到内心的"仁"，不断创造和超越自我，去成就"仁"。孔子的一生正是"仁以为己任"的典范。他不断自觉地提升自己，在自我修养上，在文化教育的事业上，在治国安邦的政治追求上，他矢志不渝，甚至"知其不可而为之"。孔子的一生是自觉体认"仁"，成就"仁"的一生。他在精神探索和社会实践方面都为后人树立起崇高的丰碑，达到一般人难以企及的高度，被尊为中国的"圣人""至圣先师"。

三、理想的精神境界和生存状态

仁者爱人，努力奋斗，追求崇高而神圣的目标——仁。但"君子不器"，人生的意义不仅在于最终的目标，人生更是一个过程，本身就是目的，人生还在于生活中心灵对自身存在的体验。所以，仁是理想的精神境界，也是美好的生存状态，人们在内心中体验仁。孔子说："君子道者三，我无能焉：仁者不忧，知者不惑，勇者不惧。"子贡认为这是"夫子自道也"（《论语·宪问》）。孔子自觉追求仁，此夫子之道正说明了仁者的境界。孔子的一生就是"为仁"而奋斗的一生，充实而有意义的一生，最终达到崇高的天人合一的精神境界。

孔子不断追求更高的精神境界。他从"十有五而志于学"开始，到了老年，"七十而从心所欲，不逾矩"（《论语·为政》），达到了人生的崇高境界，得到了人生真正的自由和快乐。冯友兰认为："孔子四十而不惑，达到了道德境界。五十而知天命，达到了天地境界，入于知天阶段。六十而耳顺，入于事天阶段。七十而从心所欲，入于乐天阶段。"[①] 冯友兰把天地境界分为四个阶段：知天、事天、乐天、同天。达到仁的境界，身心就会处于一种美好的生存状态中，获得生活的美好享受。

孔子爱美，崇尚艺术人生。他说："里仁为美。"（《论语·里仁》）学者们对

---

① 冯友兰:《哲学的精神》，陕西师范大学出版社，2008，第 102 页。

于此话有不同的解释，有的人解释为选择邻居，钱穆认为："里，即居义。居仁为美。"① 他用白话翻译"里仁为美"："人能居于仁道，这是最美的了。"② 所以"里仁为美"，并不仅是说与仁者做邻居是聪明的，更是说如果内心中充满仁，这才是最美的。孔子擅长"六艺"，其中多数与艺术有关。可以说，他是一名艺术家，在文学、音乐等方面造诣高深，对"美是什么"这个问题，也有非常独到的理解。孔子内心中有"仁"，他也便常生活在美好的心态中。

在审美之上，孔子还有更高的精神追求，超越现实世界，乃至超越生死。叶公向子路问孔子是怎样的人，子路没有回答，孔子说："女奚不曰，其为人也，发愤忘食，乐以忘忧，不知老之将至云尔。"（《论语·述而》）孔子不断追求仁的境界，同时也获得生活的美好享受，心情舒畅快乐。进入这种忘我投入的状态，自然忘了忧愁烦恼，忘了时光的流逝，更没有对死亡的恐惧和悲哀。

这种高超的精神世界即是信仰，一个更真实、完美、永恒的精神世界。"仁"是"爱人"，追根溯源，这种思想感情源于生命本能，是天生本性。在"为仁"的奋斗中，要发挥、展现这种本性，达到天人合一的状态。在《论语》中，孔子常提到"天"，如"唯天为大，唯尧则之。"（《论语·泰伯》）天是万物的根源，也是孔子精神力量的源泉："天生德于予，桓魋其如予何？"（《论语·述而》）后世儒家贤哲对此深入阐发，使天人合一的追求更加彰显。如子思提出"参天地、赞化育"的崇高境界等。因此，在当代儒家学者陈来所著《仁学本体论》一书中，把对"仁"的思考上升到本体论的高度："本书之宗旨，是欲将儒家的仁论演为一个仁学的本体论，或仁学的宇宙论。"③

从上面的论述中可以知道，"仁也者，人也"，仁的含义非常丰富，是对人的全面而深刻的解释。仁是人的本性，是神圣的使命，是崇高的目标，是一生努力奋斗，不断超越的人生理想境界，也是现世生存的美好人生状

① 钱穆：《论语新解》，九州出版社，2011，第76页。
② 钱穆：《论语新解》，九州出版社，2011，第76页。
③ 陈来：《仁学本体论》，生活·读书·新知三联书店，2014，第1页。

态。孔子深刻地认识到"为仁"或"做人"的不容易，认识到"仁"的意义的丰富和深刻，需要体认人性，实现自我，需要付出一生的努力奋斗去实践和成就。人生道路漫长而艰难，崇高而神圣，但无论如何，"为仁"或"做人"是人必须面对的征途，要"克己复礼为仁"，用自己的一生去成就"仁"，去"做人"，体验人生，不断达到更高的人生境界，追求天人合一。

第二节　孔子儒家"克己复礼为仁"

在漫长的中国古代社会，孔子作为"万世师表"，对人们的思想行为有重要的指导作用。但是对孔子儒家思想，人们历来又有不同甚至对立的认识，如：或者是崇高伟大的精神动力，激励人们不断进取，"舍生取义，杀身成仁"；或者是束缚人们精神的枷锁，甚至窒息人性，阻碍人们生存发展。如此迥然不同的观点，相互对立，矛盾冲突，令人无所适从。所以必须要全面深入理解孔子儒家思想，把握其精神实质，尤其是"克己复礼为仁"的主张。

一、人性论：理解孔子思想的向度

近代以来，中华民族遇到"三千年未有之大变局"，传统文化受到极大冲击，孔子儒家思想遭到严峻挑战。其中，"五四"新文化运动特别凸显了维护和反对孔子儒家的激烈冲突。有人以为中华民族的崛起必须发扬孔子儒家精神，使人性活泼振奋，富有生命力和创造力，从而有助于民族复兴，国家强盛。如梁漱溟认为以"孔颜的人生"为中国人的人生态度，"才能把生机剥尽、死气沉沉的中国人复活过来。"[①] 贺麟说："民族复兴本质上应该是民族文化的复兴。民族文化的复兴，其主要的潮流、根本的成分就是儒家思想的复兴，儒家文化的复兴。"[②]

---

① 梁漱溟：《东西文化及其哲学》，商务印书馆，1999，第125页。

② 贺麟：《文化与人生》，商务印书馆，2002，第4—5页。

另一方面，有人提出"打倒孔家店"的口号，孔子儒家思想成了保守、落后的代名词，甚至是戕害人性、荼毒生灵的精神鸦片。孔子的重"礼"，是束缚人性的教条，造成思想和创造力的窒息、民族的落后与衰朽。孔子讲"仁"，是虚伪的骗术，用温情脉脉的面纱来美化阶级社会残酷血腥的压迫和统治。二者对比分明，水火不容。

今天，孔子依然在人们身边，人们也依然争论不断。随着中国和平崛起和传统文化的复兴，孔子在烟云变幻的社会历史文化中巍然屹立，更显崇高。今天很快会成为昨天，成为历史，所谓"后之视今，亦犹今之视昔"。人的现实存在无法脱离社会历史文化，必要深刻反思，才能"认识自己"，才能有真正属于自己的生活。对于孔子，人们必要有更多的思考，深入探讨其思想实质，才能认识中华民族以及自我的个性气质，为未来的发展寻找根基和方向。

孔子是伟大的思想家。其思想的核心是"仁"，要"克己复礼为仁"。孔子说"仁者，人也"（《中庸》），孟子则认为"仁也者，人也。合而言之，道也"（《孟子·尽心下》）。也就是说，"仁"是孔子的人性论思想，是对人类本性进行全面深入思考的结果，应从人性论的角度去理解孔子"克己复礼为仁"的思想。

他要求"克己复礼为仁"，为中国人指明一条人文创造的道路。他的一生可以说是为之奋斗的一生。"克己复礼为仁"不是简单复古，更不是对人性的压抑，而是对人的精神创造的重视与发扬，高扬人类的精神特性，执着追求人所应有的理想生存状态。

二、"克己"：精神特性的表现

颜渊问仁，孔子说："克己复礼为仁。"（《论语·颜渊》）什么是"克己"？有的学者如杨伯峻解释为"抑制自己"[1]，李泽厚解释为"约束自己"[2]，人们一般

---

[1] 杨伯峻：《论语译注》，中华书局，1980，第123页。
[2] 李泽厚：《论语今读》，安徽文艺出版社，1998，第274页。

也是这样认为的。更有人由此推论出孔子思想是对人性的压抑，而"非礼勿视，非礼勿听，非礼勿言，非礼勿动"（《论语·颜渊》），则成为孔子思想压抑人性的确凿有力的证据。其实这不是孔子思想的真意，孔子儒家主张积极有为，生命不息，奋斗不止，甚至"知其不可而为之"（《论语·宪问》）。而且孔子认为"仁"是"礼"的内在根据："人而不仁，如礼何？人而不仁，如乐何？"（《论语·八佾》）如果将"克己复礼"理解为抑制或约束自己来符合外在的"礼"的规范，那就丧失了人的独立性、主动性和创造性，这与孔子思想正好背道而驰。所以，应从人的精神特性的角度来理解"克己"的积极意义，正如子贡的话："贤者识其大者，不贤者识其小者"（《论语·微子》）。

精神特性是人与动物的本质区别，"克己"正是精神特性的表现。对于人类精神活动的特性，许多哲学家都进行过深入的思考。孔子也有过论述，如他认为"今之孝者，是谓能养。至于犬马，皆能有养；不敬，何以别乎？"（《论语·为政》）"孝"不仅是能为父母提供饮食维持生命，还要"敬"，有思想的自觉、情感的付出和行为的实施，即精神的表现，才能与动物区别开。动物只有生存繁衍的本能，人还有超越生存繁衍本能的精神需要，孔子说："饱食终日，无所用心，难矣哉！不有博弈者乎？为之犹贤乎已。"（《论语·阳货》）"饱食终日，无所用心"是动物的状态，人必须要有精神活动，哪怕是玩一玩"博弈"的游戏也好。在西方的古希腊时期，苏格拉底、柏拉图、亚里士多德都曾论述过人与动物的不同，强调人的精神特性。如"柏拉图式的恋爱"是纯粹的精神活动，亚里士多德则认为人是理性的动物。

人的精神特性是后世许多哲学家关注的焦点。黑格尔认为人特有的意识活动（精神能力）表现为能观照自身，思考自己，[①] 马克思认为："动物和自己的生命活动是直接同一的"，"而自由的有意识的活动恰恰就是人的类特性。"[②] 那么人类精神，即这种特有的意识活动是如何表现出来，得到发挥呢？欲望驱动人

① [德]黑格尔：《美学·第一卷》，朱光潜译，商务印书馆，1997，第38—39页。

② [德]马克思、恩格斯：《马克思恩格斯选集（第一卷）》，中共中央马克思恩格斯列宁斯大林著作编译局编译，人民出版社，2012，第56页。

在现实世界中趋利避害，欲望也能进入人的意识活动领域，展开精神活动。在现实世界中受到阻碍和压抑的欲望能成为精神活动的动力，开拓出一个精神的世界。比如，在男女恋爱中，正是由于"求之不得"，思慕恋人，才有了感动人心的精神创造，如："关关雎鸠，在河之洲"的深情咏唱，文艺复兴时期的诗人但丁和彼特拉克的爱情诗篇、闺窗之下的破晓歌或小夜曲等。人们常说"距离产生美"，即指现实对主体欲望的阻碍或压抑反而成就了精神活动——审美。由此，精神分析学家弗洛伊德认为艺术创造就是被压抑的欲望能量的升华。再比如，现实中人们没有千里眼、顺风耳，但是通过精神活动的努力，不断想方设法，人们发明了望远镜和电话，在当代信息时代，还在不断发明创造，为人们的交流沟通提供更多便利。文明社会的所有文化创造都是精神活动的成果，不断满足着原先被阻碍和压抑的欲望要求，实现一个个美好梦想。

对欲望的阻碍和压抑，也即是"克己"，产生了精神活动产生与升华的动力，从而导致人类的社会文化创造活动，构建人们丰富多彩的精神世界，追求崇高与永恒。"克己"源于现实环境的限制，更源于人自己主观的自觉和约束。因为有精神特性，所以人的行为超越动物的本能，"士见危致命，见得思义"（《论语·子张》)，孔子说"富与贵，是人之所欲也"，但又接着说"不以其道得之，不处也"（《论语·里仁》）。人人都有追求富贵的欲望，这是正常的，但人不能被欲望所左右，要有自己的立场和原则，有超越物质欲望的精神追求。所以他认为"不义而富贵，于我如浮云"（《论语·述而》）。君子爱财取之有道，富贵、钱财要通过一定的方式（义、礼）去获得，这是人的精神特性的要求，是文明和文化的表现。如果弱肉强食，不择手段，就无异于禽兽，甚至连禽兽也不如了。

所以"克己"不仅仅是简单的压抑自己，而是要在现实的利、害面前发挥人的精神特性，从而达到更理想的生活状态。从"克"的本意上看，也表现出积极主动的意义。在甲骨文中，克象人肩物之形;《说文解字》:"克，肩也";《尔雅》:"克，能也"。克的本意是胜任、能够的意思，这个意思还保留在现在常用的一些词语中，如克勤克俭、靡不有初，鲜克有终等。

"克己"是人的精神特性的表现。在人类的生活中，有动物性生存繁衍的需要，但更要发挥精神活动的特性，有精神的追求和创造。这样的精神活动才是人之所以为人的本质特性，人必要超越动物性的状态，发挥精神活动的特性，寻求生存的意义和价值。在"克己"的状态中，人们的活动不受现实的束缚，不是简单的刺激反射，而是一种自觉的精神活动，有着丰富深远的意义内涵。主体成为自己的主人，而不是外部世界的奴隶，言行举止都体现精神的自由，超越动物的生存状态。

三、"复礼"：遵循人的生存之道

《论语》中没有对"礼"进行专门的详细解释，在另一部经典著作《礼记》中，儒家学者对"礼"进行了比较详细深入的解释。《礼记·曲礼上》中指出，"礼"是人类与动物的本质区别："夫唯禽兽无礼，故父子聚麀。是故圣人作，为礼以教人，使人以有礼，知自别於禽兽。""礼"关系到人的生死存亡，意义重大，《礼记·礼运》中记载孔子说："夫礼，先王以承天之道，以治人之情。故失之者死，得之者生。"《礼记·礼运》中解释了"礼"的起源："夫礼之初，始诸饮食，其燔黍捭豚，汙尊而抔饮，蒉桴而土鼓，犹若可以致其敬于鬼神。"人类和动物一样首先要生存，但"礼"源于人类与动物不同的生存方式，更有"致其敬于鬼神"的意义追求。如除了个体生存，人类与动物都还要繁衍后代，但与动物不同，人类有隆重的婚"礼"。《礼记·昏义》中说："昏礼者，将合二姓之好，上以事宗庙，而下以继后世也。"意义重大，"故君子重之"。所以，礼与人的生存繁衍，与宇宙自然、天地鬼神都有联系，有丰富深远的精神追求和哲学意义。

东汉许慎在《说文解字》中认为："礼，履也，所以事神致福也。从示从豊。""神"指"鬼神"，而"鬼神"是人的精神创造，也可以理解为超越现实的"神性"。"福"指利益佑护，也可以是理想的生活状态。那么"事神致福"也可以理解为超越当下，追求理想，追求人生更崇高神圣的意义。而这正是人类生存的特性，不断创造出新的世界，达到更高境界，而不是像动物那样永远被禁锢在本能的范围之中。

所以，可以看出，"礼"来源于人类的精神活动，是人类的文化现象，是人类保证生存繁衍、不断追求理想状态的生活方式。人在动物本能的基础上展开精神的追求，进行文化符号的创造，各种各样的"礼"随之产生：思想感情的具体表达方式方法、世代沿袭的禁忌或风俗、各种伦理道德和法律规章等。文化开始出现，文明的光辉闪耀，照亮一片人类所特有的生存世界，这即是人精神创造的开始。"复礼"，即遵循人类的生存之道。

通过"礼"，人们"事神致福"。鬼神是人想象中的事物，是精神的创造，在人类蒙昧的早期，想象中的鬼神实际上也给生活赋予了崇高神圣的意义。鬼神带给人们威严和恐惧，也表达着人们的思想感情、理想愿望等。青铜器是殷商时代最重要的礼器，"狞厉"的饕餮食人的形象是最具代表性的装饰图案。这是表现那个时代人们心灵的符号，是殷商时代精神的显现。在"饕餮"神灵的佑护下，在巫风弥漫的社会文化氛围中，商人强有力地占据统治地位。周代取代殷商，统治者认识到了人的力量，提出"敬德保民"的思想，把原先迷信神灵保佑的商代精神转变为规范人间的生活秩序。于是有周公的"制礼作乐"，使社会尊卑有序等级分明，国家安定。"制礼作乐"，实质上是创造一系列文化符号。近代学者王国维就认为商周之变是一场重大的文化变革，有人称之为周公革命。周公"制礼作乐"使人的精神力量得到更大的发挥，并产生了重大文化创造的历史性事件。

在周公"制礼作乐"的时代，社会从混乱走向有序，从野蛮走向文明，人的精神状态活跃、蓬勃、充满创造性。这是一个人的精神特性得到更充分发扬的时代，"敬德保民"的周朝取代野蛮残酷的商朝，人的生活从蒙昧混乱向更高的文明理性的阶段发生质的飞跃。孔子传承和弘扬周代的礼乐文化，从文化创造的角度，可以理解为孔子维护人的尊严，发挥人的精神力量，让人摆脱蒙昧，以周朝"制礼作乐"为榜样。"复礼"不是简单复古，而是遵循人特有的生存之道，追求理想的生存状态。

四、"为仁"：去成为人

"克己"是要发挥精神的特性，"复礼"是遵循人的生存之道，"为仁"则是"克己复礼"的最终目标——去成为人。"仁者，人也"（《中庸》），前面已有章节详细探讨"仁"的内涵，此处再进行简要论述。

首先，仁揭示人的本性："仁者爱人"。对自己、对亲人以及所有人充满爱的情感，热爱生命。所谓"生生之谓易"（《周易·系辞上》），生命是宇宙自然中最神奇的事情，是世界存在的基础，仁源于生命生存繁衍的本能。在人类生活中表现为对生命的自觉，尊重、珍爱生命，努力让自己、他人生活得更好，让世界变得更好。孔子评论宰我"予之不仁也"，因为宰我否定"三年之丧"，而孔子认为"子生三年，然后免于父母之怀"（《论语·阳货》）。在这里，孔子强调了"父母心"即"爱心"的伟大。每个子女的成长是因为父母的仁，将来也都会为人父母，所以一定要自觉体认自己内心的仁，按照生命的本性要求去"爱人"。

如果说家庭成员之间的爱有更多血缘亲情的天然联系，即更多的动物本能的话，社会中的爱更能表现出人类的精神特性：对内心仁的体认和发扬。社会中充满着仁，充满着爱心，人的生存发展就更有保证，达到更好的生存状态。人与人之间便充满友爱，亲如一家。人的生存发展还离不开天地自然，爱的情感与天地自然息息相关，"仁"中包含着天人合一的崇高信仰。

其次，仁更要付诸行动，在人生的社会实践中表现出来，努力奋斗。樊迟问仁，孔子回答："居处恭，执事敬，与人忠。虽之夷狄，不可弃也。"（《论语·子路》）平日态度严肃、做事认真、待人忠诚，即使到了外国，也要这样。"仁者先难而后获，可谓仁矣"（《论语·雍也》），仁者不怕困难勇于进取，付出努力然后收获成果，不坐享其成。不断学习、思考，获得知识，坚定志向，提高修养也是仁："博学而笃志，切问而近思，仁在其中矣"（《论语·子张》）。孔子称微子、箕子、比干为"三仁"，认为伯夷和叔齐"求仁而得仁"（《论语·微子》），他们为自己的志向不畏艰苦，甚至付出生命代价，为后人树立了榜样。孔子的一生正是"仁以为己任"的典范。他不断自觉地提升自己，成就"仁"

的一生，甚至"知其不可而为之"。他在精神探索和社会实践方面都为后人树立起崇高的丰碑，让后人心向往之。

第三，仁是理想的精神境界，也是美好的生存状态。"君子不器"，人生的意义不仅仅在于最终的目标，人生更是一个过程，在于心灵对自身存在的体验，在内心中体验"仁"。孔子说："仁者不忧，知者不惑，勇者不惧。"(《论语·子罕》)子贡认为这是"夫子自道也"(《论语·宪问》)。孔子从"十有五而志于学"开始，到"七十而从心所欲，不逾矩"(《论语·为政》)，达到了人生的崇高境界，得到真正的自由和快乐。孔子说"里仁为美"(《论语·里仁》)，他也便常生活在美好的心态中。

第四，仁中还包含崇高的信仰。除了欣赏美，获得精神愉悦，孔子还有更高的天人合一的精神追求。他对上天充满崇敬，认为古代圣王做到了天人合一："唯天为大，唯尧则之。"(《论语·泰伯》)孔子不断学习、思考，提升自己，最终也达到天人合一的崇高境界。

五、"克己复礼为仁"：崇尚精神，成就人生

对于"克己复礼为仁"，可以理解为秉承内心"仁"的要求，永葆精神的光芒，发挥精神的力量，追求理想，进行文化创造，让"仁"的本性能更充分体现，让生活不断达到更完美的境界。"克己"是超越现实，有更高的人生目标，有精神飞扬的更高远更自由的空间。"复礼"是采取最理想的方式方法，追求至善，取得最好效果。"为仁"是通过发挥人的精神特性，选择最恰当的生活方式，从而成就美好人生，达到天人合一的境界。

动物是自然本能的奴隶，人类虽然也有自然的生存繁衍的本能，但人类生活的特点更在于自由创造，不断创新，所谓"苟日新，日日新，又日新"，"止于至善"(《大学》)。尼采说："人是一种需要不断超越的东西。"[1]人的精神活动

---

① ［德］尼采：《查拉图斯特拉如是说》，黄明嘉译，漓江出版社，2000，第45页。

不断创造着人的新形象。卡西尔从"人是符号的动物"出发，认为人的本质就存在于不断创造文化的辛勤劳作中，真正的人性无非就是人的无限创造性活动，即人的精神活动。

所以，人们可以理解孔子"克己复礼为仁"的人生追求，即是对精神创造的追求，对人类生活的更高境界的追求。孔子不是简单复古，不是维护既有秩序，更不是禁锢人的思想，束缚人的言行。孔子"克己复礼为仁"的思想远远超越社会政治等现实层面，是对人性的全面深入的探讨，是对人类创造精神的弘扬。

孔子主张"克己复礼为仁"，引领中国走上一条人文创造的正确发展道路。在中国历史上，无数的人们遵从"至圣先师"孔子的教导，不断努力奋斗，成就自己，奉献社会。因此，两千多年来，中华文明绵延不断，永葆生机。今天，中华民族正在实现伟大复兴，优秀传统文化备受重视，人们不断增强文化自信，更加振奋精神，创造自己的美好的生活。

孔子的儒家思想是中国文化的核心，已深入中华民族深层文化心理之中。要深入理解"克己复礼为仁"的深刻含义，振奋精神，勇敢面对世界和人生，以"知其不可而为之"的勇气和执着，不断创造新的文化，为人生和世界赋予更丰富更崇高的意义，追求更高的精神境界。

第三节　孔子儒家"心学"的当代阐释

孔子儒家追求"为仁"，在现实生活中努力奋斗，也重视"心"的修养。孔子反对"无所用心"，孟子认为"仁，人心也"（《孟子·告子上》）。后世儒家学者对此深入研究，探讨"心"的奥妙，如陆九渊开创"心学"，为儒学发展作出重要贡献。陆九渊的"心学"影响深远，但反对者也很多，如朱熹认为"太简"，

"尽废讲学而专务践履"①。当代学者也曾把"心学"归为主观唯心主义，认为它与唯物主义相悖，缺乏科学内涵。随着当代人类文明的发展，"心学"不仅没有被时代抛弃，反而越显高明，有更多合理性。

一、"心学"与人类精神活动特性

哲学家思考世界和人生的形而上问题，这些问题又和人类本身特性密切相关。南宋儒学家陆九渊是陆王心学的代表人物，提出"宇宙便是吾心，吾心即是宇宙"②命题。这种"心学"实际上是关于人类精神特性的理论，表明人与动物的本质区别和人类特有的生活方式。人生在世，最重要问题便是认识自己，中西许多先哲都曾专注于此。

后世西方哲学家不断强调理性思考的特性。如笛卡尔的著名观点是"我思故我在"；帕斯卡尔则说："人只不过是一根芦苇，是自然界里最脆弱的东西；但他是一根会思想的芦苇……，我们的全部尊严就在于思想。"③只有人类能反观自身，思考、认识和解释自己和世界的存在。马克思说："有意识的生命活动把人同动物的生命活动直接区别开来。"④卡西尔认为人是"符号的动物"⑤，当然"符号"是精神活动的产物。这里所说的"精神"，也就是人区别于动物的理性、思考的特性，或者马克思所说的"自由的有意识的活动"。通过精神、理性、自由的意识活动，也就是通过思考，人不断创新生活、改造世界。

中国人也很早就思考这个问题，在古老的《周易》中，描绘了一幅先贤观察、创造生活的生动画面："古者包牺氏之王天下也，仰则观象于天，俯则观法于地，观鸟兽之文与地之宜，近取诸身，远取诸物，于是始作八卦，以通神明

---

① 郭齐、尹波点校《朱熹集·卷三十一》，四川教育出版社，1996，第 1331 页。

② 陆九渊：《陆九渊集》，中华书局，1980，第 483 页。

③ [法]帕斯卡尔：《思想录》，钱培鑫译，译林出版社，2010，第 119 页。

④ [德]马克思、恩格斯：《马克思恩格斯选集（第一卷）》，中共中央马克思恩格斯列宁斯大林著作编译局编译，人民出版社，2012，第 56 页。

⑤ 卡西尔：《人论》，甘阳译，上海译文出版社，1985，第 36 页。

之德，以类万物之情。"（《周易·系辞下》）圣贤是文明的开创者和优秀代表，包牺氏仰观俯察，由近及远，由己及物乃至广阔世界，观察现象，也感悟内在规律，体会天地造化的神奇。在这里，"仰观俯察""通神明之德""类万物之情"，就是圣贤的精神活动、理性思考，观察现象、认识本质、探索规律，发挥聪明才智，自觉把自我生存发展和天地自然联系起来。

儒家创始人孔子重视人的精神特性，认为"饱食终日，无所用心"即是动物的状态，不是人的状态。人应该"克己复礼为仁"（《论语·颜渊》），努力去"做人"。"礼"则是"仁"的外现形式，是人类精神所创造的伦理道德、规章制度等，是人们认识人生、把握规律的结果，是富于思想内涵的生活方式、仪式，是文明的表现形式。

孔子自觉地"克己复礼为仁"，为实现理想而奔波，周游列国，甚至"知其不可而为之"（《论语·宪问》），显出孔子精神的崇高伟大。孔子师徒备尝艰辛，甚至一度陷于绝境。有人悲观失望，有人犹豫退缩，孔子仍"弦歌不衰"。现实中处处碰壁，但更显精神境界的超越。孔子被后世称为"至圣先师"等，成为中国人的精神导师、中华文化的象征。

孟子是另一位儒家代表，也提到人与动物的区别，而"心之官则思，思则得之，不思则不得也"（《孟子·告子上》）。心有仁、义、礼、智的表现，有恻隐、羞恶、辞让、是非之心。君子要努力发明本心，去"思"，有丰富的"心"的内涵，有更理想的人生状态。如果有心，便可以拥有整个世界："万物皆备于我矣。反身而诚，乐莫大焉。强恕而行，求仁莫近焉。"（《孟子·尽心上》）

由孔子到孟子，都思考人与动物的不同，强调"心"的作用。以孔孟为代表的儒家源远流长，是中国古代文化的主流和核心，决定中国人的世界观、人生观和价值观。以人为本，以心为根，心诚则灵，心安理得，天人合一。源于古印度的佛教进入中国后，不断传播，也开始了"中国化"，即和儒家思想相结合的过程，终于在唐代形成中国化的佛教——禅宗。而儒家学者也不断迎接外来思想挑战，吸收外来文化。到宋代，儒家进一步发展，如张载提出"民胞物与"的思想，陆九渊则开创心学，提出"宇宙便是吾心，吾心即是宇宙"① 的命题。

从思想史的发展来看，陆九渊的"心学"与孔孟思想一脉相承，也和西方哲学家一样，揭示人的精神特性。这种特性使得人类拥有一个自由的、无限广阔，不断开拓创新又可以永恒存在的精神世界。因此在人的生活中，"吾心"没有止境，从自我到周围事物，到无边宇宙，都是"吾心"的组成部分。

二、心与宇宙的信息往来

人类生存需要物质基础，但精神活动更表明人类特性。精神活动的方式超越物质躯体的有机构成，表现为自由思考，思考的载体是符号、语言，也就是信息。

所谓宇宙，"四方上下曰宇，往古来今曰宙"，是无穷的空间、时间。人存在于这个宇宙；人的精神活动反映、认识和理解这个宇宙，产生自由的意识活动，产生"心灵感动"，形成一个相对独立的精神、意识世界。人类的这个世界存在的形式是信息，是反映、认识和理解这个宇宙所得到的结果。如果没有"吾心"，或者没有宇宙，也就没有二者的相互作用，没有信息产生。所以，"吾心"和"宇宙"相互依存，二者相互作用，各自才能显现出来。所以二者本为一体，正如陆九渊所说"宇宙便是吾心，吾心即是宇宙"。"吾心"中包含时间、空间的内涵，包含宇宙的丰富事物。

在时间方面，人不仅生活在当下，还生活在过去和未来之中，要知道我从哪里来，到哪里去，知道现在在哪里、怎么样。除了自己的过去和未来，人还要知道他人、民族乃至整个人类的过去和未来。只有这样，他才能更清楚地认识自己。因为"人是社会性的动物"，人往往要借他者、群体来认识自己。人不能离开社会而独立存在，如所谓的"狼孩"，虽然能够生存下来，但精神能力低下，和动物差不多，不是正常的"人"。在人的成长过程中，除了保证饮食

---

① 陆九渊:《陆九渊集》，中华书局，1980，第483页。

衣服的物质需要，还要不断学习社会文化，吸收人类文明成果，如语言、知识、道理等。所以"吾心"中也就包含着个体以及人类古往今来的社会文化信息。"吾心"中的文化内涵越多，即社会性内涵越多，也就更加超越动物越成为"人"。

这古往今来还包含生命本身乃至天地自然的信息。人类的意识活动中还有超出自己意识层面的更多内容，如精神分析学说的代表人物弗洛伊德提出"潜意识"的概念，包含个体童年早期的深层次意识。他的学生荣格又提出"集体无意识"的概念，还包含更原始的人类集体的早期经验。现在的遗传学、生物学也认识到，人类大脑中经常用到的脑细胞仅占很小一部分，也就是说人的意识活动还有很大潜能有待开发。人类的日常意识记录个体人生的经验，"潜意识"和"集体无意识"记录着个体和人类早期的模糊经验，而大脑和脑细胞本身产生发展历程更是无比漫长久远，包含更深邃幽妙的生命历程的经验。从生命的诞生到遗传物质的形成到发育出神经系统到形成脑组织，再到发展为人类的脑组织，其间几十亿年的经历都对人类大脑的意识活动有影响。

所以说，"吾心"包含无限的过去。而"人生代代无穷已"，生命之树常青，"吾心"向未来开放，有对未来世界的适应性、向往和想象，"生年不满百，常怀千岁忧"，包含创造无限未来的信息。

"四方上下曰宙"，人生必要占有一定的生存空间。需要有立足之地，需要自由活动的空间，还要不断探索，拥有更多生存空间，获得更大自由度。这种空间是个人、民族、国家存在和发展的现实空间。除此之外，人还有精神世界的空间，想象自己的现实生活，还想象无法身临其境的地方，如广阔的海洋、高耸的山峰、炎热的赤道、严寒的极地等。还可以想象太空世界、恐龙世界、神仙世界、天堂地狱、桃花源、伊甸园等。

个人、民族和国家有古往今来的时间，同样也有古往今来的空间。比如个人有对生存空间的记忆，也有对未来空间的想象。在个体意识层次之下的身体、细胞甚至更微小的有机构成中，也有关于空间的信息。如有的科学家认为，人类身体里的盐分，和浩瀚无际的海洋有关；骨骼中的钙，和山岭上的岩石有关；

而肉体中的有机化合物等，和原野田地上的花草树木，当然也和阳光雨露以及空气都有关系。

生命从何而来？人们想象最初的起源，总越发感觉神奇。所以在古代有女娲造人、上帝造人等神话。现代以来还有人提出外星人造人的说法，这只不过神奇故事的新版本而已。但从科学研究来看，生命物种不断发展、进化，其中有生命自身的适应、外在环境的要求，引起信息的传递，然后有机体的新变化，形成新的生命形式。所以从某种意义上说，新的生命形式也即新的信息构成形式，是信息增加、凝固的结果。也可以说，生命虽然是物质形式的存在，但本身也就是信息，而物质结构不过是承载信息的形式而已。

从人个体发展上来看，一个人受空间环境影响是很大的，所以有孟母三迁的故事，有橘逾淮而为枳、近墨者黑近朱者赤等俗话。外在环境和"吾心"相互作用，塑造个人的形体、性格。在民族、国家层面，历史发展过程也是信息积累和凝结的过程。经历的事件和产生的反应，都成为历史记忆、精神成果，成为民族、国家的性格和文化。

"吾心即是宇宙"，"心"的内涵无比丰富，包含整个宇宙。正如陆九渊的学生杨简的话："天者，吾心之高明；地者，吾心之博厚；男者，吾心之乾；女者，吾心之坤；万物者，吾心之散殊。"[1] 而宇宙无边无际，生命生生不息，"吾心"也不断发挥精神特性的作用，产生意识和信息，给宇宙增加更多人类生命的意味。

在陆九渊心学基础之上，明代心学大家王阳明则进一步提出"万物一体"的说法："夫人者，天地之心，天地万物本吾一体者也。"[2]

三、心与宇宙的相互作用

心与宇宙不可分离，二者相互作用。从人类个体生活来看，这个道理也显

---

① 杨简：《杨简全集》，浙江大学出版社，1985，第1989页。
② 王阳明：《传习录》，江苏文艺出版社，2015，第192页。

而易见。比如，人的精神活动和物质之间的关系。人的生活需要物质基础，如儒家所说"饮食男女，人之大欲存焉"（《礼记·礼运》）。物质需要的满足保证人的有机生命体的存活，给人带来感官的快乐，自然也刺激更多精神活动的产生，带来精神的快乐。所以《诗经》中记载了美酒佳肴，如《小雅·六月》中有"饮御诸友，炰鳖脍鲤"；《古诗十九首》中有诗句说，"今日良宴会，欢乐难俱陈"；李白诗歌中也有"金樽清酒斗十千，玉盘珍羞直万钱"的句子。

美食带来精神的活跃。与感官快感不同，精神活动的世界更广阔、更自由，也存在着更多的精神快乐。精神常常超越感官的物质享受，高升远举，自由翱翔，拥有更广阔的世界，获得更大的快乐。如古人所说，把一个人关在黑屋子里，虽然满足衣食需要，但不会快乐，"以目之无见，耳之无闻"，如果"穿隙穴""开户发牖"，让他"出室坐堂""见日月光"，会不断有更大的快乐，"又况登泰山，履石封，以望八荒，视天都若盖，江河若带，又况万物在其间者乎！其为乐岂不大哉！"（《淮南子·泰族训》）饮食是物质的拥有，视听世界的扩大是信息的拥有，是精神活动的无限展开。

仰观俯察，从大千世界获得精神愉悦，心游万仞，精骛八极，这是中国人的生活以及文艺创造的一个传统。南北朝时期的画家宗炳喜欢游山玩水，让奇山秀水带来"畅神"的快乐。诗人谢灵运也游山玩水，既欣赏外在的美景，也体验内心世界的神奇感动。体验自己内心，努力去寻找自由自在的心灵状态，显现这种神奇，这是人生最好的状态。这也是中国化佛教——禅宗的理念：我心自有佛，自佛是真佛，从烦恼中解脱，到达涅槃状态，回归心灵的自在。

物质产生精神，反过来，精神也影响物质。当代心理学、医学研究都证明，保持开放、乐观的精神状态，能增强机体活力，减缓衰老。"吾心即宇宙"，大千世界尽收眼底，鸢飞鱼跃，一派生机，给身心带来轻松愉悦和滋养润泽的感觉，提升精气神，增强身体免疫力。相反，负面的信息会让精神消极，有损健康，甚至导致生命死亡。如有人听到亲人患病、受伤或者去世的消息，心情会变得格外沉重、悲伤，甚至健康水平也会下降。热恋中的情人因为对方的死亡有时无比痛苦，情愿结束自己的生命。这样的故事古今中外都有，在现实生活中也会发生。所以中国古代儿童启蒙读物《弟子规》说："道人善，即是善。人知之，愈思勉。扬人恶，即是恶。疾之甚，祸且作。"用现在的话说就是"传递正能量"，有利于社会和谐稳定，健康发展。

那些精神境界更高的人有更多"正能量"，身体状态也往往更好。比如中国的许多山水画家欣赏、表现自然，得烟霞供养，延年益寿。齐白石到90多岁仍耳聪目明，进行艺术创作，黄宾虹也活到90岁。艺术即是心灵，他们取日月之精华，采天地之灵气，尽自己所能，创造艺术的神奇，也增强身体的活力。

"吾心即是宇宙"，精神改变自身状态，更重要的是能改变外在世界。人在生活中靠"想方设法"，不断发明创造，改变自己的生活。比如，为满足衣食所需，人要进行筹划，按规律、经验或探索着去耕种土地、纺织丝绵等。农民要知道许多农业知识，掌握许多技能，要观察天气变化，如日月光明、雨雪风霜、雾气云霞等。农民不断努力，从刀耕火种到现代农业，改变了大地的自然景观。各行各业不断生产，建设村庄、城市、道路、厂矿等，改变了世界。

作为文化人或者知识分子，"吾心即是宇宙"表现得更为突出。孔子心中装着整个世界，孟子善养浩然之气，"塞于天地之间"（《孟子·公孙丑上》）。"秀才不出门，全知天下事"，读书人虽身居斗室，但心怀天下，有高远追求、神圣使命，和宇宙合而为一。而科学家直接研究物质世界，他们的发明创造即是世界奥秘的不断揭示，是宇宙的不断展开。这些知识分子是人类的精英，他们的思想照亮世界，引领人类的实践活动，与广大宇宙合而为一。

人类文明的发展靠精神创造薪火相传，靠信息的不断传递与积累。甚至人类的肉体存在、生存繁衍，其本质也不过基因信息的保存与传递。

四、"心即宇宙"的信息时代

现代以来，人类科学技术迅速发展，日新月异。特别是在当前的信息时代，更表明"吾心即是宇宙"的道理。

人们更方便快捷地连接广阔世界。电视、电话、网络、卫星等现代化的通信工具，编织起信息的世界。人的心灵由此超越时间、空间的局限，咫尺天涯的风吹草动，引起心灵的响应和生活的变化。2001 年北京申奥成功，顿时无数中国人欢呼雀跃；2008 年北京奥运开幕式全球直播，无数观众被带入梦幻般的世界中；2016 年一名叙利亚难民儿童倒在海滩上，无数心灵为之颤抖；2017 年骨瘦嶙峋的北极熊寻找食物，让人类更加关注气候变暖的后果；2018 年有人在海洋生物体内发现了塑料微粒，英国颁布针对含"塑料微粒"产品的销售禁令；2019 年"嫦娥四号"登陆月球，人们看到 38 万公里外的月球背面景象……

心灵不仅反映世界，也影响、改变世界，即使是普通人也都拥有创造奇迹的力量，比如发条手机信息便瞬间传播千里万里，遥远国度的商品能快递到家。在当今大数据的时代，你的看似无足轻重的信息也可以被收集起来，说不定成为那最后一根稻草，说不定产生蝴蝶效应，引发不可思议的世界大变动。

在信息时代，"吾心"创造更多的世界。"科技是第一生产力"，人类社会发展更多地决定于科技创新。而科技是人的发明创造，是新的信息，是精神、心灵的产物。现在世界上创造价值最大的公司是生产芯片的企业，芯片是高科技产品，是"吾心"的创造，"吾心"成为真正取之不尽用之不竭的宝藏。美国集中了全世界众多优秀人才，贡献发明创造，多年来世界领先。有的国家缺乏自然资源，因此努力开发"吾心"，成为先进的国家，韩国、日本可以说是典型的例子，电子产业全球领先。相反，有些自然资源丰富的国家，由于有金钱购买商品，所以缺少发明创造，高科技产业更是落后。改革开放以来，中国的发展举世瞩目，和重视教育、科技密不可分。

当代文明的发展表明，科技发展并不只是发现、运用外在世界的"客观规律"，从某种意义上来说，所谓的"客观规律"也是"吾心"的创造。比如那些数学、物理、化学的公理、定律、公式等，其实都是人类文明创造的符号。科技的基础在于数学，数学是什么？有的科学家认为，数学是人类开发大脑、"吾心"的产物。"数学作为人类思维的表达形式，反映了人们积极进取的意志，缜密周详的推理以及对完美境界的追求。"[①] 数学的世界即是智慧、心灵的世界。

"吾心即是宇宙"，这个命题曾被认为是神话，是痴心幻想，没有"科学"依据。现在看来，这种"科学"大概过于简单，不能理解、说明其中的奥妙。回顾当代社会发展可以看出，人们现在常用的一些科技在几十年前都是不可思议的奇迹。如视频聊天、无线支付、车辆导航等。改革开放之前，这些都超出想象，而那时"楼上楼下电灯电话"的理想，似乎早已成为古老的过去。科学不断发展，但都是人类心灵创造的产物。科学日新月异，人心却本性不变，随着科学的发展，人们不得不越来越敬佩古代贤哲对人心的天才洞察。

随着当代量子科学的最新发展，"吾心"的一些神奇现象也成为大众常识。比如"心有灵犀""心灵感应"等，这正和利用"量子纠缠"实现的量子通信相仿。"量子纠缠"是指微观粒子虽然相隔两地，但能产生同样的信息活动。随着科技的进一步发展，精神世界中的灵感、直觉等意识现象也应该有迹可循。

许多科学家也从量子理论来理解生命的本质。如薛定谔认为生命基因的一些特性"可以用量子论来解释"[②]，对于生命物质的行为来说，其"最显著的特征显然主要基于'有序来自有序'这一原理"[③]。有机体从外界获取物质资源才能生存，但新陈代谢后物质的原子并没有发生变化，变化的是物质的存在结构形式，从较高的秩序成为较低的秩序。结构即信息，那么生命体的生存靠新陈代谢，也可以说是靠信息：生命有机体"以负熵为生"[④]，负熵即有序性。人类的精神活动也是如此，要有精神活动，要讲道理，要不断探索世界，不断追求更高的有序性，"吾心即是宇宙"，二者本是一体。

---

① ［美］R·柯朗、H·罗宾：《数学是什么》，左平、张饴慈译，复旦大学出版社，2017，第1页。

② ［奥地利］埃尔温·薛定谔：《生命是什么》，张卜天译，商务印书馆，2018，第50页。

③ ［奥地利］埃尔温·薛定谔：《生命是什么》，张卜天译，商务印书馆，2018，第84页。

④ ［奥地利］埃尔温·薛定谔：《生命是什么》，张卜天译，商务印书馆，2018，第77页。

在当代信息社会，从古老的丝绸之路到一带一路，再到构建人类命运共同体，到人类对外太空的探索，都在不断证明"吾心即是宇宙"。虽然人类社会还有许多问题，有纷争和战乱，但时代潮流是和平与发展，人类社会变得更加复杂有序。相信在未来，"吾心"和"宇宙"都将更加广大、有序，人类文明更加进步，生活更加美好。

第四章　孔子儒家的礼乐思想

第一节　孔子儒家的理性精神

　　理性能力是人与动物的本质区别。靠理性光芒的薪火相传，人类从野蛮蒙昧中走出来，逐渐到文明的状态，创造出一个属于人的世界。中华文明历史悠久，辉煌灿烂，闪耀着孔子儒家的理性之美。孔子继承前人的文明成果，又开拓中国文化的新时代。孔子儒家思想博大精深，对宇宙自然、社会人生有较为全面深刻的认识。《论语》中处处可见他的思考，引领中国人的人生道路。

一、孔子儒家的理性光辉

　　理性是人之所以为人的本质属性，是许多伟大的哲学家所要面对和思考的重大问题。理性是人类文明、文化的源泉，是创造美的世界的人类本质力量，是美所放射出的最光明璀璨的光彩。

　　西方哲学有一个重视理性的传统，关注人的理性思考能力。在西方哲学家中，古希腊的苏格拉底曾说自己就像一只牛虻，要不断叮咬希腊人，为的是让希腊人保持清醒，不至于陷入昏沉的状态，而变得和动物一样。苏格拉底把"认识你自己"作为自己的人生追求，不断思考。作为古希腊文化集大成者的亚里士多德则认为人是理性的动物，把理性即思考作为人之所以为人的本质属性。

在西方世界漫长的中世纪，基督教占统治地位，强调信仰上帝的感情，压抑人的理性。人拜倒在上帝的脚下，自己没有什么地位和尊严。经过文艺复兴时期，人逐渐认识到自己的存在，逐渐运用理性的力量，改变自己的生活，摆脱上帝的统治。17世纪法国哲学家笛卡尔提出"我思故我在"的原则，认为一切都可以被怀疑，但自己的思考是唯一可以确定的事情，因此世界存在的依据即是思考。这个时期法国的另一位哲学家帕斯卡尔也强调人的理性精神，他说："人只不过是一根芦苇，是自然界里最脆弱的东西；但他是一根会思想的芦苇……我们的全部尊严就在于思想。"[①] 理性即思考，是反观自身，从具象到抽象，从经验到理论的思维能力。19世纪的马克思也思考人与动物的本质不同："动物和自己的生命活动是直接同一的"，"而自由的有意识的活动恰恰就是人的类特性。"[②]

孔子是中国伟大的思想家，他继往开来，是那个历史时期中国文化的"集大成者"。文化是人类精神活动的创造，而精神活动即理性的能力、自由思考的能力。作为中国的伟大思想家，孔子也非常重视人的精神特性即理性能力，他认为"饱食终日，无所用心"是动物一样的生活状态，仅仅活在当下，满足肉体生存的需要，没有发挥"心"的作用，没有超越动物本能范围之外的自由的精神活动，也就是没有人的特性的表现，不能称得上是"人"的生活状态。人要发挥"心"的作用，超越动物状态，即使是玩一玩"博弈"的游戏也好，也是理性活动的表现，总比"无所用心"的动物状态要好。

孟子是儒家的另一位代表人物，他继承了孔子的思想，也重视"心"的活动。他认为人和动物的区别其实很小，君子注意保存和发挥这个特性。孟子提到"心"，并把心和思考联系起来："心之官则思。"如果思考便能有所得，思考

---

① [法]帕斯卡尔：《思想录》，钱培鑫译，译林出版社，2010，第119页。

② [德]马克思、恩格斯：《马克思恩格斯选集（第一卷）》，中共中央马克思恩格斯列宁斯大林著作编译局编译，人民出版社，2012，第56页。

的能力是人类的特性，是上天赋予人类的。因为有能够思考的"心"，人才有"仁义礼智"的德行，才能是人的生活。

孔子、孟子是中国儒家学派的代表人物，古代伟大思想家，尊崇人的理性精神，引领中国文化走上人文创造的道路。历经几千年沧桑，中国文化源远流长，天人合一，身心和谐，闪耀理性的光芒。

二、孔子儒家的思想成就

作为最伟大的思想家，孔子在中国历史上地位显赫，给后世留下许多杰出的思想成就，成为中国人的至圣先师。

孔子思考世界，对形成中国人独特的世界观有重大贡献，这主要体现在孔子对《周易》的整理和阐释上，奠定了中国人天人合一的思想基础。《周易》本是商周时期人们占卜而产生的一本书，司马迁在《史记·太史公自序》、班固在《汉书·艺文志》中说"文王作卦爻辞"，马融、陆绩等在《周易正义》中说"文王作卦辞，周公做爻辞"。司马迁的《史记·孔子世家》、班固《汉书·艺文志》都认为孔子写作了《周易》的"十翼"。通过"十翼"的阐释，《周易》从一本占卜算卦的书成为中国最古老、最高深的哲学著作，成为中国传统文化的根基和源泉。当然，也有其他学者有不同观点，认为"十翼"并非孔子所作，但《周易》是儒学经典，这是毋庸置疑的。作为春秋时期文化"集大成者"的孔子，自然和这部最重要的著作有密切关系。许多文献也有具体的记载，如《史记·孔子世家》记载："孔子晚而喜《易》。"

孔子思考人生，在继承前人文化的基础上，提出"仁"的思想，为中国人指明人生奋斗的方向——"克己复礼为仁"。关于"仁"，孔子有诸多论述，全面而深刻地阐明了"仁"的丰富内涵。如仁者"爱人""己所不欲，勿施于人""为仁由己""居处恭，执事敬，与人忠"等。《中庸》中孔子说："仁者，人也。"孔子的"仁"即关于"人"的思想，"为仁"也就是"做人"。孔子为中国人指明人生的意义和奋斗的方向。由此，人生不是虚无，更不是荒诞，人生意义充实而明确，更是崇高而神圣的使命，要努力去担当、完成。

孔子思考历史，总结历史发展规律。他认为周朝的礼仪制度是借鉴夏、商两代而建立起来的，非常丰富完备，要遵从周朝的制度。孔子经过研究，认为从夏朝发展到商朝、周朝，能够看出社会礼仪制度的损益，由此也可以知道未来世代的情形。从历史发展上来看，周取代商是文明的一大进步，社会从黑暗野蛮的状态发展到重视人文创造的文明阶段。其中周公"制礼作乐"，建立新的社会秩序，而孔子继承周公的礼乐文化，又提出"仁"的思想，看清社会发展方向即是不断创造文明，实现更高层次的"仁"的过程。孔子还著《春秋》，记录历史，总结经验教训，褒善黜恶，垂范后世。在《春秋》中，他以"微言大义"的笔法，评判事件，褒贬人物，维护正义的社会秩序，对后世中国社会发展影响巨大。所以孟子说："孔子成《春秋》而乱臣贼子惧。"(《孟子·滕文公下》)

孔子多才多艺，是他勤于思考，不断学习的结果。孔子少时生活艰苦，养成他谦虚勤奋，不断思考、学习的习惯，懂得更多道理，掌握更多技艺。孔子教授六艺，他自己既要擅长这些技艺，同时还要懂得其中的道理，才能让学生心悦诚服。如孔子思考"礼乐"，认为礼乐是玉帛钟鼓的外在表现形式，更要有"仁"的内涵。孔子精通音乐，他对鲁国乐官说，音乐的道理是可以知道的，开始时是柔顺和谐，接着清新有序，然后乐声悠扬，不绝如缕，最后余音绕梁，回味无穷。关于"射"，孔子认为射箭最重要的不在于力气，而在于准确。孔子还教授学生《诗经》，他对《诗经》的评论更是准确恰当，对后世影响深远。如他概括《诗经》的思想特色为"思无邪"，《诗经》表达中华民族童年时期的心声，最大特点就是天真无邪。在政治、经济、军事、教育等方面，孔子都曾进行思考，给后世留下丰富成果。

孔子重视人的理性能力，更为重要的是，他也为理性思考划定了界限，为感情留出活动领域。如对于一些事情，孔子故意不讲，而是让学生自己去体会、感悟，因为人生有些事情是非理性的，理性无能为力，需要发挥感情的作用。如"性与天道"内涵丰富，包含非理性的信仰，所以孔子不讲这些方面的事情。

孔子也不讲"死":"未知生，焉知死。"不思考"死"后的事情:"未能事人，焉能事鬼。"(《论语·先进》)但这并不是说没有办法去领会，孔子说:"天何言哉？四时行焉，百物生焉，天何言哉？"(《论语·阳货》)天何尝说话呢？四季照常运行，百物照样生长。天说了什么话呢？世界、人生不能只靠思考来言说，而是有时候要靠全身心的付出，去体会和感悟。

孔子勤于思考，善于学习，在许多方面给后世留下丰硕成果，让中国人对宇宙自然、社会人生有全面深入的认识。

三、《论语》中的"思"

孔子是伟大思想家，《论语》记录孔子及其弟子言行，其思想内涵丰富深刻，历来被尊为儒家经典，在中国思想史上地位显赫，曾有"半部《论语》治天下"的赞誉。《论语》中有许多地方提到"思"，要求人们发挥理性思考的能力，保持清醒的头脑，不断努力，探索人生真理。如"学而不思则罔，思而不学则殆"(《论语·为政》)，"季文子三思而后行"(《论语·公冶长》)等。

"省"有反思的意思，《论语》中数次出现这个字。如"吾日三省吾身"(《论语·学而》)、"内省不疚，夫何忧何惧？"(《论语·颜渊》)，还有其他句子，也表明孔子儒家对思考的重视:"慎终，追远，民德归厚矣。"(《论语·学而》)"人无远虑，必有近忧。"(《论语·卫灵公》)对于那些不好思考的人，孔子感到无奈:"不曰'如之何，如之何'者，吾末如之何也已矣。"(《论语·卫灵公》)

通过认真思考，能把握事物发展变化背后的规律，找到解决问题的方法。如孔子在教学中善于启发学生开动脑筋:"不愤不启，不悱不发。举一隅不以三隅反，则不复也。"(《论语·述而》)知道如何随时学习:"三人行，必有我师焉:择其善者而从之，其不善者而改之。"(《论语·述而》)如何获得知识:"多闻，择其善者而从之，多见而识之，知之次也。"(《论语·述而》)孔子自述获得解决问题的方法:"有鄙夫问于我，空空如也。我叩其两端而竭焉。"(《论语·子罕》)

孔子知道如何多方思考，去认识一个人的内在本性："视其所以，观其所由，察其所安。人焉廋哉？人焉廋哉？"（《论语·为政》）孔子对生活的方方面面都有思考，懂得其中的道理。如有德行的人不会感到孤单："德不孤，必有邻。"（《论语·里仁》）君子和小人不同："君子怀德，小人怀土；君子怀刑，小人怀惠。"（《论语·里仁》）知道如何是一个君子的表现："君子义以为质，礼以行之，孙以出之，信以成之。"（《论语·卫灵公》）

孔子关心政治，有自己的一套政治理论："君君，臣臣，父父，子子。""政者，正也。子帅以正，孰敢不正。"（《论语·颜渊》）知道如何领导一个大国："道千乘之国，敬事而信，节用而爱人，使民以时。"（《论语·学而》）知道仕途进退的道理："邦有道，则仕；邦无道，则可卷而怀之。"（《论语·卫灵公》）世道不同，有不同的言行表现："邦有道，危言危行；邦无道，危行言孙。"（《论语·宪问》）

另外如祭祀、朝会、饮酒、家居等方面，孔子都有自己的处事原则，有恰如其分的方式方法。孔子勤学好思，成为一个学问渊博，富有智慧，对什么事情都有办法的人。如梁漱溟说："儒家之所谓圣人，就是最能了解自己，使生命成为智慧的。"[①]

、

四、孔子思想的高度

两千多年过去了，孔子的思想仍光芒四射，从中国走向世界，而且将发挥越来越大的作用，协调人与人、人与自然之间的关系，共存共荣。在过去的几百年里，西方文明依靠宗教、科学的力量改变了人类社会以及整个自然界，但也带来巨大的破坏和深重的痛苦，让人类社会充满对立和敌意，让自然污染严重，生态恶化。人类的生存面临极大威胁。如果继续按照西方文化的模式发展下去，人类将自己毁灭自己。

---

① 梁漱溟：《中国文化的命运》，中信出版社，2010，第17页。

　　展望未来，人们转向中国传统思想，特别是孔子儒家思想。如季羡林认为21世纪将是东方的世纪、中国的世纪，中国文化将引领人类发展的新方向，人们将在博大精深的孔子儒家文化中汲取精神资源，找到更好的办法，去解决当代人类面临的种种危机。也就是说，孔子儒家思想中有高超的智慧，需要人们继续学习、理解和领会。

　　人们常说"曲高和寡"，伟大高超的思想也是如此。在孔子的那个时代，以及在历史上的许多时期，尤其是近代西学东渐之际，许多人不深入思考、理解孔子儒家思想，认识不到其崇高境界，反而对孔子儒家竭力鄙视、嘲讽、批评乃至诋毁、践踏。

　　如孔子在世的时候，有人就说："大哉孔子！博学而无所成名。"（《论语·子罕》）真伟大啊，孔子！他学问广博，可惜没有一技之长可以使他成名。孔子的学生子路也曾这样说："有是哉，子之迂也！"（《论语·子路》）老师的迂腐竟到了这个地步了！孔子去世后，子贡功绩卓著，在社会上很有名气，有人怀疑孔子的学问，问子贡："仲尼焉学？"子贡回答："文武之道，未坠于地，在人。贤者识其大者，不贤者识其小者。莫不有文武之道焉。夫子焉不学？而亦何常师之有？"（《论语·子张》）子贡解释孔子学问的由来，也说明一个普遍的道理，对于一个人或事物的认识，常常是"贤者识其大者，不贤者识其小者"。（《论语·子张》）仁者见仁，智者见智，"贤者"和"不贤者"所获得的认识也是不同的，或高瞻远瞩，看到崇高伟大，或只顾眼前，就只有卑微庸俗。

　　还有人认为子贡比孔子要优秀，子贡听说后这样说："以房屋围墙做比喻，子贡家的围墙只有肩膀那么高，可以看到室内的美好，老师家的围墙却几丈高，如果不能找到大门到里面去，就看不到里面的宏伟壮观和多姿多彩。能够找到大门的人或许很少吧，有这种说法的人正是这样的。"有人认为子贡这样是过于自谦，子贡说："说话不可不慎重，一言一语可以看出是否有智慧。孔子高不可及，如同天不能搭阶梯爬上去一样。"有人诋毁孔子，子贡说："仲尼的贤能，如日月一样，是无法越过的。有人虽然想要自绝于日月，对日月有什么损伤？只是看出这种人不自量力。"

学生颜渊天资聪颖，勤奋好学，对孔子的教诲能充分理解领会。他感觉到，对孔子越仰望越觉得崇高，越钻研越觉得深邃，看看，似乎在前面，忽然又到后面去了。夫子循序渐进诱导我，用各种文献丰富我，用礼节约束我，使我想停止学习都不可能。我已经用尽我的才力，似乎能够独立地工作。要想再向前迈进一步，又不知怎样着手了。

子贡、颜渊是七十二贤人中的佼佼者，所谓"贤者识其大者"，对孔子崇拜仰慕。但历史上的"不贤者"更大有人在，他们不能感受孔子儒家思想的崇高伟大。"曲高和寡"，可以说，在人世间，这是常见的，普遍存在的现象。孔子也早已看到这种情况，讲得很清楚了。他认为，虽然人本性相近，但在因为习染不同，便会有很大差别。有智慧的人洞察事理，不会改变自己，愚蠢的人不讲道理，也不会改变自己。所以思考能力不同的人，其理解的层次也不同。孔子对此也是清楚的："中人以上，可以语上也；中人以下，不可以语上也。"（《论语·雍也》）和不同层次的人，可以讨论的问题也不同："可与共学，未可与适道；可与适道，未可与立；可与立，未可与权。"（《论语·子罕》）

在两千多年的历史上，对孔子思想的理解总是如此，不断上演着"贤者"和"不贤者"的戏剧。世事变迁，但人性亦然，依然是精神和物质的存在，依然还在不断努力"做人"，"克己复礼为仁"，各自达到"仁"的不同境界。特别是在西学东渐，古代中国社会逐渐走向现代化的过程中，在那个动荡危急的"三千年未有之大变局"中，不同的人，有各种不同的表现。有不能独立深思，随波逐流的人；有一知半解，哗众取宠的人；有六神无主，偏听偏信的人；有利欲熏心，思想贫乏的人；有昂扬激进，满怀梦想的人；有信念坚定，矢志不渝的人；有愿做中流砥柱，奋力担当，弘扬传统的人，等等。一百多年历史的风云变幻，无数人受尽苦难，拼搏奋斗，终于到现在实现民族伟大复兴的时代，传统文化特别是孔子儒家思想又受到普遍重视。

回想这一百多年来人们对孔子儒家思想的认知，尤其令人感慨。现在有必要简单回顾一下人们对孔子儒家思想的各种不同看法，引以为戒，深刻反思，不要再重蹈覆辙，重演这样低级可笑的错误，不仅贻笑后世，也给后世继续增加蒙昧黑暗的障碍，不能沐浴孔子儒家思想的光明，看清"克己复礼为仁"的人生道路。

比如，孔子讲"君君，臣臣，父父，子子"（《论语·颜渊》），有人认为导致中国传统文化中有"三纲五常""三从四德"、愚忠愚孝，有"吃人"的礼教。孔子说"吾从周"，有人认为这是违背历史发展的潮流，是反动倒退、不思进取，腐朽堕落。孔子提出"仁"，有人说"二人为仁"，导致中国人好拉关系，讲交情，没有探索、征服自然，科学求知的精神。孔子的学生子夏说"学而优则仕"（《论语·子张》），有人便断定孔子一心想从政，是个"官迷"，导致中国文化中"官本位"的思想，腐败丛生，阻碍社会进步。孔子说"非礼勿动"等，有人便认为孔子思想压抑人性的正常欲求，限制个体的独立自由。孔子说"必也无讼乎"，有人便认为孔子没有法制精神，导致中国从来是"人治"的社会，也导致历来君主的专制独裁，没有对人人平等、独立自由的精神追求。孔子说"祭神如神在"，有人便说孔子只关注世俗的人间社会，没有宗教信仰活动，没有崇高神圣的精神追求。因此也曾有人组织孔教，要尊孔子为教主。孔子说"父为子隐，子为父隐"（《论语·子路》），于是便有人认为孔子以家庭私利为重，自私自利，互相包庇，缺少国家社会观念。孔子推崇"中庸"，有人认为是不辨是非善恶，不坚持原则，是随风倒的"墙头草"，是"和稀泥"的"好好先生"。孔子说"唯女子与小人为难养也"（《论语·阳货》），有人认为孔子重男轻女，对女性有偏见，导致中国古代社会男尊女卑的传统，女性备受压迫。

如此等等，不胜枚举。在这些说辞之下，孔子儒家思想简直成了丑陋腐败、堕落和罪恶的渊薮，是中国古代社会种种弊端的根源。"至圣先师"孔子也便成了被人嘲讽鄙夷的"孔老二"，儒家思想文化成了被批判、打倒的"孔家店"。但冷静下来想一想，这诸多的批评、诋毁甚至"打倒"都是站不住脚的，或者断章取义，或者穿凿附会，或臆测独断，或一叶障目不见泰山，或欲加之罪何患无辞，或混淆视听，心怀叵测，蛊惑人心，有不可告人的目的。以上诸种情状，林林总总，尤其以近代以来的表现尤为五花八门，而且更纷纭复杂，迅猛激烈。因为在这个时代，古今中外的诸多思想在中国这块土地上汇聚冲突，以亿万中国人救亡图存的激情和力量互相碰撞交锋，才演出两千多年以来未曾出现的一幕幕悲剧或喜剧。

然而真金不怕火炼，正是在这段特殊历史过程中，中华民族浴火重生，孔子儒家思想也更显出崇高伟大，更显出宝贵价值，闪耀灿烂光明，不但照亮中国也将走向世界，为人类未来的发展指明方向。孔子儒家思想确实如子贡所说，是雄伟壮丽的殿堂，是永放光明的日月。

　　孔子儒家推崇理性精神，为中国人照亮一个真实确切、清晰明朗、活泼生动又伟大神奇的美丽世界。当今人类社会文明进步，文化昌盛，全球一体化，人们有更多的历史经验教训，有更有利的精神和物质生活条件来学习孔子儒家思想，来更好地"为仁"，让人世间闪耀更多理性的光芒。

第二节　孔子儒家的感性生活

孔子儒家推崇理性，也重视感情。感情是人的心理活动中更本能也更强大的力量。"人非草木，孰能无情"，人有丰富多样的感情，中国人所生活的世界中也充满感情。《论语》中记录了孔子各种各样的感情表现，后人仰慕追随，形成中国人珍重感情的人文传统。感情丰富活泼，人身心健康、和谐。

一、感情的世界

中国有句俗话说："人非草木，孰能无情"。感情是人人都有的一种心理活动，是人和外部世界相互作用时所产生的心理反应，如春风和煦，人便感到舒适愉快，寒风凛冽，便感到冰冷痛苦。食欲、性欲等欲望的满足带给人们兴奋激动的快感，如果欲望的满足受到阻碍，便会产生焦虑和痛苦。感情和人的生存繁衍密切相关，是人类最重要的心理机能。

和人类的理性相比，感情与动物性本能有更紧密联系，所以对于生存来说也是更重要、更有力量的一种心理能力。婴儿一生下来便有明显、强烈的感情表现，如因饥渴或身体不适而啼哭、做动作等。而人类所特有的理性能力，也就是思维的能力则并没有多少表现，需要在后来社会化的成长和教育过程中逐渐培育、养成。如有的婴儿一出生便与人类社会相分离，那么理性能力即思考的能力便不能得到充分发展，水平低下，但仍能存活下来，有各种基本情感的表现能力。只不过这样长大的婴儿会有更多动物性表现，而远离正常的人类生活状态，远离人类社会文明、文化的创造了。

而且即使是在动物那里，也能看出有不同的情感反应，如痛苦、兴奋、愉快、悲伤等。所以感情是人类生命机能中更为基础性、更为本能、更有力量的心理活动能力。感情变化反映生存的状态，是外部行为的力量，去获得生存繁衍所需要的物质对象，如饮食、异性等。而且感情也是理性思考的推动力量，开动脑筋、想方设法克服困难，更好地满足生存繁衍的需要。需要获得满足，人也就有一种稳定平和的生存状态，少有忧烦、痛苦和恐惧，身心和谐，能更好地生存繁衍。

如果正常欲望得不到满足，人和世界关系紧张，生存繁衍受到巨大威胁，身心对立矛盾，就会产生极大心理能量，表现出极端的感情状态，激发理性活动，殚精竭虑，推动筋骨肌肉剧烈动作，抗拒压力，克服阻碍。所以有"置之死地而后生"的话，有"破釜沉舟""背水一战"的历史故事。可以说，感情正是生存本身，表现出生命的力量和智慧。朱光潜说："情感是心理活动中极原始的一种要素。人在理智未发达之前，先已有感情；在理智既发达之后，情感仍然是理智的驱遣者。"[①]

这种特殊状态下，激烈的感情虽然可以产生身心强大的力量，去战胜困难，度过危机，但这毕竟不是生命的正常状态，不是身心和谐、健康发展的状态。正如"飘风不终朝，骤雨不终日"（《老子·二十三章》），这种状态不可以持久，

---

① 朱光潜：《谈美》，北京大学出版社，2008，第135—136页。

否则对生命来说便成为巨大的危险，超过生命的极限，不能支撑下去，造成伤害、死亡的后果。对生命来说，死固然难免，危机也常常不能逃避，但平安自然地活着是更基本、更经常的状态，和周围世界和谐相处、安宁平静，各种需要得到满足，身心健康，不断发展，积累生命的能量，这才是更重要、更有价值的。对于一个个体来说，有生才有死，在生存的基础上，才有那些所谓的激动、奋发。能生存下去便不同于死亡，便是在战胜死亡，对于人类自己，以及对于各种生命来说，都是如此。

虽然人们并不清楚生命本身由来的秘密，不清楚生命本身生存发展的诸种秘密，但因此生命才更是奇迹，才更要赞叹，也才更说明理智的孱弱贫乏，更说明感情的深厚强大。所以，可以说，感情才是生存的基础，感情才是生存本身。对于是否活着，最直接的证据便是还有感觉，有反应。人们常说，"人非草木，孰能无情"，在生活中体验自己的感情，也是体验自己的存在。况且人们自知人是有感情的，有的动物也有感情的表达，而由此也可推知，草木也可以说是有感情的，有萌芽长叶，开花结果的表现，有对四季冷暖的不同反应，有因干旱肆虐而产生的焦枯，有因雨露滋润而焕发的光泽。白天、黑夜，草木也有不同的状态表现，以至于还有"山含情水含笑""风吼云怒"等说法。这些都表明，感情充满世界，感情即是世界的存在。如果没有感情，世界也将不复存在，一片空虚，毫无意义。

所以，人生即种种情感的体验，至于行动和思考，也是情感的种种不同表现。所以人生是一个体验身心的过程，和世界相互作用，产生各种不同的情感。由此感情而产生思考，趋利避害，保证生存繁衍，感受自我和世界的存在，获得个体生存的意义，以及世界存在的意义。所以，人禀七情，喜怒哀乐爱恶欲，各种都有，生命中自己的意念流转、一举一动、拼搏奋斗，都饱含感情；周围世界的云霞霓虹、日月山川、雨露霜雪、花草树木、鸟兽鱼虫等，都和个体有关系，都让人产生感情，都是生命过程的组成部分，是人生存在的本身。在这多种多样的情感体验中，个体身心和谐，生命自然、健康地成长发展，世界欣欣向荣，生生不息。

而且，正是因为生命生生不息，变化万千，才有了人类，有了文明文化的创造，有了薪火相传的美的光辉。美是人类精神活动的产物，人在审美中体验自我。在美中有理性的创造，也要有感情的体验，更包含整个世界的存在。

二、孔子儒家的感情世界

孔子是中国传统文化的象征，为中国人奠定世界观、人生观、价值观的基础，也为中国人营建一个感情丰富、深厚、热烈，充满生机活力的精神世界，从平静安宁、活泼轻灵到变化多端、慷慨激昂、深沉广阔、恢宏壮丽、崇高神奇等，有多种多样的情感表现，有生命活动的种种样态。

孔子儒家的世界观表现在《周易》中。据司马迁、班固的说法，《周易》中的"十翼"为孔子所作。虽说后世也有不同观点，但孔子和《周易》关系密切，《周易》是儒家重要经典则是毋庸置疑的。《周易》本是一部占卜的书，而"十翼"则使《周易》成为高深的哲学著作。这本著作中解释天地万物的本源，展示了世界变化发展的规律，并"一以贯之"，把这种规律贯彻到对社会历史、人生过程的理解中。其中生生不息的发展变化正表现天地自然、社会人生的创化过程，也是表现情感的无所不在和强大神奇的力量。

《周易》这样解释世界的存在样态和发展变化："天尊地卑，乾坤定矣。卑高以陈，贵贱位矣。动静有常，刚柔断矣。方以类聚，物以群分，吉凶生矣。在天成象，在地成形，变化见矣。是故刚柔相摩，八卦相荡，鼓之以雷霆，润之以风雨。日月运行，一寒一暑。"（《周易·系辞上》）天高地迥，世界秩序井然，永恒运转，变化万千，充满力量。这力量推动世界生生不息，如果按照天人合一的理论，把世界变化和人的生存状况相类比，这力量也可以看成世界的情感表现。也就是说，在《周易》的思想中，这个世界是实实在在、崇高伟大、包罗万象的，也是充满力量、富于感情的。在感情力量的推动下，世界永葆生机，不断演变，造化神奇。

而人也正是这种创造的结果："乾道成男，坤道成女。乾知大始，坤作成物。

乾以易知，坤以简能。易则易知，简则易从。易知则有亲，易成则有功。有亲则可久，有功则可大。"（《周易·系辞上》）男女之间的感情本于天地自然，所以也是无比深厚强大，变化万千，微妙神奇。男女结合繁衍生息，产生人间社会，人间社会既源于男女之情，也源于天地自然的发展创造。所以，人间社会也是秉承着这种不断创造发展变化的精神，表现出强大的力量："可久则贤人之德，可大则贤人之业。"（《周易·系辞上》）人间社会中"贤人"发挥聪明才智，施展力量，推动社会发展："易简而天下之理得矣。天下之理得，而成位乎其中矣。"（《周易·系辞上》）天地自然的运行，人的生存繁衍，社会的发展变化，其中的道理是一贯的，是简单的。这个道理在世界万事万物中顺利发挥作用，那么，万事万物也就都各得其所，和谐自在，自由发展。

也就是说，在《周易》中，世界充满生机、充满感情，生生不息，在感情力量的推动下，世界不断变化，从天地到万物到人和人间社会，不断丰富多彩，繁荣昌盛，也表现出更高的秩序，更高的和谐，不断有更高的境界。世界生命化，表现出感情和力量，生生不息，这种思想在《周易》中随处可见，成为孔子儒家文化乃至中国传统文化的思想根基。如"乐天知命，故不忧。安土敦乎仁，故能爱"（《周易·系辞上》）。"富有之谓大业，日新之谓盛德"（《周易·系辞上》）。"天生神物，圣人则之。天地变化，圣人效之"（《周易·系辞上》）。而"天行健，君子以自强不息"（《周易·乾卦》），"地势坤，君子以厚德载物"（《周易·坤卦》），这两句话很受中国人推崇，认为是中华民族性格的写照，既刚强健朗，又宽厚柔韧。在这两句话中，正包含中国人"天人合一"的信仰，天地精神表现在人们的行为之中，人要和天地息息相通，努力作为，把自己融汇到天地之中，成为一体，生生不息，也就有崇高神奇的意味。

这种世界人生的图景在儒家经典《中庸》中也有明确的表达："能尽人之性，则能尽物之性；能尽物之性，则可以赞天地之育；可以赞天地之化育，则可以与天地参焉。"在儒家经典《大学》中也有这样的言辞来定义"大学"："大学之道，在明明德，在亲民，在止于至善。"正是在"尽性""向善"的感情力量的推动下，人们不断学习，努力奋斗，提升自我，追求更高境界。所以中国人的世界观和人生观中充满感情，生生不息，感受世界，体验自我，涵养生命的力量，和天地万物一样真实、永恒，无比丰富多彩，变化万千，崇高伟大，美妙神奇。中国最早的文学作品《诗经》也是抒情的，感情朴素自然，深厚悠远，一唱三叹，对世界、人生感慨万千。《诗经》由孔子删订而成，用来教育学生，感化百姓，形成中国文化中的"诗教"传统。孔子还著有史书《春秋》，真实记录历史，同时还饱含感情，有自己的原则，立场坚定，爱憎分明，褒善贬恶。

在孔子儒家思想中，天地自然和社会人生都生生不息，充满积极向上的力量，也就是饱含"向善"的感情。在这种力量的推动下，世界不断发展，繁荣昌盛，人生也是如此，要努力奋斗，不断达到更高的境界。

三、孔子现实生活中的感情

阅读《论语》，回到两千多年前的那个时代，身临其境，可以充分感受孔子的感情世界。正如天地间所呈现出的运动变化的情状一样，孔子的感情也丰富深厚，自由活泼，有庄重严肃，有爱心，有情趣，有严肃认真的责任感事业心，也有崇高神圣的信仰的感情。

孔子对社会人生充满热爱。在继承前人文化的基础上，孔子发展了"仁"的理论，提出"克己复礼为仁"的主张。而仁者"爱人"，孔子对人充满深厚而强烈的爱的感情。他爱人和人间世界，为之奉献毕生心血。仁者"爱人"，这是人们最熟知的关于"仁"的解释。"爱人"，就要关心爱护人，为人的生存发展作出贡献和牺牲。所以孔子"有教无类"，诲人不倦，帮助年轻人不断成长。为了让统治者实施仁政，造福百姓，孔子积极从政，周游列国，寻找能实现自己政治理想的机会。有人劝说孔子不要自讨苦吃，身处乱世，不如隐居避世，远离祸患。但孔子说，我不是鸟兽，而是一个人，所以不能逃避到山林中，要和世上的人们同呼吸共命运。

孔子的这种爱是发自内心的，是人性的必然要求。他说："吾道一以贯之。"学生曾参解释说："忠恕而已。"（《论语·里仁》）即诚心诚意，发自内心，还要由己及人，待人如己。自己和他人是联系在一起的，要超越个人私利，把自己的人生价值和他人联系起来。这种"爱"的感情是有天地自然的基础的，即"孝悌"的感情，人生来就有对父母兄长尊敬爱戴的感情，也正是因为这种"爱"的力量，人才能保证生存，世代绵延，人间社会才有存在和发展的基础。更为宝贵的是，人能自觉意识到并发扬这种"爱"的精神，推而广之，乃至于"四海之内，皆兄弟也"（《论语·颜渊》）。

这种爱的感情不只限于人，还要更加扩展开来，遍及万物，充满天地之间。因为孔子儒家有天人合一的信仰，所以孔子儒家的爱要由己及人，仰观俯察，对天地自然的万事万物都有爱的感情，表达内心由衷的高兴喜悦，获得一种深入内心的感动，把自己和世界联系起来。由此而产生一种超越自我的崇高感。如孔子感叹松柏的顶风冒雪，坚贞不屈、刚毅顽强、凛然无畏的气概。孔子说仁者如高山一样泰然自若，安定稳重，山中草木繁茂，鸟飞兽走，生机无限；智者如流水一样，清澈透明，活泼灵动，千变万化，孕育生命。站在河岸上，面对滔滔流水，孔子不由感叹流水乃至人生、历史的无穷无尽，奔腾不息，亘古永恒，也感叹水滴的微小，个体的有限，却也汇成这滚滚的长河，蔚为壮观。天地之间气象万千，造化神奇，如何不令人赞叹！正如梁漱溟所说："儒家对于宇宙人生，总不胜其赞叹，对于人总看得十分可贵。"①

仁者爱人，孔子对世界充满爱，奉献自己的心血，甚至付出生命的代价也无怨无悔，去成就"为仁"的追求。在孔子这里，多的是对生命的热爱，少有对死的无奈、悲哀和恐惧。所以，孔子把全部热情投入到现世人生，不去胡思乱想。人生在世，重要的是承担"为仁"即"做人"的责任，这是要用毕生奋斗去完成的使命，不容分心懈怠，胡思乱想，陷入虚妄和迷狂。所以孔子主张"敬鬼神而远之"（《论语·雍也》）。而且，人生自有光明正大的道路，不能走歪门邪道，否则就会误入歧途，陷入危险的境地。

虽然孔子热爱生命，但死毕竟是确切无疑的存在的，不可避免。人终有一

---

① 梁漱溟：《中国文化要义》，上海人民出版社，2011，第126页。

死，每个人都要面对死亡，都不免要有痛苦、悲哀和恐惧的感情。其实孔子也很重视死亡，知道这是无可避免的悲剧。孔子曾多次面对死亡，经历了自己学生以及亲人的死，晚年甚至梦到了自己的死。如弟子伯牛有病，孔子去看望，在窗外握住伯牛的手说："亡之，命矣夫！斯人也而有斯疾也！斯人也而有斯疾也！"（《论语·雍也》）弟子颜渊去世，孔子悲叹："噫！天丧予！天丧予！"（《论语·先进》）孔子还说过这样无比感慨的话："苗而不秀者有矣夫！秀而不实者有矣夫！"（《论语·子罕》）许多人认为这是惋惜颜渊的英年早逝。

对于死，孔子也有常人都有的感情。但因为孔子更重视生，重视把自己和社会历史、天地自然联系起来，有天人合一的信仰，所以面对死，孔子并不只是感到虚无绝望，痛苦恐惧，而是把对死亡的悲哀、恐惧的力量转化为对生的热爱和执着，把有限的个体融入无限的天地自然、社会历史中，获得心灵的超脱与慰藉。如孔子提倡"三年之丧"，但不是为了去体验悲痛，而是去感恩父母，体认"爱"的感情，感悟"生"的意义。儒家重视丧礼，也是要借死的力量去感悟人生的意义，如曾子说："慎终，追远，民德归厚矣。"（《论语·学而》）

除了对生和死的强烈感情，在现实生活中，孔子总是充满积极快乐的感情。如孔子喜欢学习，喜欢结识朋友；孔子在家闲居的时候，看上去一副舒展整洁、轻松和畅的样子。在《论语》中，常常看到这样愉悦甚至陶醉的心情："子在齐闻《韶》，三月不知肉味。"（《论语·述而》）"其为人也，发愤忘食，乐以忘忧，不知老之将至云尔。"（《论语·述而》）生活中有喜就有忧，孔子有时也会感到无奈、忧愁，也会生气和愤怒。如学生宰予白天睡觉，孔子说："朽木不可雕也，粪土之墙不可杇也；于予与何诛？"（《论语·公冶长》）宰予不是那块料，对于他，不值得责备啊。作为一个人，就有七情六欲，有普通人都有的各种感情。

对伟大的人和事物，孔子心中充满崇敬和向往。他赞扬舜、禹的高超风格说："巍巍乎，舜禹之有天下也而不与焉！"（《论语·泰伯》）他称颂尧的功绩："唯天为大，唯尧则之。荡荡乎，民无能名焉。巍巍乎其有成功也，焕乎其有文章！"（《论语·泰伯》）只有尧能效法上天，成就伟业，辉煌灿烂，百姓无法用语言去表达、述说。

对于那些崇高神圣的事物，孔子表现出谦恭、敬畏的感情。孔子"敬鬼神而远之"，"子不语怪，力，乱，神"（《论语·述而》），不谈论"鬼神"的问题，是因为热爱生，另外，其中也包含着敬畏的心理。"子罕言利与命与仁"（《论语·子罕》），孔子不谈实际的利益，因为要超越现实，保持精神的高度；而不谈"命"与"仁"，则是因为要有敬畏的心情，不能随便议论。孔子还说："君子有三畏：畏天命，畏大人，畏圣人之言。"（《论语·季氏》）这种敬畏的感情也表现在日常生活中："子见齐衰者、冕衣裳者与瞽者，见之，虽少，必作；过之，必趋。"（《论语·子罕》）敬畏的感情来源于信仰，孔子以自己的表现为中国文化明确、坚定了天人合一的信仰。

天地自然肃穆庄严，又生动活泼。孔子崇尚中庸，他的感情丰富多样，又因具体情境的不同而主动调整，与周围的环境能够关系和谐。如《论语》中的《乡党》记录了孔子的各种生活状态，在日常家居中，在宗庙朝廷上，在出使邻国时，在饮食休息、祭祀宴会、接受馈赠、坐席乘车时，都有不同的言语动作，也有不同的感情的表现。在具体情形发生变化时，孔子的感情也随之变化："见齐衰者，虽狎，必变……迅雷风烈，必变。"（《论语·乡党》）

身处于生生不已、变化不居的天地自然、社会人生之间，既眼光高远、胸怀世界，又要和身边世界息息相通，休戚与共。这样才能与世界和谐，自己身心和谐，永葆生机活力，不断发展创造。

四、重视感情的人文传统

感情是生命的表现，是生存发展的力量，是理性的基础。所以孔子儒家重视感情的培养，热爱人生，热爱世界。个体身心健康，和谐，个体也和世界和谐，发挥自己的能力，不断努力生活，也奉献世界，天人合一，实现自己的生命价值，让人生既丰富充实，又有崇高神圣的意义。在孔子儒家思想的影响下，中国古代形成重视感情的人文传统。

除了孔子之外，《论语》还记录了其他人物，特别是他的一些学生，都有情有义，有血有肉，是活生生的人物形象。孔子和他们或坐而论道，或悠然闲居，或议论时政，或品评人物，或畅谈理想，或感慨人生，特别是孔子和弟子们周游列国，备尝艰辛，有满腔热忱，有伤心失意，有悲哀痛苦，也曾身处险境，面临死亡的威胁，紧张激烈，惊心动魄。

这些学生是"七十二贤人""三千弟子"的杰出代表。他们的表现是当时社会文化的一道亮丽景观。他们听从孔子教诲，不断学习进步，提升自己的精神境界，达到更高的"为仁"的境界。他们心中饱含热情，坚定信念，充满希望，努力奋斗，不惜舍生取义，杀身成仁，作出自己的贡献，实现自己的人生价值。他们薪火相传，秉承儒家"为仁"的理想追求，把仁者"爱人"的感情贯注人生，充溢天地。中国人的世界由此便有情有义，情理和谐，身心健康，不断奋发向上，创造自己美好生活，也参天地赞化育，让世界变得更美好。

在孔子之后，孟子是儒家又一位圣贤。他和孔子一样讲学传道，参与政治，要在现世人生中实现"仁"的理想。孟子是一个感情更加外露强烈的人，《孟子》一书中处处洋溢着蓬勃豪甚至昂扬激动的感情，要以天下为己任，辨明是非，辟除邪说，褒善贬恶，维护正义。孟子说："如欲平治天下，当今之世，舍我其谁也？"（《孟子·公孙丑下》）身处乱世，自觉担当起维护社会正义的责任，孟子说："仁义充塞，则率兽食人，人将相食。吾为此惧，闲先圣之道，距杨墨，放淫辞，邪说者不得作。"（《孟子·滕文公下》）孟子认为："人皆有不忍人之心。"（《孟子·公孙丑上》）人都有爱心，有恻隐慈悲的感情。他以民为本，要济世救民，提倡"亲亲而仁民，仁民而爱物"（《孟子·尽心上》），由亲近亲人而仁爱民众，由仁爱民众而爱惜万物，关怀世界。

历代的思想家不断学习、阐释孔子儒家的人生观、世界观，对人生和世界充满感情，把个体生命和天地自然、社会历史结合起来，天人合一，奉献自己的身心，用最大的爱去让世界变得更美好。北宋儒学家张载认为："民吾同胞，物吾与也。"（《西铭》）[1] 北宋的著名政治家、文学家欧阳修的《岳阳楼记》中也

---

① 张载著，章锡琛点校《张载集》，中华书局，1978，第 62 页。

充满儒家的情怀："先天下之忧而忧，后天下之乐而乐。"南宋朱熹、明代王阳明等儒学大师都以阐发孔子儒家思想为己任，努力修养身心，实现自我理想，又兼济天下，服务国家社会。晚清的曾国藩崇尚儒学，精心研习，身体力行，成为世人楷模。民国时期中西思想剧烈碰撞，许多人主张西化，但也有一些思想家坚守儒家传统，心系国家民族的前途命运，呕心沥血，努力从中发掘现代中国发展所需要的精神资源，如梁漱溟、熊十力、马一浮、冯友兰、钱穆等。

除了众多思想家，许多文人也继承、发扬孔子儒家的人文传统，饱含感情，歌颂美好的世界、人生，表达内心志向，要建功立业，创造更美好的人间世界。他们写出无数感动世人的文字，世代传诵，形成悠久深厚的文学传统。如唐代王勃的名句"海内存知己，天涯若比邻"，杜甫的名句"致君尧舜上，再使风俗淳""丹青不知老将至，富贵于我如浮云"，可以说，这些语句都与《论语》有直接联系。杜甫的"安得广厦千万间，大庇天下寒士俱欢颜""感时花溅泪，恨别鸟惊心"表明他忧国忧民。被称为"诗仙"的李白，虽然信奉道教，有道家的人生追求，有"我本楚狂人，凤歌笑孔丘"的句子，但内心中也仰慕孔子，将自己与孔子相比："君看我才能，何似鲁仲尼？大圣犹不遇，小儒安足悲"，"我志在删述，垂辉映千春。希圣如有立，绝笔于获麟"。宋代苏轼触景生情，感怀历史，写下豪放动人的词句："故国神游，多情应笑我，早生华发。"在明代，随着社会的发展，曾出现一个"重情"的文学潮流，其中《牡丹亭》是典型代表，演出一部"因情而死，因情而生"的传奇。清代的"戊戌六君子"之一的谭嗣同甘愿为变法流血牺牲，浩气长存，留下"我自横刀向天笑，去留肝胆两昆仑"的诗句，震撼人心。

与西方文学明显不同，中国文学有一条重情的主线，与"情"有关的诗句俯拾皆是，人们耳熟能详，如"问世间，情为何物，直教人生死相许""杨柳杏花时节，几多情""明月却多情，随人处处行""多情自古伤离别，更那堪冷落清秋节""两情若是久长时，又岂在朝朝暮暮"等。中国最著名的长篇小说是曹雪芹的《红楼梦》，在开篇第一回，作者即说明此书"大旨言情"。

现代作家鲁迅爱憎分明："横眉冷对千夫指，俯首甘为孺子牛"；郁达夫"曾因酒醉鞭名马，生怕情多累美人"；艾青说："为什么我的眼里常含泪水？因为我对这土地爱得深沉……"；毛泽东有这样的诗句："天若有情天亦老，人间正道是沧桑""江山如此多娇，引无数英雄竞折腰""春风杨柳万千条，六亿神州尽舜尧"……正是深厚强烈的感情推动许多文人骚客写下让人感慨万千的文字，推动许多仁人志士为国家、民族，为人类文明的发展呕心沥血，鞠躬尽瘁，死而后已。

感情是生命的力量，天地万物生生不息，人间世界也不断发展变化，追求美好的生活。生动活泼的感情使世界充满生意，有气象氤氲变化万千的宇宙天地。这也即是"天人合一"的思想。儒学家冯友兰有人生"四境界"的说法，即自然、功利、道德、天地的境界。人生不断追求，"克己复礼为仁"，这四个境界表明从低到高"为仁"的不同阶段，也表明人必要努力"臻于至善"的本性。感情是生命生存发展的力量，也是人不断提升境界的力量。

孔子儒家追求中庸，个体身心和谐，个体还与外部世界和谐，一切自然生发，感情丰富多样，人生充满生机活力，不断发展繁荣，达到更高的境界。孔子说崇尚中庸，但"不得中行而与之，必也狂狷乎！狂者进取，狷者有所不为也。"（《论语·子路》）理想超越现实，无比美好。但因此，现实往往不让人满意，各人也会有各种不同的感情，不同的言语行为。这是自然、正常的，但无论如何，要有理想信念，要有感情，有生活的力量，用自己的方式去努力追求理想。这才是有情有义的生活，是属于自己的美好人生。

第三节　孔子儒家"礼"的思想

中国自古被称为"礼仪之邦"，讲究礼仪是儒家文化的特点。周公"制礼作乐"，孔子"从周"，弘扬周代的礼乐文化。那么"礼"是如何产生的？"礼"

究竟有什么意义，孔子如何阐释其中的道理？应追根溯源，探讨"礼"的产生和发展，更应深入理解，把握"礼"的精神实质。

一、礼的起源：精神的创造

先从起源上来理解"礼"。"礼"的出现实际上远远早于孔子以及周公。东汉许慎在《说文解字》中认为："礼，履也，所以事神致福也。"《礼记·礼运》中说："夫礼之初，始诸饮食，其燔黍捭豚，汙尊而抔饮，蒉桴而土鼓，犹若可以致其敬于鬼神。"由此看来，"礼"起源于现实的生存活动，是人类生活的具体方式方法，同时成为"致其敬"的仪式，表达内心愿望。"礼"还表明人与动物的本质区别："今人而无礼，虽能言，不亦禽兽之心乎！夫唯禽兽无礼，故父子聚麀。是故圣人作，为礼以教人，使人以有礼，自知别与禽兽。"（《礼记·曲礼上》）

人类与动物的本质不同在于人类的精神特性，所以"礼"是人类精神创造的产物，是文明的表现、文化的形式。人与动物一样要生存繁衍，但人能发挥精神的能力，创造各种方式方法保证生存繁衍，更能意识到自己的生存需要，把这种思想情感表达出来，通过"礼"的仪式去"事神致福"，希望有更好的生活。所以，孔子说："礼者，敬而已矣。"（《孝经》）通过"礼"，人超越动物的本能，发挥精神能力，走出蒙昧野蛮，开始人的生活，开创文明和文化的历史。人类的历史过程，是一个文明、文化不断发展昌盛的过程，一个不断走向更高的社会秩序，有更多"礼"的过程。李泽厚认为："实际上，在氏族社会和远古传统中，'礼'即人文，涵盖一切，包括'乐'在内。"[①]

也就是说，在远古社会，"礼"即已经产生，为了生存繁衍，为了"事神致福"，获得神灵保佑。人们现在可以理解为，人们发挥精神能力，总结生活经验，心存敬畏，胸怀美好的憧憬，开创文明和文化，展开一幅和动物的生存有本质

---

① 李泽厚：《论语今读》，安徽文艺出版社，1998，第41—42页。

不同的生活图景。在人类社会历史早期，人类首先产生关于自身生存繁衍的意识，并创造出一些具体的方式方法，在此基础上逐渐形成与此有关的"礼"，如标志成人的冠礼、夫妻结合的婚礼、祈祷鬼神的祭祀之礼等。随着文明文化的发展，人们对生活的方方面面都有了更丰富深刻的认识，创造出更多的方式方法，有更多的讲究，"礼"也逐渐丰富，涵盖生活的诸多方面。周朝取代殷商，是中国历史发展的一大进步，周公"制礼作乐"，使中国成为"礼仪之邦"。"制礼作乐"即制定各种社会规范，让人们的生活、社会组织更加有秩序，体现更多的文化、更高的文明。"礼，经国家，定社稷，序民人，利后嗣者也。"（《左传·隐公十一年》）《仪礼》《周礼》《礼记》中记载的礼仪很多，包含了社会生活的方方面面。

春秋时期，"礼崩乐坏"，历史的发展使得旧的"礼"变得不再适合新的时代。但文明进步、文化发展、社会组织更加复杂有序，这是人类社会历史发展不变的趋势和方向。作为思想家、教育家的孔子自觉认识到这种历史规律，以继承和发扬古代文化为己任，讲述经典，教授礼乐，成为古典文化的集大成者。孔子重视礼，对于僭越用礼的季氏，孔子非常气愤："八佾舞于庭，是可忍也，孰不可忍也？"（《论语·八佾》）"子贡欲去告朔之饩羊，子曰：'赐也！尔爱其羊，我爱其礼。'"（《论语·八佾》）有人把孔子视为文明、文化的传播者，仪封人见到孔子后，对孔子弟子们说："二三子何患于丧乎？天下之无道也久矣，天将以夫子为木铎。"（《论语·八佾》）孔子去世后，人们对他赞誉有加，弟子们仰慕崇拜。

孔子坚持"礼"，尊重和发扬人的精神特性，坚持文明和文化进步的方向。更为重要的是，孔子用"仁"的思想来创造性地阐发"礼"，对中华文明和文化作出重大贡献，成为历代中国人的"至圣先师"。

二、孔子以"仁"解释"礼"

"周监于二代，郁郁乎文哉"（《论语·八佾》），周代统治者认为殷商灭亡的教训是盲目依赖"神"的佑护，而周人看到人类自身的力量，"以德配天""敬天保民"，通过"制礼作乐"来规定天下的秩序，具体的做法是分封建国和家族宗法制度。周取代殷商、周公"制礼作乐"是历史的重大进步，其贡献在于摆脱商代"神"的恐怖统治，重视人类"德"的力量，建立新的社会秩序。孔子对"礼"的阐释是历史的又一大进步，其创造性在于不是从现实需要的角度来规范社会秩序，而是从人类的本性，即从"仁"出发去阐释"礼"。孔子把"礼"建立在"仁"，即人性的基础上，为各种社会规范、礼仪制度找到最根本的依据。

也就是说，孔子虽然"从周""克己复礼"，但着眼点则是"仁"，是人的本性。每个人都有"仁"的本性，孔子认为"性相近，习相远"（《伦语·阳货》）。"礼"是外在的制度和规范，更要从"仁"找到依据。而且"仁"在每个人那里，每个个体都是"仁"的体现者，都是"礼"的创造者和实践者。所以孔子讲究"礼"，更重视"仁"，以人为本，尊重个性。"礼"是社会组织、日常生活的秩序和形式，也是每个人实现"仁"的本性要求，完成自我的具体形式。孔子认为"君子不器"（《论语·为政》），人本身就是目的，而不是工具、器物。

所以孔子的"礼"与周公"制礼作乐"的"礼"有本质的区别。"礼"源于每个人的内心，是每个人本性的要求。这也就是李泽厚所说的孔子"以仁释礼"："孔子思想的主要范畴是'仁'而非'礼'。后者是因循，前者是创造。尽管'仁'字早有，但把它作为思想系统的中心，孔子确为第一人。"[1]孔子用"仁"来释"礼"，与维护"礼"直接相关，但孔子并不是要简单复古，回到过去，而是表述他对人性和社会人生的思考。孔子把"仁"作为"礼"的根据："人而不仁，如礼何？人而不仁，如乐何？"（《论语·八佾》）古人重视"孝"，但孔子认为"今之孝者，是谓能养。至于犬马，皆能有养；不敬，何以别乎？"（《论语·为政》）孝不是仅仅能够提供饮食供养，重要的是表现出内心的"敬"。"礼"的根据在人的内心，在于"仁"。

那么什么是"仁"呢？"仁"字在《论语》中出现百次以上，其含义丰富

---

[1] 李泽厚：《中国古代思想史论》，生活·读书·新知三联书店，2008，第10页。

而深刻，孔子多次论及"仁"，每次的讲解并不完全一致。两千多年来人们也见仁见智，提出了各种不同的解说。但孔子说"吾道一以贯之"（《论语·里仁》），本文认为，作为孔子思想核心的"仁"即是关于人性的理论，"仁者，人也"（《中庸》），"仁也者，人也"（《孟子·尽心下》）。综合《论语》中的论述，"仁"主要有下面几种意思。首先，"仁者爱人"，爱自己爱他人，对所有的生命乃至对整个世界充满爱的情感。"己欲立而立人，己欲达而达人"（《论语·雍也》），利己和利他统一在一起，爱人如己，对生活、对世界充满爱的情感，"智者乐水，仁者乐山"（《论语·雍也》），儒家经典《周易》中也有这样的话："天地之大德曰生"（《周易·系辞下》）。爱的情感可以是对具体的事物，还可以升华到无限崇高神圣的境界，由此"仁"中还包含了天人合一的信仰。

另外，要努力实践，把内心的"爱"的本性表达出来，在现实中落到实处，创造自我价值，奉献社会。"仁者先难而后获，可谓仁矣"（《论语·雍也》），仁者不怕困难勇于进取，付出努力然后收获成果，不坐享其成。"为仁由己，而由人乎哉？"（《论语·颜渊》）仁者必须自我完成，任何其他人都代替不了。孔子说："人能弘道，非道弘人。"（《论语·卫灵公》）人有神圣使命，要不断奋斗，用自己的行动去弘扬道，遵从和体现宇宙天地的大道。孔子说："君子无终食之间违仁，造次必于是，颠沛必于是。"（《论语·里仁》）为了成就"仁"，君子要一生奋斗，不怕各种艰难困苦，有时需要付出生命的代价。孔子的一生是自觉体认"仁"、成就"仁"的一生。在传承文明和文化的教育事业上，在治国安邦的政治追求中，他矢志不渝，"知其不可而为之"，成为中国传统文化的象征。

仁者爱人，努力奋斗，追求远大目标。但"君子不器"，人生的意义不仅在于最终的目标，人生更是一个过程，一种心灵的体验。所以，仁还指一种精神状态，内心中对"仁"也就是"人"的生存状态的体验。孔子说："仁者不忧"（《论语·述而》），"君子不忧不惧"（《论语·颜渊》），君子在体会和实现"仁"的过程中，身心处于一种美好的生存状态中，获得人生的美好享受。孔子说自己："发愤忘食，乐以忘忧，不知老之将至也。"（《论语·述而》）内心充满欢乐，处于一种忘我投入的状态，自然更忘了忧愁烦恼，忘了时光的流逝，没有对死亡的恐惧和悲哀。孔子从十五立志求学，直到七十从心所欲，人生中不断达到更高的精神境界，最终达到天人合一。

从上面的论述中可以知道，仁者人也，仁是人的本性，是"爱"的思想情感，是神圣的使命，是崇高的目标，是一生努力奋斗，不断超越的人生理想境界，也是现世生存的美好人生状态。作为一个人，就要按照"仁"的本性的要求，自觉地思考和体认人生的意义，热爱生命，积极向上，不断完善和成就自我，有益于社会乃至整个世界，天人合一。孔子主张"克己复礼为仁"，即体会自己"仁"的本性要求，努力奋斗，以恰当的形式，或方式方法去实现美好的愿望、理想。这恰当的"形式""方式方法"即"礼"。正如李泽厚所说，在孔子儒家思想中，"外在为'礼'（人文），内在为'仁'（人性），以此为人道之本"。①

三、礼是"仁"的表现形式

所以孔子所讲的"礼"与周公的"礼"有很大区别，从治理天下的社会规范转变为内心"仁"的外在表现形式。如关于祭礼，孔子认为"吾不与祭，如不祭"（《伦语·八佾》）。"礼"是"仁"，是内心思想情感的外在形式，弄虚作假没有什么意义。孔子不是死板地拘泥于古礼，而是有所坚持，有所变通和创新。如"林放问礼之本。子曰：'大哉问！礼，与其奢也，宁俭；丧，与其易也，宁戚。'"（《伦语·八佾》）"礼"最重要的不是外在形式，而是在于人的内心思想情感。关于礼的发展变化，孔子认识到夏、商、周三代都有所"损益"，也注意到现实生活中发生的变化："麻冕，礼也；今也纯，俭，吾从众。拜下，礼也；今拜乎上，泰也。虽违众，吾从下。"（《伦语·子罕》）现在的帽子是简朴的丝织品，我跟随大家；但现在的拜改在堂上，显得傲慢，我还是坚持古制，在堂下行礼。

---

① 李泽厚：《论语今读》，安徽文艺出版社，1998，第38页。

　　孔子精通"礼"，对于自己的言行举止很在意。《伦语·乡党》篇中记载了孔子日常家居以及乡饮朝会等方方面面的言语行动，处处都有"礼"的表现，让在各种不同场合下的内心思想情感以恰当的方式表达出来，自己身心以及所参与的社会活动都和谐有序。那么，什么是最好的"礼"呢？没有一定的外在标准，每个人的情况不同，具体的场合不同，则有不同的"礼"。衡量的标准是尽量做得恰到好处，充分体现"仁"的要求，"礼"的最高的理想是"中庸"。但现实总是难以完美，那么怎么办呢？孔子说："不得中行而与之，必也狂狷乎！狂者进取，狷者有所不为。"（《伦语·子路》）如果不能达到中庸，那么宁可"狂狷"，服从自己内心的要求，也不随波逐流，成为没有原则的"乡愿"。自己内心的"仁"是为人处世的根据，无论做什么事情，不是盲目听从他人，不是简单地服从外在规范，也不是任意妄为，而是在坚持不懈的奋斗中努力寻找真正的自我，追求人生的自由。所以"子绝四——勿意，勿必，勿固，勿我"（《伦语·子罕》）。每个人的内心都有"仁"，虽然人和人不同，但不过是"性相近也，习相远也"（《伦语·阳货》）。每个人都要走自己的人生道路，都要去实现"仁"，成就自我。

　　礼是仁的外在形式，是人性的表现。人要认识自己，思考并处理与他人、社会、自然、历史以及整个世界的关系，发挥精神特性，不断创造新的生活、新的世界。从广泛的意义上说，礼实际上存在于社会人生的方方面面、时时刻刻，礼就是人类生活本身，就是人按照本性要求去做好各种事情。正如《礼记·仲尼燕居》中说："礼者何也？即事之治也。君子有其事必有其治。治国而无礼，譬犹瞽之无相与！伥伥乎其何之？譬如终夜有求於幽室之中，非烛何见？若无礼，则手足无所错，耳目无所加，进退揖让无所制……"所以，礼的意义非常重大，《礼记·曲礼上》中说："道德仁义，非礼不成；教训正俗，非礼不备；分争辨讼，非礼不决；君臣、上下、父子、兄弟，非礼不定……是以君子恭敬、撙节、退让以明礼。"世界万物的发展变化、社会的组织运行、人们的生活，都有规律秩序。人们要明白其中的道理，不断实践，追求美好理想，"仁以为任"，所以"礼"是永恒的，也必定会不断有新的创造。

颜渊非常信服孔子所说的"非礼勿视，非礼勿听，非礼勿言，非礼勿动"，他说："回虽不敏，请事斯语。"（《伦语·颜渊》）视、听、言、动都要合乎"礼"，也就是一言一行都要从"仁"出发，采用恰当的形式去为人处世。但正是这一句话，常被认为是孔子对人性的压抑和束缚，这实际上是因为没有真正理解或者故意曲解孔子的意思。如李泽厚认为："'礼'如前所述，是以血缘为基础，以等级为特征的氏族统治体系，要求维护或恢复这种体系是'仁'的根本目标。"①周公制礼作乐的"礼"确实是以血缘为基础、以等级为特征的氏族统治体系，但孔子的思想超越了这种体系。在孔子的思想中，社会秩序的根源则在于"仁"。"仁者爱人"，但不局限于血缘关系，而是追求"四海之内皆兄弟"。人"性相近，习相远"，没有生来的高低贵贱。在孔子看来，治理社会不是靠天生的贵族或血缘的关系，而是要选贤任能，所以孔子"有教无类"，主张"见贤思齐焉，见不贤而内自省也"（《论语·里仁》），在社会政治中提倡"先有司，赦小过，举贤才"（《论语·子路》）。在《礼记·礼运》中孔子所描绘的理想大同社会更是超越了这种"以血缘为基础，以等级为特征的氏族统治体系"："大道之行也，天下为公，选贤与能……"孔子的大同社会和马克思所向往的共产主义社会很相似，但大同社会的提出已有两千多年的历史。

孔子的思想远远超过他的时代，他从人的本性出发，高瞻远瞩，指明人类社会发展的方向。历史不断发展，人类不断进步，这是儒家的基本观点。所以孔子"克己复礼"绝不是"要求维护和恢复""以血缘为基础，以等级为特征的氏族统治体系"。在当代，人们仍在学习和研究孔子的思想，仍在为孔子所描绘的理想社会，为美好的社会生活和人生境界而努力。

礼是礼仪规范、风俗习惯，也是典章制度、法律法规等。更要追根溯源，把握礼的精神实质，灵活运用，让生活有规则秩序，有生机活力，不断发展，繁荣昌盛。礼是人类生活的方式，是文明和文化的形式，礼更是

---

① 李泽厚：《中国古代思想史论》，生活·读书·新知三联书店，2008，第11页。

"仁"、人性的表现，是人类精神创造的成果。礼闪耀"仁"的光辉，解决现实生存的具体问题，引领人们走向幸福美好的生活，追求崇高而神圣的生存状态，即天人合一的境界："礼乎礼！夫礼所以制中也"（《礼记·仲尼燕居》）。中国是"礼仪之邦"，通过礼，个体的人与他人、社会、自然协调起来，保障生命体的不断生存发展，也追求精神上的"天人合一"。

第四节　孔子儒家"乐"的思想

文明是人类精神创造的结果，周代的周公"制礼作乐"，使中国成为"礼仪之邦"。孔子重视礼的作用，"以仁释礼"，他还重视发挥乐的作用。孔子有高深的音乐造诣，他的人生中处处有音乐的氛围，一些弟子们也擅长音乐。在中国古代文化中，儒家音乐传统悠久深厚，对于培养理想人格，追求天人合一的境界，有着潜移默化的重要作用。

一、"乐"与文明发展

爱美之心人皆有之，人类求真、向善、爱美，不断追求理想，努力创造，推动文明发展。美中包含了真和善，是人类文明的重要表现形式和内在动力。美是赏心悦目的形象，也是赏心悦目的音乐。

在中国文字中，"美"是"羊大为美"，羊形体壮硕，高大威武，羊肉营养丰富，味道鲜美。"美"也是"羊人为美"，精神欢欣愉悦，振奋激动，是载歌载舞的巫师，是舞蹈之美，是音乐之美。随着历史的发展，中国从巫风弥漫的远古社会发展到文明社会，成为"礼仪之邦"，"礼"的文化逐渐丰富，"乐"也不断发展。

"乐"是人们对音乐的感受和欣赏，音乐来自各种声音及其相互排列组合的秩序。声音是人和世界相互作用的重要媒介。人们靠眼睛和耳朵来获得绝大部分外部世界的信息，从而感受和认识外部世界，趋利避害，保证生存繁衍。在此基础之上，也获得来自视觉、听觉的各种感受，不断开拓和丰富自身的精神世界。由外在的视听感受引起精神活动的兴发，获得精神的愉悦，这是人们的审美活动。所以人们常说，眼睛和耳朵是审美的感官。

对于一个正常人来说，外在世界首先是视觉的结果，是形形色色的大千世界。视觉信息比听觉信息更强烈明确、丰富多样。但听觉信息也非常重要，不可或缺，有其不可替代的独特价值。与视觉的明暗、色彩、形象相比，听觉的声音有更多抽象意味。声音来自声波，声波来自物体的振动，但仅凭声音常常不能确定具体事物，因此需要人发挥想象和思维能力，去体会那模糊、朦胧，甚至神秘的意义。在倾听、体会的过程中，需要心情安静下来，全身心投入，把全部人生经验调动起来，从声音中获得更多意义。这意义是自身当下的安危，也是超越当下的精神追求。

而人本身也能发出各种声音，表达内心的思想感情。从人的精神和社会文明发展的过程来看，人发出的声音后来逐渐演变出语言，发展成歌唱，逐渐产生文字，极大地推动文明发展，创造美好的生活。

所以，音乐的欣赏最令人感动，深入心灵。音乐是具体的也是抽象的，充满感情也富于理性，最轻松自由也最深沉玄奥，可意会而不可言传，有无限的意义。由音乐激发起来的精神活动非常丰富、强烈、深沉、神秘，令人怦然心动，让精神自由飞扬，心旌摇荡，能和神灵相通。在音乐的感染中，人们进入忘我的境界，超越生死，获得永恒、崇高、神圣的感觉。

在远古中国人的生活中，就有音乐相伴。考古研究者发现的贾湖骨笛距今八千年左右，河姆渡出土的骨哨距今约七千年，山东莒县出土的陶号角、青海出土的彩陶鼓距今约四五千年。在青海出土的仰韶文化的舞蹈纹彩陶盆上，有载歌载舞的人物形象，再现远古的巫术活动，让人感受强烈浓郁的音乐氛围。

在中国古代文化发展过程中，音乐有非常重要的地位，许多神话、传说和音乐有关，历史文明的重大进步也都有著名的音乐相伴。传说女娲抟土造人后，为了让人类自己活泼快乐，不断繁衍生息，发明乐器"笙"，"笙者，生也"（《释名》）。音乐让人的生活充满生机活力，有利于生存繁衍，世世代代生生不息。

《尚书·舜典》中有关于音乐的记载，如舜帝说："夔！命汝典乐，教胄子，直而温，宽而栗，刚而无虐，简而无傲。"夔回答说："於！予击石拊石，百兽率舞。"在《吕氏春秋·古乐》篇中有"葛天氏之乐"，"三人操牛尾，投足以歌八阕。"大禹时期，"（禹）命皋陶作为《夏龠》九成。"《山海经·大荒西经》记载夏代开国国君夏启，曾"珥两青蛇，乘两龙"，"上三嫔于天，得《九辨》与《九歌》以下。"商代开国国君汤则有《大濩》和《桑林》两部乐舞，传说和商汤祈雨有关。

武王伐纣，建立周朝，则有著名乐舞《大武》。和前面所提到的乐舞不同的是，《大武》的内容不是娱神，而是展现武王灭纣建国、周召之治等周人的历史功绩。也就是说，《大武》少了神秘的色彩，少了恐怖狂乱的气氛，有更多人文内容，更多理性成分。

音乐与人的思想感情密切相关，也就和人的生存状态紧密联系。文明是人类精神创造的成果，让人们不断有更好的生活，音乐是社会文明的重要体现。在中国历史上，历朝历代的统治者对音乐都非常重视。周朝取代商朝，中华文明发生质的飞跃，音乐也有巨大发展。

二、周代文化中的"乐"

周代建立初期，周公"制礼作乐"，这是中国历史发展的一大进步。关于周公制礼作乐，先秦典籍多有提及。如《左传·文公十八年》："先君周公制周礼。"《礼记·明堂位》："武王崩，成王幼弱，周公践天子之位，以治天下。六年，朝诸侯于明堂，制礼作乐……"周取代商，社会文化也发生重大变化，从崇奉神灵转变为尊重人的力量。因为历史的发展变化让周人明白，神灵并不保佑暴虐无"德"的商纣王，而是保佑有"德"的周人。《尚书·泰誓》中记周武王的话："受有亿兆夷人，离心离德；予有乱臣十人，同心同德。虽有周亲，不如仁人。

天视自我民视，天听自我民听。"受（即纣王）有数以亿兆计的平民，都离心离德；我有能治理国家的大臣十人，都同心同德。纣王虽有至亲近戚围在身边，却比不上我有仁人辅佐。

周人不是盲目依赖神灵，而是"同心同德"，依靠"仁人"，推翻商纣王的统治。所以与《大夏》《大濩》等乐舞相比，《大武》给人更多美感享受。《大武》颂扬有"仁德"的领袖，少了神魂颠倒的神秘意味，更多的是表现人的精神内涵。在《大武》中，人们更加看清自己的形象，认识到自己的聪明智慧，以及改变世界，开创新时代的强大力量。

周公"制礼作乐"，用"礼"和"乐"来建立新的人间秩序，使中国成为"礼仪之邦"，言语举止、仪表行为，处处有规矩讲究，有美的呈现。如庄严肃穆的祭祀活动，特别是许多日常典礼仪式活动，种类繁多，规定严谨，程式完备，细节周详，如冠、昏（婚）、射、相见、燕（宴）、飨、饮酒、聘、觐、丧礼，等等。与礼相配合的有音乐、歌舞，在典雅悠扬的钟鼓琴瑟等的音乐和轻歌曼舞，周人维护社会统治，等级分明，尊卑有序，同时又表达思想情感，营造出一种和谐安乐的气氛，让社会阶级、成员之间减少隔阂、对立和矛盾，增添一种温馨、安宁、和谐的感情。如《礼记·乐记》中说："礼义立，则贵贱等矣，乐文同，则上下和矣。"礼仪确立，贵贱等级就分明了，乐曲和谐，上下关系就和睦了。"乐者为同，礼者为异"，音乐是从内心中产生的，礼是从外表反映的。而且礼乐不仅体现人间秩序，更和最高的信仰——天地联系起来："大乐与天地同和，大礼与天地同节。和，故百物不失；节，故祀天祭地。"大乐与天地相和谐，大礼有和天地一样的节度。因为和谐，所以万物不失本性；因为有节度，所以祭祀天地。

在周代，音乐受到重视，有崇高地位。周人建立一套完备的音乐机构，以大司乐为大乐正，乐师为小乐正，下设大胥、小胥、大师、小师、瞽矇、眡瞭、典同、磬师、钟师、笙师、镈师等。分工明确，各司其职，如大司乐总体负责音乐教育、重大祭祀礼乐、大射之仪，乐师负责各种仪典的乐舞、乐仪、乐政，大师掌管音律歌诗，小师掌管打击吹奏，各种乐器也有专人负责。

与商代载歌载舞、精神迷狂的巫师相比，周代乐官的神秘色彩已经淡化。周代音乐的作用不再只是愉悦神灵祈求保佑，而是维护人间秩序，宣扬周人的"德"，表达"敬天保民"的思想。所以周代音乐和人心相通，表达人们的思想感情，让人们心情愉悦，精神振奋，抒发愿望理想，获得心灵的皈依和慰藉。通过感受、欣赏这些音乐，人们身心和谐，和他人、社会乃至世界关系和谐，充满生机活力，远离痛苦和烦恼。这正如《周礼·大司乐》中的话："以六律、六同、五声、八音、六舞大合乐，以致鬼、神、示，以和邦国，以谐万民，以安宾客，以说远人，以作动物。"这样的音乐能够使鬼神享受祭祀，各国亲睦，民众和谐，宾客安定，远人悦服，动物繁生，这自然是美的音乐。

周代的音乐表现出婉转柔和、雍容典雅的审美风格。这正是等级分明、尊卑有序又上下和睦的"礼仪之邦"的社会文化在音乐方面的表现。推翻商纣王疯狂残暴的统治，"同心同德"的周人建立新的社会秩序，尊重人的力量，特别是内心中"仁德"的力量。周代的音乐也就以人为本，表达人们要求和平安宁生活的愿望，人们对自己心灵的体验，对新的社会秩序的体验，对一个新世界的体验。周人也自觉追求和保持这种美的状态，表现在音乐方面，《周礼·春官·大司乐》中说："凡建国，禁其淫声、过声、凶声、慢声。"这些刺激、狂放、野蛮或萎靡的声音，对人的生活和性情产生不好的影响，必须被禁止。

周代的音乐现在已无法听到，但周代的这种和谐婉转、雍容典雅的音乐特征被记录在典籍中。如《诗经·周颂·有瞽》是成王举行祭祀祖先典礼的乐歌，其中提到对音乐的感受，有"喤喤厥声""肃雝和鸣"的句子，表现音乐庄重典雅、雍容和谐的效果。

《诗经》中保留了一些周人举行典礼仪式时所唱的歌，《左传·襄公二十九年》记载吴公子季札在鲁国"请观于周乐"，并发表了评论。季札的评论虽然偏于诗歌内容和总体风貌，也可以从中感受周代音乐的特点。如"为之歌《颂》"，季札曰："至矣哉！直而不倨，曲而不屈；迩而不逼，远而不携；迁而不淫，复而不厌；哀而不愁，乐而不荒……盛德之所同也！"（《季札观乐》）

周朝是"礼仪之邦"，也是音乐繁荣的时代。孔子继承和发扬周代的礼乐文化，在音乐方面，孔子身体力行，使周代的音乐文化更加深入人心，对后世影响深远，培养中国人的性情，塑造中国传统文化品格。

三、孔子的音乐思想

周公"制礼作乐"，为的是维护统治秩序，使社会和谐稳定，也是表达尊崇"仁德"的思想，培养人们富有"仁德"的心灵，怡情养性，身心健康，生活和谐。孔子的思想核心正是"仁"，大致来说，仁是内心充满爱的情感，是努力发挥自己的能力，去实现自我价值，关爱他人，奉献社会，天人合一。音乐最能感动人心，所以孔子儒家重视音乐教育，弘扬从周公以来的音乐之美。

孔子喜爱音乐，是一位技艺精湛的音乐家。《史记·孔子世家》中说："孔子学鼓琴于师襄子"，勤奋练习，精益求精，深入感受体会乐曲，从"习其曲""习其数""习其志"一直到似乎看到乐曲作者的模样，"丘得其为人……非文王其谁能为此也！"师襄子非常佩服，"辟席再拜"："师盖云《文王操》也。"

孔子的生活中充满音乐。《论语》中的多处记载与音乐有关。如孔子沉醉在音乐之中："子在齐闻韶，三月不知肉味"（《论语·述而》）。孔子常和别人一起探讨音乐之美："子与人歌而善，必使反之，而后和之"（《论语·述而》）。有时音乐成为孔子表达自己态度的一种特殊方式："孺悲欲见孔子，孔子辞以疾，将命者出户，取瑟而歌，使之闻之"（《论语·阳货》）。孔子有时借音乐排遣自己的思想感情："子击磬于卫"（《论语·先进》）。在周游列国途中的危难之际，孔子也没有离开音乐。孔子师徒被围困于"陈蔡之间"，"从者病，莫能兴。孔子讲诵弦歌不衰"（《史记·孔子世家》）。

孔子也创作歌曲，表达自己的心声，他离开鲁国的时候，满怀悲伤与无奈，对鲁国的乐师唱出这样的歌曲："彼妇之口，可以出走；彼妇之谒，可以死败。盖优哉游哉，维以卒岁！"孔子去世之前，子贡去看望他，孔子非常感慨，不由唱出诗歌："太山坏乎！梁柱摧乎！哲人萎乎！"（《史记·孔子世家》）

孔子晚年整理音乐，为继承和发展周代礼乐文化作出贡献："吾自卫反鲁，然后乐正，雅颂各得其所。"（《论语·子罕》）孔子深入理解礼乐文化的精髓，维护音乐的典雅纯正，要求音乐能养成健康和谐的心灵，所以孔子"放郑声，远佞人。郑声淫，佞人殆"（《论语·卫灵公》）。"恶郑声之乱雅乐也"（《论语·阳货》）。

孔子对于音乐有着独特的见解。《论语》多次记载他对音乐的评论。孔子强调音乐与心灵、与"仁"的关系："人而不仁，如乐何？"（《论语·八佾》）孔子特别喜欢《诗经》，"三百五篇孔子皆弦歌之"（《史记·孔子世家》）。《诗经》不只是诗歌总集，也和音乐关系密切。对《诗经》的思想主旨，孔子有精辟的概括："诗三百，一言以蔽之，曰'思无邪'。"（《论语·为政》）《诗经》的内容和音乐是统一的，都表现出健康和谐的特点。如孔子认为："《关雎》，乐而不淫，哀而不伤。"（《论语·八佾》）孔子鼓励学生学习《诗经》："小子何莫学夫诗？诗可以兴，可以观，可以群，可以怨。"（《论语·阳货》）"兴观群怨"即是感情的自然兴起和自由抒发，使心理恢复平衡和谐，不至于走向极端，产生激烈的反应，不利于身心健康。这正和《周礼·春官·宗伯》中所说"禁其淫声、过声、凶声、慢声"的观点相一致。

对于《韶》乐，孔子认为"尽美矣，又尽善也"，《武》乐则"尽美矣，未尽善也"（《论语·八佾》）。孔子欣赏乐师的演奏，评论道："师挚之始，《关雎》之乱，洋洋乎盈耳哉！"（《论语·泰伯》）孔子描述音乐演奏过程："乐其可知也：始作，翕如也；从之，纯如也，皦如也，绎如也，以成。"（《论语·八佾》）现代美学家宗白华解释说："起始，众音齐奏。展开后，协调着向前演进，音调纯洁。继之，聚精会神，达到高峰，主题突出，音调响亮。最后，收音落调，余音袅袅，情韵不匮，乐曲在意味隽永里完成。这是多么简约而美妙的描述呀！"①

孔子以"六艺"教育学生，许多学生多才多艺。"六艺"中即有音乐，孔子重视音乐教育，要求学生"兴于诗，立于礼，成于乐"（《论语·泰伯》）。许多

---

① 宗白华：《美学散步》，上海人民出版社，1981，第194页。

学生擅长音乐，《论语》中有多处记载。如子游在成武做官，以礼乐教化民众，"子之武城，闻弦歌之声"(《论语·阳货》)。子路学习音乐，到孔子门前鼓瑟。孔子和弟子们坐而论道，抒发志向，曾皙"鼓瑟希，铿尔，舍瑟而作"。而曾皙的人生理想也和音乐有关："浴乎沂，风乎舞雩，咏而归"(《论语·先进》)。在沂水里沐浴，到舞雩台上吹吹风，然后唱着歌儿回家。

《论语》中的许多地方有音乐，润物细无声，让读者的心灵在不知不觉中受到熏陶，怡情养性，陶铸理想人格。李泽厚在《论语今读》中引用了王夫之的话，来强调音乐对《论语》的重要性："《孟子》七篇不言乐，自其不逮处。故大而未化。"① 和《论语》相比，《孟子》几乎不谈论音乐，所以"大而未化"。李泽厚说："所谓'大而未化'，亦可解为虽极高明而不能道中庸，纯成外在律令，之所以如此，乏情少乐之故也。"②

《论语》的语言组织方面有很多音乐性的表现。《论语》语言简洁质朴，但又生动自然，流畅自如，抑扬顿挫，铿锵有节，能够把人带入有声有色的语境中。再加上语句含蓄蕴藉，境界高远，引人遐思，所以《论语》的许多段落就是诗歌般的语言，令人印象深刻，又余音缭绕，意味悠长，带给人音乐一般的感受。

《论语》的篇章结构也让人感觉富于音乐特性。每一篇的语句之间的连缀衔接别具匠心，起伏有致；每一篇的开头和结尾也能看出内在的联系，相互呼应，婉转回环。整部《论语》的各篇章之间的安排组织也能让人感受到音乐之美，从轻松愉悦的《学而》开篇到渐次展开的各篇内容，音乐逐渐丰富热烈，再到高远卓越的哲学境界，还有激荡昂扬人生奋斗，最后的《尧曰》气氛庄重肃穆，意蕴深厚悠长，令人由衷感动。可以说，《论语》本身即是一首恢宏壮阔的伟大乐曲，回响在中国人的心中。

孔子在音乐方面造诣精湛、见解高深。他的音乐故事和言论流传后世，成为中国古代文化的重要部分，是宝贵的精神财富。

---

① 李泽厚：《论语今读》，安徽文艺出版社，1998，第98页。
② 李泽厚：《论语今读》，安徽文艺出版社，1998，第98页。

四、孔子儒家音乐传统

从周公到孔子，再到孔子弟子，以及孟子、荀子等先秦儒家思想家，都论及音乐，有的留下专门音乐论文，形成伟大的儒家音乐传统，对后世影响深远。

《礼记》据传是孔子弟子的作品，许多地方论及音乐，特别是其中的《乐记》，是一篇专门的音乐论文，对音乐进行全面系统的论述，涉及音乐的起源、音乐的社会作用、对人生修养的影响等。

如对于音乐的产生，《乐记》说："凡音之起，由人心生也。人心之动，物使之然也。感于物而动，故形于声。声相应，故生变，变成方，谓之音。比音而乐之，及干戚羽旄，谓之乐。"所以，音乐和人的心情密切相关，"是故其哀心感者，其声噍以杀；其乐心感者，其声啴以缓；其喜心感者，其声发以散……"

人生活在社会中，音乐和社会政治状况有关系："治世之音安以乐，其政和；乱世之音怨以怒，其政乖；亡国之音哀以思，其民困。"如"郑卫之音，乱世之音也"，"桑间、濮上之音，亡国之音也"。（《礼记·乐记》）

所以，统治者重视音乐的教化作用，"是故先王之制礼乐也，非以极口腹耳目之欲也，将以教民平好恶而反人道之正也。"礼乐用以教导人民节制欲望、平衡好恶，进而复归于人性的正道。"礼节民心，乐和民声。"人们富有仁心，知道生活的道理，社会也就有了良好秩序："仁以爱之，义以正之。如此则民治行矣。"（《礼记·乐记》）

礼乐关乎民心、政治，也和天地运行的规律相和谐，表达人们天人合一的信仰。人间礼乐昌明，幽冥中也有鬼神保佑，天地间充满敬和爱的感情："大乐与天地同和，大礼与天地同节。和，故百物不失；节，故祀天祭地。明则有礼乐，幽则有鬼神。如此则四海之内合敬同爱矣。"（《礼记·乐记》）

天地间万事万物纷纭各异，四季轮回不断变化，礼乐是自然而然的结果，所以"圣人作乐以应天，制礼以配地。礼乐明备，天地官矣"。圣人制礼作乐，以配天地运行之道。礼乐制度明确完备，天地的职能也就发挥出来。人间的君臣贵贱来自天地尊卑的秩序，音乐使社会上下和谐，使天地万物协调和顺。所以，大舜制作五弦琴演唱乐曲，"其感人深，其移风易俗，故先王著其教焉。"音乐感人至深，移风易俗，先王尤其重视乐教。"使亲疏、贵贱、长幼、男女皆形见于乐。"（《礼记·乐记》）使得亲疏、贵贱、长幼、男女的区别，都经由音乐表现出来。

"故乐行而伦清，耳目聪明，血气和平，移风易俗，天下皆宁。"（《礼记·乐记》）音乐使人事伦理清明，人耳聪目明，血气平和，移风易俗，天下安宁。音乐和诗歌、舞蹈结合起来，"是故情深而文明，气盛而化神。和顺积中而英华发外，唯乐不可以为伪。"（《礼记·乐记》）音乐情意深刻而形象鲜明，气势旺盛变化多端。和谐顺正的精神蓄积于心中，音乐的精华显露出来。唯有音乐是不可以作伪的。对此，宗白华感叹说："这是多么精神饱满，生活力旺盛的民族表现。'乐'的表现是'不可以为伪'，就像数学能够表示自然规律里的真那样，音乐表现生活里的真。"[1]

和《论语》相似，《孔子家语》也是记录孔子及其弟子思想言行的著作。其中有专门论述音乐的《辨乐解》，记载孔子学琴的故事，孔子对子路弹奏音乐的教诲，还有孔子和周宾牟贾关于音乐的讨论。孔子批评子路演奏亡国之音，推崇中庸和谐的音乐。

《孟子》中谈到人们对音乐的喜爱之情，以及古今音乐的不同。孟子崇敬孔子，借音乐之美来表达内心的仰慕向往的感情："孔子之谓集大成。集大成也者，金声而玉振之也。金声也者，始条理也；玉振之也者，终条理也。"（《孟子·万章下》）

《荀子》中的《乐论》篇，从批评墨子出发，阐述音乐对于世道人心的重要性。《乐论》和《乐记》内容基本相似，多有多重复。关于二者孰先孰后，学术界向来有不同看法，这里不做深究。本文只是强调从孔子以来，儒学思想家重视音乐，认为音乐是心灵的表现，对社会人生有重要影响。如荀子《乐论》指

---

[1]　宗白华：《美学散步》，上海人民出版社，1981，第 198 页。

出，"故乐者，天下之大齐也，中和之纪也，人情之所必不免也"，"入人也深，其化人也速"，"乐行而民乡方矣。故乐者，治人之盛者也"等。

爱美之心人皆有之，对音乐的喜好是人之常情，古今中外都是如此。在西方古希腊，人们非常喜欢音乐，形式多样，有歌唱、诗歌吟唱、器乐演奏和有音乐伴奏的戏剧等。古希腊哲学家也对音乐进行思考，如毕达哥拉斯、柏拉图、亚里士多德等。但和中国先秦时期相比，孔子等儒家圣贤对音乐的思考更加全面深入，成果卓著，为后世留下丰厚的精神财富。

儒家文化是中国古代文化的主流，源远流长。在先秦以后的历史发展中，历代统治者都尊崇孔子，重视继承和发展儒家音乐传统。每一个朝代兴起，都接续儒家传统，恢复和制定礼乐，让社会尊卑有序，远近和合。在中国人的生活中，音乐是生命活力的表现，是对美好理想的歌颂，是"天人合一"崇高信仰的表达。汉朝、唐朝国力强盛，音乐发达，至今让人魂牵梦绕。

在中华民族实现伟大复兴的当代，中国的音乐也更加丰富多彩，生机勃勃，积极向上，昂扬奋发，气势豪迈，响彻天地。处处是振兴发展的主旋律，是激动人心的正能量。民族复兴是民富国强的发展，也是信念坚定，精神抖擞，有高远的理想追求。随着人们对孔子儒家精神的深入理解，中国音乐的发展也会更加繁盛，人们的生活更加自由自在，充满活力。

第五章　孔子儒家的精神信仰

第一节　人类信仰的根源

世界上所有的民族，即使文明程度比较低，也有自己的信仰。从人类历史上看，几千年前文明早期的人们也有信仰的表现。当代社会文明发展，许多民族重视文化特性，注意保持自己的独特信仰。有的民族信仰文化高度发展，可以表现为宗教的形式。从古到今，宗教是非常重要的社会文化现象，极大地影响人类历史发展和人们的社会生活，如世界三大宗教基督教、伊斯兰教、佛教等。人的生活不能没有信仰，信仰源于人类的精神特性，在人的生活中发挥巨大的作用。人要寻找到自己的信仰，超越当下，获得精神世界的强大支撑。

一、人类的精神特性

人类有动物性的一面，血肉之躯离不开本能的物质性需求；人更有精神的特性，有超越当下的心灵追求。精神使人区别于动物，渐渐摆脱茹毛饮血的状态，走上文明和文化的道路。精神离不开动物性的肉体，但又有相对独立性，建构自己的一个世界。人们有时忘了自己和周围的一切，沉入到另一世界中，即精神的世界。精神使人类能够超越当下的生存需要，思考得更广阔、更深远。在历史上，人们很早就已经思考人的特性。孔子说人必须要"用心"，要思考，即使玩一玩"博弈"的游戏也是好的，总胜过"饱食终日，无所用心"（《论语·阳货》）的动物状态。"用心"思考是人的特性，必须发挥这种能力，才是人的生活状态。孟子则说："心之官则思。"（《孟子·告子上》）明确指出人类"思"的精神特性。人要有人的生活，不能像动物一样。

精神活动是人的特性，人正是靠不断思考，发挥精神的强大力量，才保证生存，不断发展。和其他动物相比，人的各种动物本能都没有什么优势，甚至软弱无力，没有虎狼的尖牙利爪、牛的力量、马的速度，更没有鸟儿的翅膀。人只能发挥精神的力量，想方设法，去获得食物，抵御侵袭，否则便难以生存。因为具有精神特性，最脆弱的人却成为世界的主人，是"万有的菁英！众生之灵长"[①]，通过精神活动的不断创新，更加远离动物状态，远离黑暗和野蛮，走向文明。人要成为人，有更好的生存状态，就要珍爱精神，培养精神，充分发挥精神的力量。在精神的创造过程中，人才真正成为人。

精神是一种能力，即思考。精神要表现自己，发挥力量，还要不断发展，提升自己。能力的提高必须要不断地锻炼，在各种活动中发挥作用。通过克服困难，能力才得以增强。精神这种特性正和身体机能一样，用进废退。经过锻炼，身体机能得到检验和发挥，并且不断提高。而越严格、越有难度、越有分量的锻炼越能提高机体的运动能力。人的精神能力也是如此，必须思考，要思考更具有挑战性，更严肃、重大、困难的问题，才能体现自己的价值，提高自身的能力。所以人必要寻找挑战，向更高远、深邃的方向去思考。

《古诗十九首》云："生年不满百，常怀千岁忧。"人虽然年岁有限，但常常要思考千年乃至永恒的问题。超越现实，高飞远举，"精骛八极，心游万仞"（《文赋》），这是精神的本性。精神不仅超越现实，甚至超越死亡，让肉体的死

---

① ［英］莎士比亚：《莎士比亚四大悲剧》，孙大雨译，上海译文出版社，1995，第95页。

亡为精神活动增添无穷的力量。所以，在中国神话中有夸父逐日、精卫填海的故事。死亡那么可歌可泣，激动人心，那么难以忘怀，永远铭记。其实不是死亡令人感动，而是精神的力量，是要超越当下，追求美好和自由，那么不可阻挡，有不屈的意志和强大的力量。人必要超越当下，像夸父一样去逐日，像精卫一样去填海，这是精神本性的要求。古希腊也有类似的神话，少年伊卡洛斯借助于蜡和羽毛做成的翅膀，飞到了天上，但他不顾父亲的告诫，不断往上高飞，翅膀终于被阳光烤化，掉下来摔死了。这样的神话自然不是嘲笑他们是傻瓜，而是在说明人的精神本性。

精神必要去追求，发挥自己的力量，殚精竭虑，开拓自己的领域。那么什么是精神的动力？精神要去追求什么？生命通过感官感知世界，保证生存。精神产生于物质的肉体，反思感官体验，感受自身的状态，认识自我，并趋利避害，更好地生存。所以，精神的动力即生存的欲望，是生命的力量。生命生生不息，精神也要不断成长、发展。精神的领域自由而广阔，精神活动超越现实的物质世界，摆脱当下的时空束缚，无限发展，乃至于超越死亡，成为永恒的存在，而且永远不断地创造更新。正是因为人具备这种精神特性，信仰才得以产生。

二、信仰的精神世界

人要满足基本的物质需要，才能保证肉体的存活；还要有精神，要有思考，有意义，才能保证是人的生活，不至于堕入动物的状态。精神不断展开活动，思考自己的存在，认识自我。自我包括对当下的感知，还要超越当下，回顾过去，展望未来。精神还要超越自我，思考人生与世界。对这些问题的思考关系到人之所以为人，关系到精神本身。当然，人也要思考日常生活的具体问题，如何得到食物保证个体生存，如何获得异性的青睐维持种族繁衍，如何趋利避害，谋划不久的未来。但这些问题与现实世界相联系，与动物本能需要相联系，甚至是其他动物也都能有办法的问题。所以这些问题还不是纯粹的精神问题，只有关于生死的问题，关于人自身和世界的问题，才是人类生存所特有的问题，表明人的本质特征。

人必要思考这些问题，给自己一个解答，才能奠定人生的基石，才能建造起生活的大厦，人生才有真实的意义，不至于陷入虚无，更不至于像动物那样。但对于这些问题，无论如何思考，却永远也没有办法解决，以获得确切的答案。如人从哪里来，到哪里去，生是什么，死又如何？人生有没有意义和价值？生命中充满艰难困苦，如何才能生存下去？世事纷纭多变，如何不心慌意乱？生命短暂，如何摆脱死亡，获得永生？

在这些问题中，死亡是最令人痛苦恐惧的，也是最基本、最重要的问题，解决这个问题，其他问题便也就有了答案。人好生恶死，又时时受到死亡的威胁，满怀恐惧。人虽然是万物之灵，但也最缺少动物生存本能，是最脆弱的生命。生命中充满危险，弱小的人类面临无数的严重威胁。疾病和灾难似乎防不胜防，也无从逃避。即使能够活着，但人生中的事情又十有八九不如意。他人是自己的同类，可以互相帮助，心心相印，但他人也是最危险的敌人，带来最大的伤害。人活在现在，但现在难以把握，转瞬即逝，逝去的一切如同死亡，永不再来。所以人生"譬如朝露，去日苦多"，时时充满忧虑、恐惧和悲哀。未来也无从把握，不知道下一刻是什么，不知道明天会怎么样。如果往更长远处想，那难免就是死亡。即使明天不是死亡，但必定有一天，生命会失去知觉，沉入永恒的黑暗深渊。

即使在当代社会生活中，虽然文明昌盛，科技发达，但死亡依然随处可见。各种媒体上不乏战争、饥荒、瘟疫、灾难的报道，更不乏各种离奇古怪的死亡事件。而且死亡就在身边，随着年岁增长，身边的死亡也越来越多，让人们悲哀、痛苦，提示人们时日无多。看一看历史，更有无数死亡的记录，触目惊心。动辄几万、几十万甚至上百万人的死亡，有时是不可抗拒的外部力量，有时却是人与人互相残杀，冷酷无情。由此感到人如草芥、尘土，没有什么意义和价值，令人悲叹。而且人必有一死，无可逃避，因为有生必有死。

但人不愿意有死亡，因为生的欲望那么强烈，生的力量也是那么强大，而且人有精神的能力，能超越物质的限制，自由存在，所以死亡是不应有的。也不能有死亡，因为死亡即是虚空，什么也没有，而这不可思议，不合道理，因为只要我想到它，它就已经存在于我的思考中，就已经是一种存在。所以对精神来说，不可能有虚空，不应该有死亡。

生死到底是怎么一回事？王羲之在《兰亭序》中写道："死生亦大矣，岂不痛哉！"莎士比亚说："是存在还是消亡，问题的所在。"[①] 确实，生死攸关，一个非常严肃而重大的问题。怎么办？关于生死的问题困扰人，刺痛人，必须要思考，要去解决。只要他想摆脱动物的状态，有人的生活，有精神的表现，就要思考这些问题。而且精神既然是一种能力，就有去施展和表现的本性要求。况且人的精神力量强大，不可阻挡，有时让人身不由己。古希腊人说，人生是一个向死而生的过程，哲学即是面对死亡的练习。但实际上，哲学对死亡无能为力，这些问题超出理性思考的领域，无论怎么努力也不会有答案。

怎么办？那就要用自己的生命，用自己的身心去奠定这块人生的基石，去相信一些观念。把这些观念作为价值的基准，作为意义的源泉，作为思考的前提和情感的依据，作为人生奋斗的归宿。要相信这些观念，才能心安理得地生活，才能有无畏的勇气，有强大的力量，有诚挚的感情，有崇高、永恒和神圣的人生意义。也就是说，人的生活必要有信仰。有了信仰，人更加远离动物的状态，完全进入精神的世界。有了信仰，人知道自己从哪里来，认识自己，懂得人生的意义。有了信仰，人还知道到哪里去，明白自己的使命，不断超越自我，达到更高的境界，无限臻于完美，甚至达到崇高神圣的境界。

所以，虽然中国的"至圣先师"孔子不谈论"怪力乱神"，但又"敬鬼神而远之"。"死生、富贵"在现实世界中变化无常，但其实都不是空虚、荒诞，而是有着"天"或"命"的依据。古希腊的柏拉图认为现象世界都是虚幻的，但现象背后有一个"理式"，真实而永恒，变动不居的现实世界不过是"理式"的摹本。孔子和柏拉图都有自己的信仰，欧洲中世纪的人们信仰万能的上帝。

在近代，德国哲学家康德研究人的理性，但他也认识到理性的局限，提出

---

① ［英］莎士比亚：《莎士比亚四大悲剧》，孙大雨译，上海译文出版社，1995，第 124 页。

了"物自体"的概念，作为理性思考的依据和本源，其实是为信仰留出了领地。他有无限景仰和敬畏的事物："在我之上的星空和居我心中的道德法则。"① 信仰真实存在，如灿烂星空，永恒不变，崇高神圣。因为有信仰，理性才有根源，思考才有立足点，自我和人生也才成为一种真实确定、永恒的存在。

三、信仰创造人生的意义

有了信仰，生命可以超越死亡，永恒存在，不再虚空。生命真实不欺、确定无疑，无论肉体还是精神，每时每刻的存在，举手投足以及呼吸之间都有意义，都有价值，人生必要到达那最美好的境界。信仰不仅奠定人生的基础，人们更要在此之上建造一座灿烂辉煌的殿堂。每一天的时光，每一次的努力都在为这座殿堂添砖加瓦，要完成一件杰作，创造奇迹。人生活着，绝不是偶然，更不是荒诞，人负有自己的崇高神圣的使命，不可懈怠。要全身心投入，用极大的热情和全部的智慧，矢志不渝，克服各种困难，追求理想。

在中国儒家思想中，孔子"不语怪力乱神"（《论语·述而》），没有天堂和地狱的区分，没有奇迹让人惊异，没有上帝的权威让你感到幸福或恐惧。但儒家有对"天"的信仰，这既是可见的自然的天空，无限高远深邃，也是不可见的宇宙自然、社会人生现象背后的"道"的运行，天创生万物，万物欣欣向荣，景象万千，展示"生"的崇高与神圣。

万物繁荣体现"天"的意旨，人也更应如此，如《中庸》中所说，要"尽性"，发挥自己的能力，"参天地，赞化育"，也就如《周易》中的圣人包牺氏，"仰观俯察"，"以类万物之情，以通神明之德"（《周易·系辞下》）。这是人的天赋使命，人生存着，就要努力通向"神明"，要努力发挥自己的能力，去体现和弘扬道。孟子继承孔子思想，要"仰不愧于天"（《孟子·告子下》），与天合一。总之，人要发挥精神特性，努力思考，探寻知识学问，还要努力追求更高境界，

---

① [德]康德：《实践理性批判》，韩水法译，商务印书馆，2001，第177页。

天人合一，永恒存在，臻于至善，崇高神圣。

由于有信仰，生活也便充满意义。日常的每一天都有意义，仿佛一个个音符，不断响起，在演奏响彻万方的辉煌乐章。由于有信仰，人生便成了一趟朝圣的旅程，一步一步走向殿堂，登上顶峰。有信仰的人认认真真地过每一天，做每一件事，走完人生之旅。中国孔子儒家则在世俗生活中完成自己的人生使命，"克己复礼为仁"，做一个真正的人。孔子周游列国，"知其不可而为之"。（《论语·宪问》）因为有信仰，所以成功的意义不只是在于成功地改变现实世界，更在于精神的高扬，与信仰的对象合而为一。

有信仰的人是无畏的，生命投入信仰，精神已超越现实，获得永生。信仰上帝的传教士无所畏惧，到世界各地传播福音，有的不惜以身殉教。在中国，孔子说："发愤忘食，乐以忘忧，不知老之将至云尔。"（《论语·述而》）有信仰的人更不惧怕现实的力量，孔子说："三军可夺帅也，匹夫不可夺志也。"（《论语·子罕》）为了信仰可以牺牲自己的生命，孔子说："志士仁人，无求生以害仁，有杀身以成仁。"（《论语·卫灵公》）

有信仰的人心中充满了爱。孔子主张"仁者爱人"，爱人如己，"己所不欲，勿施于人"（《论语·颜渊》）。孔子提倡"忠恕之道"，忠是真心诚意，恕是待人如己。孔子诲人不倦，周游列国，想要济世救民。

信仰在人们的心中，也在现实世界的日常劳作、生活中。现实生活、肉体的生存也变得崇高神圣，平凡的事物中包含丰富的意义。生活有意义、有价值，而且有至高无上的意义和价值。这样，人在生活中便精神振作，有激情、力量与意志，努力奋斗，不断超越自我，达到人生的新境界。所以信仰"天命"的孔子成为后世中国人的人生导师，成为中国传统文化的象征。

有信仰的人不会孤独。自己找到一个依靠的对象，给自己信心和力量，同时也找到一个可以倾诉、讨论、探寻的对象，把自己的内心世界向这个对象敞开。向其提出困惑，倾吐心声，讨论难题，表达欢喜赞叹，也发泄不满和愤恨，排遣烦恼和忧愁。信仰是真正的导师、朋友，互相认识、理解，而且随着时间的增加，更加熟识、亲密，成为最知心的伴侣，永远不离不弃。

　　有信仰的人向世界敞开心扉，相互交流沟通，热爱生活，关心他人。有共同信仰的人有共同的语言和思想情感，互相亲近，以信仰的力量结合在一起，没有隔阂，更没有敌意。有共同的信仰，便是有共同的事业，人们在一起交流思想感情，谈论经验感受，提出疑问，共同探讨，互相激励，使信仰更加明确、坚定。

　　信仰是精神活动的产物，同时也会促进和刺激精神的活动，增强精神的活力。信仰是不断解决自己的疑问的结果，也是不断在生命中探索、确证的过程。在信仰这个支点上，精神还要不断发挥自己的能力，使信仰更加确定、稳固，更加崇高、神圣。

四、信仰建构人生的秩序

　　信仰奠定生命的基础，也建立人生的秩序，让人们明白自己在世界中的地位。人成为世界的一部分，自己的生存也便有了更丰富深远、崇高神圣的意义。自己与花草树木、鸟兽鱼虫、山川湖海、日月星辰，以及整个世界都有了某种联系。人找到自己的位置，有了安身立命的立脚点。世界宏伟壮丽，奥妙无穷，人在自己的位置上，要安守本分，做应做的事情，发挥能力，贡献于这个奇妙伟大的世界。可是不可僭越，不可痴心妄想，胆大妄为，去做超乎自己本分和能力的事情。那将是不自量力，非常愚蠢可笑，而且还将破坏秩序，必然受到惩罚。中国儒家经典《周易》为人们展开一幅世界的图景，八卦代表八种基本自然现象，六十四卦代表世界的诸多变化。人努力作为，成为这生生不息的世界的一部分，并且要"参天地，赞化育"。

　　信仰使人体会到人生的秩序，明白自己的使命和职责，知道自己要去做什么，人生将是怎么样，知道在各个人生阶段的任务。人生是短暂的，但又是无限的，有限的人生要汇入无限的信仰之中。人生是一个不断寻找信仰，坚定信念，为信仰而努力奋斗的过程。有信仰的人明白现在的意义，知道自己的过去、现在和未来。

　　信仰对于人的心理活动和日常生活的秩序也至关重要。因为人有自由的精神，但还有动物性的身体，有各种各样的欲望，而且与其他动物相比，人的欲望更加繁多和强烈。如动物囿于本能，只满足当前的机体需要，肚子吃饱了便不再进食，不需要更多的食物。动物常常"食饱弃余"，"饱食"之后便"无所用心"。即使是有的动物为将来做准备，如松鼠等储存食物，不过也只在本能范围之内活动。但人除了要满足当下物质需要外，还往往欲壑难填，贪得无厌，要占有更多的财富，获得更大的力量，永无止境。精神的领域是自由的世界，欲望在这里纵横驰骋，没有任何限制，无尽的欲望，无休止的追求，但欲望永不满足，愈演愈烈。

精神世界中的这种无比纷乱造成无穷无尽的痛苦。如果不能控制，变得稳定有序，那么精神世界便会终于成为一片混沌，完全与追求知识、秩序的精神本性相违背，成为一种病态。如对异性的单相思，朝思暮想，眼里心里梦里都是爱恋的对象，如饥似渴，辗转反侧，不得安宁。这种精神状态如果不能得到控制，在现实生活中直接完全表现出来，那就等于失去理智，作出疯狂的行为，造成破坏与毁灭。

精神的自由要有秩序，欲望的力量要受到节制，否则欲望会成为罪恶，甚至也可以毁灭自我。而自由和欲望是人的本性，所以也要有和这种本性一样力量强大的事物来统治和震慑，这就是死亡。在死亡面前，人们的自由、欲望会是那么渺小，微不足道。但死亡是对人生的否定，不能担负起建立秩序的重任。只有信仰的力量能超越死亡，建立秩序，让人生有积极的，乃至崇高神圣的意义。所以孔子主张"克己复礼为仁"，不能放纵欲望，而是要有精神的追求，有信仰的方向。

　　信仰像树木的根，越是深深扎入地下，树木才能枝繁叶茂，屹立不倒；信仰像航船的锚，越是沉入海底，船只才经得起风浪，能完成伟大的航程。所以，对于人生来说，信仰是必需的。信仰是人生的根基和源泉，赋予人生崇高神圣的意义和价值，让生命超越死亡，获得永生。信仰让世界充满爱，让人摆脱孤独，心有灵犀。信仰建构人生的秩序，人们脚踏实地，实现自我。在信仰的引领下，平凡的生活、普通的事物都有丰富的意义，人生充满精神的内涵，不断努力追求，到达更加美好的境界。

第二节　孔子儒家的信仰

人的生存需要物质基础，还需要发挥自由创造的精神能力。而精神活动需要有根基和归宿，这就是人的信仰。人类的生活中必须要有信仰，几千年前的文化遗存中就有信仰活动的表现。信仰可以发展为宗教，如基督教、佛教等，对人类文化产生重要影响。一般人看来，中国人宗教意识淡薄，但中国历史悠久，文明灿烂，中国人必有坚定的信仰，因而才能生生不息，永葆活力。孔子被称为"至圣先师"，指导中国人的思想，也寻找到中国人的信仰。

一、孔子的精神追求

孔子重视人的精神特性，要求人们超越动物状态，追求更高的精神境界。孔子看不起那些贪图物质享受的人："士志于道，而耻恶衣恶食者，未足与议也。"（《论语·里仁》）如果被现实欲望所羁绊，那么也就不会有更高的精神境界。

信仰是纯粹的精神追求，超越现世生活，超越生死的界限，给人以永生的意义。肉体的生命离不开现实世界，死亡常常让人更体会到精神特性的存在。而且死的悲哀和恐惧也刺激、压迫人们，去努力思考生存的意义，寻找信仰。学生子路问孔子关于死亡的事情，孔子回答说："未知生，焉知死？"（《论语·先进》）不知道什么是生，怎么能知道什么是死？死的意义要通过生去获得，在生命中超越死亡。孔子说："朝闻道，夕死可矣。"（《论语·里仁》）知道了人生的"道"，即使死去也不觉得遗憾，信仰是"道"的重要内容。因为有信仰，所以人生任重道远，死而后已。

儒家重视葬礼，因为有死，生才更有价值和意义，死亡能够凸显人生的信仰。朋友死了，孔子说："于我殡。"（《论语·乡党》）死是非常严肃重大的事情，显示生活中崇高、神圣的信仰，必须虔诚敬畏，言行谨慎，不可玩笑儿戏："子食于有丧者之侧，未尝饱也。子于是日哭，则不歌。"（《论语·述而》）对于葬礼的意义，曾子说："慎终，追远，民德归厚矣。"（《论语·学而》）对死亡的尊重和敬畏，也就是对生存的尊重和敬畏，让现实的生活更有意义和价值。"慎终追远"表明对人生意义和归宿的深刻思考，寻找人生的信仰。

孔子特别重视祭祀，因为祭祀联系着生死、鬼神，是重要的精神活动，其中有信仰的表达。祭祀时虔敬真诚，"神"就会存在。因为祭祀在于内心虔诚，如果由别人替代，还不如不进行祭祀。《论语》中记载了许多孔子参加祭祀的活动，孔子还把祭祀的精神用于现实生活："出门如见大宾，使民如承大祭。"（《论语·颜渊》）孔子特别重视祭礼的精神内涵，子贡要把祭祀所用的羊去掉，孔子说："赐也，尔爱其羊，我爱其礼。"（《论语·八佾》）

因为有精神的追求，孔子不计较现实的成败得失。孔子的学生子路说："君子之仕也，行其义也。道之不行，已知之矣。"（《论语·微子》）已经知道不可能实现自己的理想，但因为内心有信仰，所以奋勇向前，不计得失。楚狂接舆、长沮桀溺取笑孔子不识时务，晨门认为孔子很顽固，是"知其不可而为之者。"（《论语·宪问》）但孔子不为所动，仍坚持自己的理想。

孔子教书育人，传授知识，培养性情，是中国人的精神导师。精神表现在知识、道德和审美上，更表现在超越现实和生死的崇高信仰上。他的一生是中国人生活的典范，尤为重要的是，他为后人寻找到崇高、神圣的信仰，成为伟大的"至圣先师"。

二、孔子的信仰：天

信仰是人们的精神支柱，是理性的基础和情感的根源，能给人强大的精神力量，驱除对人生短暂的无奈伤感，克服对死亡的悲哀恐惧。孔子把目光投向广阔世界，看到那些永恒存在，在时间淘洗中岿然不动的事物。孔子看到松柏常青，不畏严酷的外部环境，顶风冒雪傲然挺立。孔子看到山水，认为"智者乐水，仁者乐山"（《论语·雍也》），山巍然屹立，草木茂盛，鸟兽繁衍；水奔流不息，是生命之源，活泼轻灵，变化多端。山水永恒，生机无限，人应像山水一样，"仁者寿，智者乐"（《论语·雍也》）。山水让人有感情的依托，有美好的生命状态。孔子站在河边，看到日夜滚滚不息的流水，心中无限感慨，世界像流水一样总在不断变化，人生也是如此，无法停留，更不能回头。但这滚滚流水，前赴后继，义无反顾，却正成了这浩浩荡荡的江河。江河如此，历史、人生也是如此。青春不再，必将步入暮年，归于死亡，但人生会留下精神的闪光，历史会有文化的创造，世界永远生生不息。

信仰是向更高远深邃处思索的结果，要超越现象，寻找到更真实的本质存在，作为人生的根基。孔子相信宇宙自然、社会人生背后有永恒的"道"的运行，人要体会"道"，按照"道"的原则去做，如君子要"志于道，据于德，游于艺，成于乐"（《论语·述而》）。与逃避现实的长沮、桀溺等人不一样，孔子有人生的使命感，不因外部环境而改变自我，不能躲到山林中与鸟兽为伍。天下有道，不能改变自己的理想。君子要超越现实的物质需要，努力追求精神性的道："君子谋道不谋食。"（《论语·卫灵公》）道是宇宙自然、社会人生的规律、道理，但道并不是有什么神秘力量的主宰者，而是存在于人的精神活动中。信仰与宗教不同，信仰是人类精神活动的产物，而宗教则强调了"神"或"上帝"的绝对权威，要人摒弃理性，去膜拜、服从，容易造成人的异化。

"道"是抽象的存在，是思考的结果，是对事物现象背后的抽象本质的把握，有各种事物之道、人道、天道。人的生存离不开身边的物质世界，要遵循人生的规律，更要去理解"天"，依靠天道。所以，孔子谈论"道"，还常常谈到"天"，作为自己的信仰。

在《论语》中，"天"的含义丰富，总结一下，大致有两种情况。第一是主要指自然界抬眼看到的天空，如孔子说："天何言哉？四时行焉，百物生焉，天何言哉？"（《论语·阳货》）在《论语》的许多地方出现"天下"这一说法，此处的"天"也是天空的意思，天下则指人间世界，如"舜有臣五人而天下治"

（《论语·泰伯》）。

第二指一种主宰的、不可抵抗、不可改变的力量，或万事万物生成、变化的根源。如孔子说："予所否者，天厌之！天厌之！"（《论语·雍也》）孔子在匡遇到危险，他说："天之将丧斯文也，后死者不得与于斯文也；天之未丧斯文也，匡人其如予何！"（《论语·子罕》）孔子认为自己担负着"天"所赋予的崇高使命，匡人不能把他怎么样。"仪封人"拜见孔子后这样说："天下无道也久矣，天将以夫子为木铎。"（《论语·八佾》）天下已经混乱很长时间了，上天要以孔子作为木铎，去传播上天的意旨。应当注意的是，在这些句子中，似乎"天"具有人格神的意义，能支配世界万物。但实际上孔子重视理性，并不认为有这样的"鬼神"，或"上帝"。

无论是第一种意义还是第二种意义，"天"都给人以永恒、崇高、神圣的意味，都是人们信仰的对象。抬头可见的、自然的"天"高远深邃，不可企及，日月星辰，永恒不变；包括宇宙，化育万物，给人以生命，佑护人的生活。不可见的、抽象的"天"更是所有存在的根源，创生世界，力量无穷，智慧广大，永恒存在。这两种意义有时结合在一起，更令人崇敬、信仰，如"巍巍乎！唯天为大，唯尧则之。"（《论语·泰伯》）

有了对"天"的信仰，生命才有根基，人生才有意义，超越动物状态，不断达到更高的精神境界，体会崇高、神圣和永恒。生命不再虚空，变得充实丰盈；死亡不再可怕，因为精神获得永生；人生不再低贱卑微，孤独无助，因为"天"在我心中。人生有明确的目的，精神有永恒的归宿，行动有确定的准则。不再为无谓的烦恼而分心，不再被现实的欲望所羁绊，不再被生活的困难所吓倒。充满力量、热情和信心，勇敢面对生活，发挥潜能，完成自己的使命。天人合一，努力奋斗，体现"天"的存在，为世界添光彩。

三、孔子儒家信仰的力量

因为有信仰，所以孔子重视人的精神特性，获得超越现实的力量。孔子虽然承认人的生活中有物质需求的欲望，但他不受现实物欲束缚，有更高的人生理想。如他认为富与贵是人人都想要的，但如果不能以道义得到，对他来说就如天上的浮云一样。

信仰让精神超越现实世界，还产生更强大的力量，不断向更高处追求，最终与上天合而为一。如孔子说，他不怨天不尤人，而是不断在生活中学习平常的知识，又在其中向深处理解、领悟，提升自己的精神境界，孔子相信上天能了解他。他的一生是不断努力学习、追求的一生，从"吾十有五而志于学"到"七十而从心所欲，不逾矩"（《论语·为政》），最终达到天人合一的境界。

因为有信仰，生命有根基，有力量，有丰富沉实的意义，有崇高和神圣的使命感。为了心中的信仰，要全身心投入，毕生努力，毫不松懈，不畏惧任何的艰难困苦。孔子说："君子去仁，恶乎成名？君子无终食之间违仁，造次必于是，颠沛必于是。"（《论语·里仁》）"仁"的含义丰富，"仁"即"人"，"仁"有"爱人"的意思，还包括信仰的内容。

因为有信仰，孔子能超越死亡，坦然面对有限的人生。生命不是虚空，死亡也不再令人恐惧悲哀。孔子对弟子这样描绘自己："其为人也，发愤忘食，乐以忘忧，不知老之将至云尔。"（《论语·述而》）为了信仰，甚至可以牺牲自己的生命，孔子说："志士仁人，无求生以害仁，有杀身以成仁。"（《论语·卫灵公》）

孔子用自己一生的奋斗为后人树立了光辉的榜样，成为指引后世人生道路的精神灯塔。心中有坚定的信仰，这种精神必然表现出来，感化他人。孔子桃李满天下，弟子三千，造就"七十二贤人"，各自成就自己的事业。弟子们对孔子的道德、学问崇敬不已。颜回说："仰之弥高，钻之弥坚。瞻之在前，忽焉在后。"（《论语·子罕》）子贡认为普通人不能认识孔子，是因为孔子非常伟大，普通人的眼界达不到理解孔子精神境界的高度："夫子之墙数仞，不得其门而入，不见宗庙之美，百官之富。"（《论语·子张》）子贡还把孔子推到让人仰望的至高地位，如日月高悬，谁要诋毁孔子，只能是自不量力，自取其辱罢了。

汉代著名历史家司马迁也对孔子仰慕不已。他在《孔子世家》中认为孔子如"高山仰止，景行行止"，令人"虽不能至，然心向往之"，"可谓至圣矣"！（《孔子世家赞》）孔子给中国人留下宝贵而永恒的精神财富。

四、孔子儒家信仰与中国文化

孔子是中国文化的象征，是中国人人生追求的精神导师。在他身上体现出信仰的力量，然而这种信仰并不只是他自己的创造，而是有深厚的历史文化的根基。他的信仰继承前人的精神成果，是众多先哲智慧的结晶，是悠久历史经验的总结。

梁漱溟曾论孔子，认同夏曾佑、柳诒徵的观点，特别是觉得柳诒徵说得更明确："孔子者中国文化之中心；无孔子则无中国文化。自孔子以前数千年之文化赖孔子而传，自孔子以后数千年之文化赖孔子而开。"[①]孔子的信仰正是继承了先哲们的精神探索，并身体力行，努力阐释、弘扬的结果。他自称"述而不作，信而好古"（《论语·述而》），学习周代的文化。"尚德"的周代文化取代了"尚神"的商代文化，使中国走上了人文的道路，推崇理性，"以德配天"，而不是靠什么"神灵"的保佑来生活。周代的"以德配天"即是人的德性与"天"相和谐，也就是人的精神与"天"密切联系，来保证人的生存和发展。孔子对"天"的信仰与周代文化的这种特征一脉相承。

信仰是精神对世界、人生探求的结果，周代文化中的世界观、人生观也表明这种对"天"的信仰，这集中体现在《周易》中。《周易》是周代卜筮之书，也是周代的哲学著作，司马迁说周文王"拘而演《周易》"。《周易》向人们展示了永恒存在的自然景象，"八卦"即"天、地、风、雷"等八种最基本的自然现象。而且"形而上者谓之道"（《周易·系辞上》），现象背后又有抽象的"道"的存在。"一阴一阳之谓道"，"生生之谓易"（《周易·系辞上》），阴阳变化，万物生生不息。人是万物之一，生于自然天地，也起源于"道"的运行。《周易》

---

① 柳诒徵：《中国文化史》，中国大百科全书出版社，1988，第 231 页。

中的一段话表明了中国人的生存方式，也表明中国人的信仰，即包牺氏仰观俯察，由己身到万物，由近及远，"于是始作八卦，以通神明之德，以类万物之情。"（《周易·系辞下》）中国人正是这样来观察身边的事物，发挥精神的特性，思考世界和人生。而"天"高高在上，是自然界的天，也是思考的方向，是信仰的所在。

孔子与《周易》的关系十分密切。他非常喜欢读《周易》，以至于"韦编三绝"（《史记·孔子世家》），他说："加我数年，五十以学《易》，可以无大过矣。"（《论语·述而》）而且孔子对《周易》的成书有重大贡献，在孔子之前，《周易》是卜筮之书，孔子作《易传》，对艰深晦涩的《周易》进行解释，使《周易》成为一部蕴含宇宙自然、社会人生规律的哲学著作，体现了中国古人（既可以说是周代贤哲也可以说是孔子）的世界观、人生观。孔子学习、解释《周易》，继承和发展周代的思想，其中也包括信仰。

孔子承上启下，奠定中国文化的基础，也为中国人树立了信仰。中国人有崇高、神圣的人生使命，努力奋斗，追求天人合一。如《中庸》中说人要努力发挥自己的能力，达到"可以赞天地之化育"，"可以与天地参"的境界。东晋王羲之在著名的《兰亭序》中写道："天朗气清，惠风和畅，仰观宇宙之大，俯察品类之盛，游目骋怀，足以极视听之娱，信可乐也。"他放眼天地，欣赏万物，心情快乐，"不知老之将至"。其中"仰观俯察""不知老之将至"的字句分别出自《周易》和《论语》。南北朝时期的刘勰曾梦到自己手捧丹漆礼器，随孔夫子南行，他著作中的前三篇分别为《原道》《宗经》《征圣》，他的思想与儒家文化一脉相承。他在《原道》中认为：人"为五行之秀，实天地之心"，天地万物"郁然有采，有心之器，其无文欤？"人要努力创造，为天地自然增加文采。

在中国，孔子是众多思想家、文人的榜样，也是普通百姓的人生导师。两千多年来，孔子的儒家思想深入人心，成为中国传统文化的主流。人们尊崇孔子为"至圣先师"，孔子儒家思想成为中国人的行为准则、道德规范。孔子成为中国传统文化的象征，代表了中国传统文化的高度。孔子的崇高形象引领中国人的生活，也昭示中国人的信仰。中国人知道"头上三尺有青天""头上三尺有神明"，努力奋斗，舍生取义，天人合一，创造自己的美好人生。

第三节　孔子儒家的宗教性

宗教是高度发展的信仰活动，有高深的典籍文献，有严格的组织机构，有众多的信徒，对人们生活的方方面面都有重要影响。世界上许多地方都有宗教活动，形成三大宗教：基督教、伊斯兰教、佛教。中国也有许多宗教，但孔子儒家思想不是宗教。人们在儒家思想那里寻找到信仰，但又不受宗教的束缚，尽己所能，满怀热情，创造自己的生活。

一、宗教的内涵

儒家与儒教经常相提并论，且往往混为一谈，不做更细致的区别。任继愈在《儒家与儒教》一文中提出"儒教是宗教"的命题，阐述了儒教的本质及其特征。一些西方学者更是习惯于从宗教的角度来认识与思考中国的儒家思想。这从他们的一些著作标题上即可见一斑：如德国马克斯·韦伯的《论儒教与道教》，美国列文森的《儒教中国及其现代命运》；中国学者也有这样的著作，如刘小枫著《儒教与民族国家》，李湘等编著《儒教中国》等。山东大学颜炳罡教授著《生命的底色》，强调儒家思想所具有的精神寄托性，也就是宗教的功能。

在中国漫长的封建社会历史上，一般百姓以及帝王都深受儒家思想影响，把儒家创始人孔子当成圣人，把他的言论奉为人生的指南和治国的要义，是各种活动的出发点，也是最终的归宿。两千多年来民间和官方祭祀礼拜的香火绵绵不断，这正是西方学者从宗教的视角来考察儒家文化的重要原因。但儒家与典型的宗教特别是西方的基督教相比，在许多方面又有很大的不同，如儒家一般不信鬼神，无宗教组织和宗教仪式，无彼岸世界，等等。所以也有学者一直否认儒家是宗教。本文认为，孔子的儒家思想非常丰富深刻，除了有关修身养性、文化教育、伦理道德、政治教化等，也有宗教的追求。本文试图从宗教的本质入手，来探讨儒家思想的宗教性。

什么是宗教？为什么要有宗教呢？随着对自身的认识的深入，人们越来越清楚地认识到这样的一个道理，即许多人是有宗教的精神需要的，正如人有爱情、求知、审美的精神需要一样，宗教感对人生有重要的意义。宗教的本质在于对人生的终极关怀，解决理性无法解决的问题。人们常常用理性来反对宗教，但其实，人类正因为其理性的无力，才有信仰和宗教的需要。理性毕竟是有限的，并不能给人类的生存提供绝对的根据和保证。对人类的理性进行深入研究的伟大哲学家康德对此有清醒的认识，他在认识论上提出了"物自体"与"现象"的概念，明确人的理性认识能力的局限：人只能认识"现象"的世界，无法认识世界本身，即"物自体"。而这也就给信仰留下了位置。

人从何而来，到哪里去，人生有何意义？纯粹的理性是不能解决这些问题的，而且理性越深究，越发看到人生的渺小、苦难、虚无和荒诞。所以，在理性所不及的地方，人需要给自己的生存找一个获得信念和力量的源泉，要给人生以温暖、安慰、依托，使人生充实、温暖、超越乃至崇高。信仰和宗教就有这样的功能，给人以终极关怀。鲁迅先生在《破恶声论》中说："人心必有所冯依，非信无以立，宗教之作，不可已矣。"[①]从人类历史发展来看，原始宗教是人类最早的精神活动形式，也是人类最重要、最基础的精神活动，人类的认识、审美、道德等都发源于原始宗教。在人与动物相揖别的时候，人首先寻找到的是神灵，借助于信奉神灵，人类逐渐走向了文明的繁荣昌盛。借助于宗教，人们超越了有限的现实生活，而进入一个永恒的世界；借助于宗教，人能认识到自己，同时也克服了卑微渺小的感觉，从而体验到自己的力量，自己的伟大和崇高，感受到人生的意义和价值；宗教使人生充满着温暖、热情和力量，克服了孤

---

① 　鲁迅：《鲁迅全集·第八卷》，人民文学出版社，2005，第29页。

寂冷漠的状态，让人得到情感上的安慰和寄托。但应该注意，信仰和宗教并不是完全一样，信仰是精神活动的产物，宗教是信仰的一种表现形式。

孔子的儒家思想关注人与社会，特别是对人的本性进行了深入的思考。孔子认识到人的理性的局限，也认识到人有信仰这一精神需要。

在《论语》中，学生子路曾向孔子请教如何"事鬼神"，也向孔子请教关于"死"的问题，孔子回答说："未能事人，焉能事鬼？""未知生，焉知死？"（《论语·先进》）对于这句话，同样可以有上述的两种理解，一般理解为对现世的重视，强调"人事"，忽略"鬼事"。而且还会援引孔子的："祭如在，祭神如神在""吾不与祭，如不祭"（《论语·八佾》）的话来作为实用主义的解读。但如果从宗教信仰的角度来理解这些话，更有深刻道理，更符合孔子的一贯思想。孔子说"鬼"与"死"不可知，强调"人"与"生"的重要性，但前者与后者总是相联系而存在，相对比而鲜明，前者不正是因为后者的严肃崇高而愈显严肃崇高吗？

孔子"敬鬼神而远之"（《论语·雍也》），他相信有"鬼神"世界（信仰领域）的存在，而且要"敬"、要"远"，要郑重崇敬，而不能"近而亵玩焉"。子贡说："夫子之言性与天道，不可得而闻也。"（《论语·公冶长》）这种"不可得而闻也"，可以理解为孔子对信仰领域的维护。正如钱穆所说："世界上一切宗教，都把奉事鬼神高举到奉事人生之上，孔子则认为须先懂得奉事人，才能讲到奉事鬼。这一态度，使孔子不能成一宗教主，也使中国思想史之将来，永远不走上宗教的道路。"[①] 在孔子的引领下，中国文化以人为本，有超越性的精神追求，有信仰，只不过没有发展到那种常使人性产生异化的宗教形态。

孔子还明确地把精神的信仰与祷告神灵获得实际效益的迷信进行区分，以维护信仰的纯洁性。《论语》记载孔子重病，弟子子路向神祇祈祷，希望孔子早日病愈。孔子说："丘之祷久矣。"（《论语·述而》）可见孔子对有病祷神的消极态度，以及对生命的热爱和渴望。《左传·哀公六年》记载楚昭王有疾，既不祭河，也不祷神把疾病移于令尹、司马。孔子赞扬说："楚昭王知大道矣。"

---

① 钱穆：《中国思想史》，九州出版社，2012，第9页。

从文化的历史传承上，可以明显看出儒家的宗教性。孔子"述而不作，信而好古"（《论语·述而》），以传承古代思想文化为己任。而周朝以及商朝的文化无疑首先是原始宗教文化为主，对神灵的信仰、崇拜、祭祀、祈祷等活动在人们的精神生活、社会事务中占有非常重要的地位。青铜文化是商周时代非常有特色的精神创造。青铜器主要是用作礼器，来祭祀神灵，而猛兽食人的饕餮图案是典型的装饰图案。威武凶猛、残忍嗜血的兽口中含着表情肃穆的人类头像，这正表现了商周时代特别是商代人们对神灵的恐惧和崇敬。为了礼拜神灵，人们经常以人献祭，求得神灵的保佑。史书记载天大旱，成汤祷于桑林，欲焚身献祭，求得天降甘霖。

周代文明较商代文明有很大进步，实现质的飞跃，从崇拜鬼神的暴力统治变为崇尚德行的礼乐文化。人的理性能力高，统治者提出了敬天保民的思想，认识到民众的作用。虽然对鬼神"敬而远之"，但因为文明程度还比较低级，周代统治者并没有，也不可能完全摆脱对神灵的崇拜和信仰，而且还要继续借助神灵的力量来进行统治。周公制礼作乐也就是要借助于祭祀等活动来巩固自己的神权，来规范社会等级秩序，维护社会的稳定

二、孔子儒家的人文追求

孔子"克己复礼为仁"，不是仅仅恢复那些周朝的礼乐制度，更重要的是这些礼乐制度背后的精神实质，其中有对人的认识以及对人生意义的追求，更有占重要地位的精神信仰和宗教意味：对神灵的敬畏。孔子曾非常感叹地说，礼啊礼啊，只是那些奉献的玉帛吗？音乐啊，只是那些敲打的钟鼓吗？其实礼乐不只是玉帛钟鼓等的外在形式，更要寻求礼仪规范之后的精神内涵。而商周文化中一以贯之的原始宗教，是对某种最高意义的追求，是与神灵的交流沟通。不过，与商朝相比，周朝提高了人的地位，提出敬天保民的思想。

孔子所处的春秋时代礼崩乐坏，是人的因素更加突出的时代，诸侯争霸，兼并攻伐，以力争胜，弱肉强食。在这个时代，随着人的思想的活跃，欲望的

增加，人也就离神越远，离心灵的慰藉寄托、安宁平和的状态越远。人离开了神灵庇护的精神家园，走上了一条在现实欲望的驱使下疲于奔命的征途，失去了身心的安宁，无法超越现实的喧嚣纷乱，迷失了寻找生活最高意义的方向。无所顾忌，亦无所依傍；无比强大，亦无比脆弱，野心勃勃而又倏忽即灭。正是在这样的时代背景之下，孔子提出了"克己复礼"，重视人们的精神追求，为人们的生活寻找精神信仰，为现世寻找彼岸的希望和关怀。他重视人的日常生活，更坚守崇高的精神追求。饮食男女是肉体生存种族繁衍的要求，是人的动物性本能；伦理道德规定现实生活中人和人之间的关系，指导人们的行为，维系社会群体的稳定和发展。在这方面人类虽然比动物聪明了许多，但仍离现世不远，无法获得超越和永恒。人必然要努力摆脱动物的状态，去达到超越、自由、永恒和无限的精神存在状态，也就是寻找自己的信仰。

孔子认识到人类生活离不开信仰，维护精神追求的崇高和神圣，给人们划出了宗教信仰的领域，他还有自己的具体宗教观念。孔子儒家的信仰层面的具体宗教观念是他的"天命"观。

孔子的"天命"观反映在他以及他的弟子的言论中，在《论语》中有多处记载。"唯天为大，唯尧则之"（《论语·泰伯》），天是伟大的，圣人顺从天的意旨。"获罪于天，无所祷也"（《论语·八佾》），如果得罪冒犯了天，就必然受到惩罚，没有什么商量的余地。孔子周游列国，遭到匡人的围攻和拘押，情况非常危急，但孔子镇定自若。他认为如果上天让文化丧失，后人就不会有文化了。我现在传承文化，上天不会让文化丧失，匡人还能把我怎么样呢？上天决定着人事，世人无法违背上天的意志。他病重的时候，"子路使门人为臣"，孔子说："无臣而为有臣，吾谁欺？欺天乎？"（《论语·子罕》）天不可欺，做人要诚实，自欺欺人实不可取，因上天自有明鉴。孔子说："不怨天，不尤人，下学而上达。知我者其天乎！"（《论语·宪问》）天决定着人世的一切，人生在世都负有上天的使命，要努力去认识和完成上天的使命。他认为"朝闻道，夕死可矣"（《论语·里仁》）。这可以说是孔子的敬畏、皈依等宗教性情感的体验，内心有信仰，就可以超越生命的有限，而进入到无限的精神领域中，所以忘记了生死，获得永生的满足。而这种永生不是肉体的长生不老的幻想，而是精神上有了归宿和依托。

有了这种信仰，就有了精神的支柱，短暂的世俗人生就可以让人感到无限永恒、崇高神圣。所以孔子说："不知命，无以为君子。"（《论语·尧曰》）孔子说："君子喻于义，小人喻于利。"（《论语·里仁》）这里的义，是指道义，而道义的最深层根据在孔子那里则是"天命"，是所信仰的冥冥中的主宰。孔子心中是有这种受命于天的宗教性崇高神圣感的，所以虽屡遭困厄，但无所畏惧，任何力量都不可能将他怎么样，不能使他惊慌、恐惧。在当政者面前，孔子并不卑躬屈膝，有时甚至当面教训他们："苟子之不欲，虽赏之不窃。"（《论语·颜渊》）这不禁令人联想起西方基督教《圣经》中诸多先知的形象，甚至耶稣基督，他们都精神高远，超越世俗。深受儒家思想影响的中国老百姓也都知道这句话："头上三尺有神明"，相信上天的力量，相信神灵就在眼前，监督着自己，所以才不做亏心事，要做一个"人"应该做的事情。

三、孔子儒家的敬畏之心

对于神灵要有敬畏之情，要庄重严肃，神灵的崇高伟大，也正是人的心灵的崇高伟大。在世界各种宗教文化中，都强调对神灵要有敬畏之情，敬畏的心理是一种普遍的宗教心理，孔子非常重视这种情感。孔子说："君子有三畏，畏天命，畏大人，畏圣人。"（《论语·季氏》）对于"畏"字，有人释为惧怕，如朱熹《四书章句集注》、杨伯峻《论语译注》、刘宝楠《论语正义》等。有人释为敬畏，如钱穆《论语新解》等。李泽厚《论语今读》释"畏"为"惧怕"，记中却说："此处三畏似均宜作'敬畏'之'畏'解。"[1]"在孔子的时代，'王公大人'虽已没有德行，但还有一种似乎是'天'授予的崇高地位，赋有神圣的职责任务，从而足可敬畏，这是巫政合一的传统。"[2]一般认为"畏"主要是"敬

---

[1] 李泽厚：《论语今读》，安徽文艺出版社，1998，第 393 页。

[2] 李泽厚：《论语今读》，安徽文艺出版社，1998，第 392 页。

畏"，主要指对某种观念或精神的崇敬，而惧怕或害怕常指对某种具体的威胁或打击而产生的心理。

在西方的基督教中，强调人们对上帝要有敬畏之情，而不是仅仅对其产生恐惧或害怕。孔子所说的"君子有三畏"，很明显不是简单的害怕或恐惧，更多的是一种严肃崇敬，从而才事事认真，不轻慢狂妄，而"小人不知天命而不畏也，狎大人，侮圣人之言"（《论语·季氏》）。《论语》中记载了孔子的许多言论和日常行为，处处都表现出他的这种严肃认真、慎重崇敬的心理。

《论语·乡党》章中有许多文字记载表现出孔子庄重敬畏的心态："孔子于乡党，恂恂如也，似不能言者。其在宗庙朝廷，便便言，唯谨尔。""君召使摈，色勃如也，足躩如也。""入公门，鞠躬如也，如不容。立不中门，行不履阈。过位，色勃如也，足躩如也，其言似不足者。摄齐升堂，鞠躬如也，屏气似不息者。"等等。可以说在生活的各个方面各个细节，孔子都内心虔诚恭敬，严肃认真。这种态度让日常的生活有了充实郑重的意义，使得平凡庸俗的生活变得高尚乃至神圣。所以李泽厚说："儒学伦理之所以总具有某种形上的深沉宗教意味，即来自此'畏'。'敬畏'则排除了原始巫术、奇迹、神谕等具体仪式活动，而留下其严重深厚的'宗教'情怀，这是自孔子以来的儒学重要特征之一。"①

超越现实世界的精神信仰、崇高绝对的"天命"观念、庄严敬畏的情感体验，这些都表明了孔子儒家思想的宗教性的本质特征。正是因为这种宗教性，孔子才"知其不可而为之"。孔子才更显伟大，被后世尊为"圣人"。

敬畏是内在的心灵状态，必要在外在的行为以及社会实践活动上表现出来，儒家的各种祭祀活动更显示宗教性的特点。古代社会祭祀活动频繁，儒本来是主持各种祭祀活动的人员。在各种祭祀活动中，最重要的是祭祀天地、祖先。在这些活动中，有专门的祭祀场所、人员、祭品、礼仪、祭文等。这样的活动以朝廷的名义定期举行，庄严肃穆，意义重大，是天赋神权的体现，是国家力量的彰显，是内心信仰的表达，是社会统治的需要，如北京有天坛、地坛等。

---

① 李泽厚：《论语今读》，安徽文艺出版社，1998，第 393 页。

除了祭祀天地，还有祭祀日月山川等的活动，如北京有日坛、月坛等。祭祀祖先也是非常重要的活动，直到现在，中国的社会文化中有祭祀黄帝、炎帝的活动；每个家庭也祭祀自己的祖先，在春节、清明节等举行活动，表达自己的缅怀之情。因为孔子是中国传统文化的象征，是"至圣先师"，所以也有许多祭拜孔子的活动，如朝廷在曲阜举行祭孔典礼，读书人乃至儿童启蒙进学礼拜孔子等。

在清代，西方传教士在中国传播基督教，因为"礼仪之争"，中国康熙皇帝禁止基督教在中国的传播。为了传播基督教，西方传教士不允许中国教民祭拜天地、祖先、孔子等。而中国传统文化中祭祀"天地君亲师"的各种礼仪活动，实际上具有宗教性，表达中国人的信仰。传教士的做法实质上是要让中国人舍弃自己的精神信仰，动摇中国文化的根基。所以康熙皇帝采取措施，禁止传播基督教，维护中国人的信仰。

在孔子思想的其他方面也都有宗教性的体现，如对现实世界的热爱、伦理道德的教化、四海之内皆兄弟的社会理想，等等。这些方面的具体表现形式虽然和其他宗教如基督教很不一样，但在给人带来信仰这方面是一样的。对于宗教中的崇高精神追求，鲁迅先生说："此乃向上之民，欲离是有限相对之现世，以趣无限绝对之至上者也。"[1]儒家不是宗教，但重视精神信仰。

> 在民族复兴，儒家文化复兴的今天，人们的精神生活需要有不竭的源泉、强大的动力、崇高的追求，使人生成为壮丽的画卷、辉煌的诗篇、宏伟的乐章。这需要从儒家文化中发掘这样的精神资源，而儒家思想的宗教性能给人们以裨益。不过，儒家思想文化博大精深，怎样处理好儒家的宗教性与儒家的其他思想的关系，另外怎样处理好儒家思想与其他中国古代思想，以及与西方思想的关系，都是需要进一步认真思考的问题。

---

[1] 鲁迅：《鲁迅全集·第八卷》，人民文学出版社，2005，第29页。

第六章　孔子儒家的孝道

第一节　孔子儒家孝道的根源

儒家的孝道是中华文明的重要组成部分，也可以说是中华文明的特有文化，在其他世界人类文明中是少见的。孝是中国人的人生道路，孝文化源远流长。在当代中国，孝顺父母既是道德义务，又是法律责任。"说中国文化是'孝的文化'，自是没错。"[①]孝文化的形成有社会生活的基础，也有人类本性的根据。中华民族正实现伟大复兴，孝文化不断得到继承和发扬。

一、农耕文明的基础

在中国历史上的殷商时代，农业已经成为主要的生产方式。周代的农业有了高度的发展，此后两千多年，中华文明是典型的农耕文明。从周代开始，农业生产是中国古代社会存在的基础，也是孝文化产生的基础。《诗经》是中国最古老的诗歌总集，大多是周代作品，其中许多和农业有关，如《信南山》《甫田》

---

① 梁漱溟:《中国文化要义》，上海人民出版社，2011，第 278 页。

《大田》《臣工》等。

　　和采集、渔猎、游牧的生产方式相比，农耕的生产方式更加稳定，是文明发展的一大进步。但农耕文明对人的要求也更高，需要更多的农业知识、技能、经验，而这些需要世代的积累才能获得。在那个缺少文字记载的时代，这些知识、技能主要靠心口相传，需要一代一代传递、积累。农业文明不是主要靠力气、勇敢，靠这些年轻人更具有的优势，相反，更要靠有丰富农耕经验的人，也就是有年纪的人。所以，农耕文明尊重老人。

　　在农业生产中，年轻人需要向年长者学习很多东西。农业生产周期很长，往往是一年的季节变化。收获的季节就要预备来年的种植，所以要想到长远的未来，为生产的各环节做好各种准备，如种子的挑选、晾晒、贮藏、来年的耕种、管理、收获等。如果任何一个环节做不好，农业生产就无法顺利进行。各种农事活动的有关知识、理论、技能、经验等都需要代代传承积累。因为农时的关系，有的活动只进行很短的时间，但对技能的要求很高。如播种，种子的多少，埋土的深度、行列的间隔等，只能一次完成，没有练习的机会，此时经验、技能发挥了重要的作用。年轻人虽然有力气，但要成为一个技艺熟练的农民，则需要多年的学习、积累。所以，要尊重老人，尊重知识、技能和经验。有时还需要培养平和稳重的性情，年轻人常常急躁，不能吃苦受累，而农业活动周期长，需要耐心，付出很多的汗水。这种性情、习惯的养成需要时间的磨炼，需要长辈老人的指导、教育。除了农民辛勤劳作，农业生产还和天时地利密切关联。个体人生寿命有限，天气变化的知识、规律的掌握需要世代观察、传递和积累。土地知识的获得也需要世代的传承，如适宜种植的庄稼，水土的特点，田地的开拓、修整、养护等。

　　农业生产需要个人能力，也需要人们要组织起来，相互配合，有秩序地进行劳动。在这个过程中，家庭父子关系就成了重要纽带和保障。在家庭内部，父子是农业劳动的主要力量，协调合作，完成各种农业生产，如耕种、收获等。而且这也是农业生产自身特点的需要，因为劳动量大，农时不等人。在这个过程中，父爱子是本能，子遵父命配合父亲是完成农业劳作的过程，也是学习锻炼的过程。在这样多年的农事劳动中，父子休戚相关，相依为命，互相协作，保证一家人的生存。在这个过程中，生命的本能加上社会化的经验、教养，不断增强父慈子孝的社会文化。虽然儿子会长大成人，但农业生产离不开土地，因此父子常常仍需要聚居、协作，父慈子孝这种关系不断传承，成为重要的社会文化。自然，随着父亲的年老，这种关系对于维系老人的生命、生活又显出重要意义。没有儿子的照顾帮助，年老力衰的父亲便会陷于困境，所以有"养儿防老"的古训。这进一步强化父慈子孝的观念，成为生命保障、生活安定、精神寄托的关键。"传统的中国社会中的人，一旦占有一些土地，就意味着永久生活于此地。"① 所以，父慈子孝便成为生活的中心，成为代代传承的生活经验、生存保障和精神的依托。

家庭是社会的基本组成单位，在由家庭组织起来的社会中，父慈子孝也发挥着重要作用。因为在社会生活中，有些农业协作超出了家庭的范围，必须由不同的家庭组织起来，协同劳作，才能顺利完成。如某种劳动规模较大，或者时间紧张，这都需要不同家庭联合起来。家庭之间协作时，直接的父子关系被打破，但这种关系自然会被带入社会组织的过程中，继续发挥作用。那么，年龄相差较大的人之间会用父子的关系来处理，父慈子孝自然成为社会上推崇的文化。家庭中有父母年老力衰的时候，社会的存在发展中也有同样情况，父慈子孝保障家庭稳定发展，同样也对社会稳定起保障作用，因此成为世代流传的社会文化财富。

父慈子孝是农业生产的保障，也是农民聚族而居、和谐相处的需要。农耕文明离不开土地，土地不能移动，农民世代定居一处，共同组成社会，相互之间不得不发生各种各样的密切联系。两千多年前，中国人就感叹："歌于斯，哭于斯，聚国族于斯。"（《礼记·檀弓下》）人际关系对农业社会的稳定和家庭的生存、发展至关重要，这方面有许多经验教训，是年轻一代所欠缺的，必须由年长的来承担、传承。周围的人怎么样，各个群体怎么样，他们性情怎样、行

---

① 冯友兰：《中国哲学小史》，中国人民大学出版社，2005，第149页。

为如何等。心地善良的人乐于助人，可以交往；性情乖邪的人行为不端，要小心警惕。在过去的日子里，自己的家庭和社会中的人有过什么交往，有哪些恩情仇怨；如果曾行善积德，在将来可能会得到帮助；如果曾得罪人，那么在将来可能遭人白眼，甚至伺机报复。这些人情世事方面的经验教训必须要知道，要在生活中应用。而这些内容自然是年长者经历丰富、认识深刻，所以必须要尊重老人，要听从长者的决定安排，才能更好保障生存发展。"靠土地生活的人在身体和感情两方面都依附于土地。他们的家族之树，真正是像树一样深深扎根于土地，伸展枝条于四面八方。广义的家必须生活在一起，因为他们不能分开。既然他们必须生活在一起，就必须有某种道德原则，作为这个群体的一种不成文宪法，这种原则就是孝道"①。

农耕文明的定居生活需要父慈子孝，才能更好地生存发展。相比之下，游牧文明或海洋文明缺乏这种思想、文化。比如在游牧文化中，由于居无定所，逐水草放牧，常常需要独立面对各种危险和挑战，如野兽的侵害，或是风雪等自然灾害来临，或是其他部落的攻击等。在这种情况下，必须勇敢战斗才能取得胜利，而体力和胆气是年轻人的优势。所以游牧文化重视力量、勇敢，年轻人显示出更大的价值，缺乏农耕社会中那样的"父慈子孝"的观念。如在历史上，"蒙古人有贱老而喜壮之俗，壮年受人器重，失去劳动能力的老年人地位则有所下降"②。

在古希腊为代表的海洋文明中，也鲜有孝的观念，他们崇尚独立自由，父子之间不讲究"父慈子孝"，儿子长大后独立生活，各自维护自己的利益。甚至在古希腊的文化中有所谓的"弑父"情结，如古希腊神话中的宙斯是地位最高的神，他推翻了自己父亲之后才成为统治者。在另一个神话故事中，俄狄浦斯注定逃脱不掉"弑父娶母"的命运。古希腊文明是西方文明的源头，现代精神分析哲学创始人弗洛伊德在对古希腊神话进行研究后，提出"俄狄浦斯情结"

① 冯友兰：《中国哲学小史》，中国人民大学出版社，2005，第149页。
② 内蒙古简史编写组：《蒙古族简史》，内蒙古人民出版社，1986，第121页。

的说法。这正和中国历史悠久根深蒂固的孝文化相反。古希腊文化的基础是海洋文明，靠自己的力量、勇敢和智慧到海上去讨生活，或捕鱼或经商或征战，所以古希腊以及后世的西方文化中没有和中国相似的"孝"文化。

二、社会政治的强化

思想来源于现实生活，中国孝的思想源于农耕文明。在社会政治的组织结构中，这种思想被坚持、弘扬，逐渐成为占主导地位的意识形态，被贯彻在社会生活的各个方面，不断强化，成为人人遵守的法律条文、道德规范，成为强大的文化传统。

孝是儒家文化的重要组成部分，远在孔子之前，孝文化的地位就已经非常巩固。在周朝的建立过程中，孝的意义逐渐被认识到，并被统治者不断强化，成为组织社会、巩固政权的重要手段，成为重要的思想支柱和联系纽带。周朝取代殷商，是中国古代社会文明的一大进步，也是孝思想逐渐占据统治地位的过程。在关于周朝建立者的传说中，有尊重老人、善于养老的故事，"伯夷、叔齐闻西伯昌善养老"（《史记·伯夷列传》），便去依附西伯昌。

在这个故事中，提到孝、仁的观念，这其实正是周代文明的特征。与之相反，商代文明"率民以事神"（《礼记·表记》），是不讲孝、仁的残暴、野蛮文明。周人主要是农耕文明，代表历史发展的方向，逐渐强大起来，最终取代了商人的统治。周人吸取殷商的教训，不再盲目崇拜神灵，而是实施仁政，以人为本，贯穿"孝"的思想。周文王时代就有孝道观念，《礼记·文王世子》记载周文王做世子的时候，有"三时孝养""寝门视膳"的故事。以周文王为榜样，周武王也尊崇孝道。

在周代政权组织过程中，"孝"的思想发挥了重要作用。王国维在《殷周制度论》中认为："周人以尊尊、亲亲二义，上治祖祢，下治子孙，旁治昆弟，而以贤贤之义治官。"① 西周的政权是以嫡庶为中心的宗法制,重视血缘亲情。在权力继承上,殷商已有父死子继的制度,但还存在兄终弟及制。纵观殷商 31 位帝王,以弟继兄者就有 14 位。西周实行更为严密的父死子继制,使得政权统治更加稳固,其中也包含对孝道的尊崇。西周初期周公辅成王,表明周公贤德,也可以看出对父死子继制以及孝道的维护。"尊尊、亲亲"都和孝道有关系,周人在很大程度上保留以血缘关系为纽带的氏族家庭组织,以此来治理天下,把"父慈子孝"的思想贯彻到政治结构中。如此,政治因孝道得以巩固,而孝道借政治得以发扬。

周武王推翻纣王统治,周公则在文化建设上有伟大创造,他制礼作乐,规范新的社会秩序,涵盖社会生活的各个方面,所谓"礼仪三百,威仪三千"(《中庸》)。而孝是社会教化的重要内容,《周礼·地官·司徒》载:大司徒教育民众的内容是:"一曰六德:知、仁、圣、义、忠、和;二曰六行:孝、友、睦、姻、任、恤;三曰六艺:礼、乐、射、御、书、数。"西周已有负责推行道德教育的官员"师氏",《周礼·地官·师氏》载,师氏"以三德教国子:一曰至德,以为道本;二曰敏德,以为行本;三曰孝德,以知逆恶。"

通过"尊尊、亲亲",周代把家庭血缘关系扩展到社会结构组织中,这种家国同构的组织方式使社会有了更大的稳定性。这种方式无疑强化人们在日常生活中已有的孝的观念,使之传播到社会的每个角落,贯彻到社会各个层面。在此后中国古代社会发展过程中,许多朝代都重视孝文化,推行孝道,以孝治国,维护国家社会稳定和谐、长治久安。在周代之后的两个朝代,即秦代和汉代,对于孝文化的不同态度,造成王朝国祚的鲜明对比,前者短命,后者绵长。秦国以国家利益为重,追求富国强兵一统天下,采用严刑峻法增强国家力量,忽视家庭地位和孝文化。虽然在战争中取得巨大成功,但秦国很快土崩瓦解,走向末路。汉代吸取秦代教训,在社会经过一定的休养生息,经济民生有所改善

---

① 王国维著,谢维扬,房鑫亮主编《王国维全集·第八卷》,浙江教育出版社,2009,第315页。

之后，便"罢黜百家，独尊儒术"，推行儒家文化，崇尚孝道。皇帝亲自带头践行孝道，社会生活中表彰孝行，选拔官吏采用"举孝廉"的方法等。两汉几百年间，除开两朝开国的刘邦和刘秀，以及被废的几个皇帝外，所有皇帝的谥号都带"孝"字。汉代社会的稳定发展和强大离不开孝文化。

孝来源于百姓生活，这种民间道德上升为国家意志便成为法律。孝道很早就体现在成文法中，不孝是一种严重的犯罪。《周礼》中有八刑，第一个就是不孝之刑。在西周，杀伤父母会处以极刑，不供养父母、殴打辱骂父母，严重的也会处以极刑。成书于秦汉之际的《孝经·五刑》中孔子说："五刑之属三千，而罪莫大于不孝。"五刑分别为笞、杖、徒、流、死，因为"罪莫大于不孝"，所以打骂父母者适用于最重的死刑。

汉代法律明文规定，无论什么情况下殴打父母皆处死刑，殴死父母处枭首，杀父母以论处腰斩，甚至居父母丧，私与人通奸者也处死刑。在隋唐律如《唐律·名例》中，不孝被列属"十恶"范畴。此后，宋、元、明、清都一一沿袭。孝是个人修身齐家之道，更是重要的安邦治国之道。孝道具有特殊的地位和作用，借助国家法律的强制力量，形成中国特有的悠久深厚的重孝文化传统。

三、儒家的理性思考

"周监于二代，郁郁乎文哉！吾从周。"（《论语·八佾》）孔子继承和发展周公的礼乐文化，深入思考、阐释了"仁""孝"的理论内涵。儒家思想的核心是"仁"，主张"克己复礼为仁"。而"仁"就是"人"，即"做人"。人与动物不同，动物生活在本能中，而人能自觉认识到自己的本性，然后努力"做人"，也就是"为仁"。儒家"仁"学就是关于做人的学问，这是儒家对人类文明的重要贡献。正如梁漱溟的观点："我常常说，除非过去数千年的中国人都白活了，如其还有他的贡献，那就是认识了人类之所以为人。而恰恰相反地，自近代以至现代，欧美学术虽发达进步，远过前人，而独于此则幼稚。"①

从《论语》中可以看出，孔子多处论"仁"，讲了人的本质特性，并认为"孝"是"仁"的根本。孔子认识到人与动物的不同，人有"心"，要发挥"心"的作用，"有所用心"。关于人与动物的本质区别，这是古今中外的伟大哲学家都曾思考的重大问题。古希腊的苏格拉底强调人类思维的特性，亚里士多德认为人是理性的动物，马克思也强调这种自由思考的特性。通过"心"的作用，也就是通过"用心""想方设法"，人超越茹毛饮血的状态，不断生存发展，走上创造社会文化的道路。

正如苏格拉底所说，"认识你自己"，思考的重点对象是人自己，而关于自我的首要的问题是生存。人首先要生存，要活着，才谈得上其他事情，生存是人生和文化的前提。生存是生命本能的要求，也是人生要思考的重大主题，是要想方设法去保障的重要事情。人要认识生存，明白生存的道理，反思自己如何来到这个世界上，如何生存下来，如何能继续发展。于是就会如《诗·小雅·蓼莪》诗句中早已写道的："哀哀父母，生我劬劳。"父母把自己带到这个世界上，呵护、培养、教育，长大成人，明白事理，真可谓"可怜天下父母心"。

生存是核心问题，是人生永远要面对的问题，只要有思考，便会聚焦这个问题。父母是最早的老师，一言一行是孩子学习的范本，父母言传身教，孩子模仿学习，如何待人接物，如何面对人生、面对世界、克服困难。或许在未成年的时候并不是很清楚地意识到"可怜天下父母心"，渐渐长大成人，特别是自己结婚也为人父母之后，对这个问题便有亲身经验，经过认真思考、深入理解，体会到父母的辛劳、良苦用心，有更多体认和感喟。

生存是天生的本能，是强大的内在力量。"可怜天下父母心"，自己因此生存于这个世界上，今后的生存的根基便是这种父母之爱。父母之爱使自己出生、长大、成人，那么以后如何才能保证生存发展？思考、想象无边无际，对这个问题的回答也就似乎有无限可能，但哪一个更可靠？可以来仰仗、保证？其实

---

① 梁漱溟：《中国文化要义》，上海人民出版社，2011，第 125 页。

世界多变，未来无从保证，但自己当下的存在是确定无疑的。回顾自己成长的过程，父母之爱是生存的保障，给予自己生命，精心爱护、培养。这种爱无比宝贵，令人感动，需要感谢，更需要继承和发扬。那么，自己拥有了这种"父母心"，也就能保证生存。而且自己也为人父母，也有"父母心"，也会爱自己的孩子，会付出全部心血，乃至豁出性命，保证他们生存发展。由此，也便可以舒缓对未来生活的焦虑，获得信心和力量。所以要崇敬、感恩这"父母之心"，要表达这种感情，要在这种感情的驱动之下去努力实践。

在《论语》中，孔子正是借学生宰我请教"三年之丧"的时机，用父母之爱来解释孝的道理。孔子认为："予之不仁也！子生三年，然后免于父母之怀。"（《论语·阳货》）孔子用"三年之爱"来解释"三年之丧"，把丧礼和父母之爱联系起来。父母对孩子的感情是天生本能的爱心，这是人生的根本，所以孔子说仁者"爱人"。做人就要拥有这种爱心，并身体力行去发挥爱心的作用，所以仁是"忠恕"之道，用爱心待人，待人如己。

仁是生存发展，是秉持爱心去做人。自己的出生、成长依靠父母的爱心，没有父母，自己的生存发展便无从谈起。自己要体认、继承和发扬这种"爱"，要爱父母，也就是要有孝心。孝不只在于物质供养，更重要的是对"父母心"的自觉认识、崇敬。所以孔子强调"敬"："礼者，敬而已矣。"（《孝经》）而且还要进一步认识到，这种爱源于天生本能，世代永存，是人、社会存在的基础。所以有子说："孝悌也者，其为仁之本与。"（《论语·学而》）孟子也要求"老吾老以及人之老，幼吾幼以及人之幼"（《孟子·梁惠王上》），让孝心，也就是爱心能广泛存在于社会中，让生活变得更好。

"孝"是精神活动的结果，是人的本质特性的表现。动物都有哺育后代的本能，但没有"孝"的行为表现。人既是动物，又有超越动物的地方，即反思和遵从本性要求而努力实践的能力，"孝"充分体现了人的这种特性。而且正如孟子所说："恻隐之心，仁之端也。"（《孟子·公孙丑上》）面对年老体衰的父母，更易生"恻隐之心"，受到感动去尽孝，去"为仁"。所以，"孝"是人之为人的重要表现。孝表明人的精神活动，表明人认识自己，寻找到人生的道路，对人生有信心，有热情、希望和力量。所以，在中国传统文化中，孝的地位至关重要，是衡量一个人的非常重要乃至唯一的标准，如果不孝顺，那就丧失了做人的基本条件。

在今天，老百姓评价一个人的时候，"孝"仍然极其重要。说一个人孝，是最大的褒奖，不孝则是最大的贬斥。有时听到人们讲这样的话："一个人连自己的父母都不孝顺，对父母不好，还能指望他对谁好？"于是这个人便被认为不值得信任，不值得交往。甚至有人还会联系上乌鸦反哺、羔羊跪乳的故事，于是不孝的人便被认为是禽兽不如了。当然，孝并不是对父母简单甚至盲目服从，而是要共同遵从道义的要求，臣子与国君的关系也是如此，孔子说："故当不义，则子不可以不争于父；臣不可以不争于君；故当不义则争之。从父之令，又焉得为孝乎！"（《孝经》）

需要特别指出的是，孝并不是说只重视血缘亲情，只把"爱"用在亲属身上。正相反，儒家重视精神活动，孝虽然起源于家庭亲情，但一旦到精神领域，就具有普遍性、超越性，不再局限于家庭亲人。而且越发挥精神能力，越是要远离现实功利性，所以儒家的"仁者爱人"超越家庭，认为"四海之内，皆兄弟也"，追求世界"大同"。正如学者陈来指出的："孔子以仁为最高的道德观念，孔子和孟子都说仁者爱人，仁渐渐变为普遍的仁爱，不再专指对双亲的亲爱或对某些人的亲爱。"[①]

四、儒家的精神信仰

通过思考，人寻找到生存的道理，而思考没有止境，要不断向更远处探寻，找到人生更坚实的根基。有生必有死，要保证生存，那就也要思考死亡。孝是感恩养育、保证生存，也让人直面死亡、超越死亡，获得永恒感，让人生有崇高神圣的意义。因此，孝和人的精神信仰密切联系，奠定人生的坚实根基。

---

① 陈来：《儒学本体论》，生活·读书·新知三联书店，2014，第474页。

孝道要求敬养老人，也重视丧礼，认为丧礼的意义非常重大，曾子说："慎终，追远，民德归厚矣。"(《论语·学而》)死和生一样重要，二者本密不可分。有生便有死，出生便开始了死的过程；有死也就有生，死让人更认识到生，更向往、热爱生，也思考生。"慎终追远"，想到人生的过程，想到人生的意义，想到"人"的内涵。"慎终追远"促使思考，也促使人更好地生存。想到父母的恩德，由衷产生感动，因这感动来对待父母，便是爱父母，孝敬父母；来对待自己，便是爱自己，去努力生活；来对待他人，便是"忠恕之道"。如此，人生意义也更清晰、明确，更突出，人更加认识自己，懂得"任重而道远"，知道如何去"克己复礼为仁"。

除了思考自己、社会人生，人还要放眼世界，去寻找生存更深远、坚实的根基，去思考更加超越玄远的事物，思考生命、万物乃至整个世界。生存本能的强大力量既驱使肢体获得生存所需的物质保障，也驱使精神活动，也就是运用思维、思考的能力而努力想方设法保证生存。动物的本能需求有满足、结束的时候，但思维活动没有尽头。但无论想得如何多如何远，也不会找到最终的答案。因为精神世界无限广阔悠远，远超出个体的思考、想象。但生存的本能力量又必须要找到根基，给自己一个答案。在这种情况下，在思维的尽头，需要有一个真实可靠的牢固支点。这便是信仰的所在。对人的生活来说，思维的尽头便是信仰。思维的尽头是不可知的，是神秘的，于是众多的信仰便是各种神的形式；思维的尽头是人类智慧、力量所难以企及的，所以信仰的对象便是智慧万能、力量无限。

因为孝令人"慎终追远"，所以孝和信仰密切相关。"孝"关系到父母的恩德，而父母及人的生存又从何而来？人世代生存，万物也永恒存在，花草树木，飞禽走兽乃至四季更替、日月运行等，这一切都自然存在，都是人生的基础和保障。人世代生存靠了"父母心"，也靠了五谷杂粮、山川草木、阳光雨露等世界万物。而世界万物的存在又从何而来？往远处探寻、思考，远处便是天。天高高在上，不可穷尽，充满神秘，是阳光雨露的来处，是云霞雷电的所在，有冥冥中不可抗拒的力量。天是生命生长、万物存在的根源，是世界的开端……

由此，天崇高神圣，奥妙无穷，也成为思维的终点和根基，也就是精神的信仰。天是超越人生、世界万物的存在，是人们的心灵虔诚敬畏的对象。

儒家有对"天"的信仰。孔子强调要有敬畏之心："君子有三畏，畏天命，畏圣人，畏大人之言。"（《论语·季氏》）天是崇敬信仰的对象，人生、万物都有"天命"。天高高在上，是万物的主宰，是不可抗拒的力量。《论语》中还有多处提到"天"，如孔子说"唯天为大，唯尧则之"（《论语·泰伯》）等。

孝是立身的根本，又和精神信仰密切相关，"夫孝，德之本也，教之所由生也。"（《孝经》）孝是天经地义的道德准则，"夫孝，天之经也，地之义也，民之行也。"（《孝经》）人生在世，要"克己复礼为仁"（《论语·颜渊》），立足于孝，成就自我，贡献社会，天人合一。

通过孝，个体超越有限的人生，精神得到升华，接通最高的信仰，人生因此有了真实永恒、崇高神圣的意义。所以，孝是爱父母、爱生命，是爱人、爱社会、爱世界，是"参天地""赞化育"，天人合一。"中国人的长处无他，只在其能从生命更深源泉处取给活力，便不像西洋人那样浅而易竭。"[1] 因此，中国文化历史悠久，绵绵不断，永葆生机活力，在当代又迎来中华民族伟大复兴。

孝道源远流长，根深蒂固，是中国人的祖先自己探索出的人生道路。孝道显示人的精神特性，超越动物的生存状态，蕴含天人合一的崇高信仰。孝为仁的根本。仁是儒家的核心思想，以人为本，发挥精神特性，不断开拓自己的生活。这是一条人文创造的道路，是人类文明发展的康庄大道。从历史上看，人类不断摆脱对神的盲目崇拜，摆脱动物欲望的驱遣，获得更高自由。当今世界已成为一个大村庄、大家庭，人类社会成为命运共同体。仁者爱人，孝为根本。在今后人类文明发展的过程中，作为中华优秀传统文化的"至德要道"，孝道一定会继续发挥应有的作用，促进人类文明发展。

---

[1] 梁漱溟:《中国文化要义》，上海人民出版社，2011，第 296 页。

第二节　孔子儒家孝道的兴衰

　　儒家孝道根深蒂固，源远流长，是古代社会人们的立身之本和统治者的治国之道。但一直也有许多人不断地批评孝道，认为孝道迂阔虚伪，压抑个体，戕害人性，窒息生命。生活离不开文化传统，在今天，孝道依然是人们生活中的重要内容。对于孝道的兴衰起伏，需要深入思考，有助于弃其糟粕，取其精华。

一、孔子儒家孝道的兴衰

　　当代传统文化复兴，特别是孔子儒家文化受到重视，学习经典，身体力行，要让现实生活有丰富的精神内涵。于是《弟子规》流行，人们学习背诵，深入理解。《二十四孝》也被广为宣传，出版书籍，制作动画，也在墙壁上绘出形象，让路人皆知。

　　《二十四孝》成于元代，讲述孝子故事，精诚所至，金石为开，感天动地，出现奇迹，实现孝亲的愿望，如王祥卧冰求鲤、郭巨埋儿奉母等。《弟子规》是清朝康熙年间出现的启蒙读物，教育儿童为人处世的规则，学习儒家孝道。《二十四孝》和《弟子规》的核心在于孝，孝道在孔子儒家文化中占有重要地位。儒家孝道源远流长，后世不断发展丰富，出现《二十四孝》和《弟子规》，广泛流传，它们在历史上的浮沉可以说是孔子孝道兴衰的表征。

　　回顾历史，即使在刚过去不久的岁月，孔子儒家孝道、《弟子规》《二十四孝》经历沧海桑田的变化，令人不禁瞠目结舌。晚清以来，西学东渐，中国传统文化遭受冲击，孔子儒家首当其冲，成为众矢之的，被看作保守、落后、专制、腐败的代表。"五四"新文化运动提倡科学、民主，要"打倒孔家店"，把孔子儒家文化当成社会进步发展的障碍。鲁迅是新文化运动的领袖，他在小说

《狂人日记》中把礼教看作是"吃人"的文化。在《朝花夕拾》中，有一篇散文的题目就是《二十四孝图》，文中提到小时候读"郭巨埋儿"的故事，心中充满惊恐："倘使我的父亲竟学了郭巨，那么，该埋的不正是我么？"[①]

　　战争年代民族危亡之际，人们生存难保，遑论文化。新中国成立后要建设社会主义新文化，批判传统文化，要除旧布新，开创新生活。特别是"史无前例"的"文化大革命"，把传统文化几乎破坏殆尽，儒家文化被弃如敝屣，《弟子规》《二十四孝》更难觅踪迹。改革开放之后重视发展经济，商品大潮席卷全国，人们生活逐渐富裕，同时也惊呼社会道德水平低下，物欲横流，拜金主义严重，诚信缺失，爱心匮乏，感情冷漠，没有精神信仰，缺乏道德规范甚至底线，无所忌惮，假冒伪劣的商品大行其道，乃至于生产毒大米、毒牛奶等，终究害人又害己。

　　人们反思现实，回顾过去，寻找人生的信仰和理想，要在物质生活之上有精神追求，有文化，讲究伦理道德，过有意义有价值的生活。于是有文化寻根、国学热潮，要接续传统，实现中华民族的伟大复兴。正是在这样的社会发展潮流中，孔子儒家文化又受到重视，人们学习儒家经典，《弟子规》《二十四孝》又进入人们的视野。随着中国的和平崛起，中国文化正走向世界，季羡林认为"21世纪是东方文化的世纪"[②]，而中国文化是东方文化最重要的代表。现在世界上一百多个国家建有四百多个孔子学院，以孔子儒家为代表的中国传统文化正对世界产生越来越大的影响。

　　近代以来的经历如此起伏不定，变化多端。回顾历史，几千年来又何尝不是如此，似乎这已成为中国历史发展的规律，即乱世的时候反对孝道，认为迂阔、虚伪，是束缚个性自由的枷锁。而治世的时候人们又认为是文明道德的标志，是人的本性要求。但当大家都张口闭口仁义道德的时候，孝道反而又真的成了压抑人性、阻碍社会发展的桎梏，于是又被冲破，弃之不顾，一直到新的

---

① 鲁迅：《鲁迅全集·第二卷》，人民文学出版社，2005，第263页。
② 季羡林：《风物长宜放眼量》，重庆出版社，2015，第221页。

秩序建立起来，于是又提倡孝道，学习礼仪，宣传"二十四孝"。

面对这样的巨变，不禁感慨世事沧海桑田。但人生是血肉心灵的存在，历史是民族、家国的治乱兴衰过程，也在每个人身上体现出来。人类创造文明，人的心灵是反映世界的镜子，同时也是照亮世界的灯火。对于儒家文化、文献典籍，人们的态度为什么有如此大的变化？是因为这些文本含义高深，人们的理解不同；还是心灵原本善变，要左右逢源？"人生代代无穷已"，为什么总是这些圣贤、文本，关乎无数中国人的幸福或痛苦？

两千多年以来，孔子儒家孝道绵绵不绝，但兴衰浮沉，变化不断。需要深入思考，探明原因，理解这历史过程。这样，在现在以及未来的生活中，有助于人们把握规律，坚持正确的人生方向，振奋精神，努力"为仁"，也就是"做人"，达到人生的更高境界。

二、孝道的理想与《弟子规》

《弟子规》的出现有其必然的原因。儒家文化在古代中国占统治地位，周代的周公制礼作乐，孔子继承和发展这种礼乐文化，汉武帝"罢黜百家，独尊儒术"，更加巩固儒家文化在中国文化中的主流地位，成为社会文明的主要代表。儒家文化深入人心，广泛传播，百姓日用而不知。文化要不断传承、发展，就要发展教育，培养人才，薪火相传。无论官方的学校还是民间的私塾、书院，乃至于社会邻里家庭中的道德传承，都是以儒家文化为主。而儒家圣贤从事的工作主要是教育事业，孔子首开兴办私学教育的先河，有教无类，因材施教，培养人才。孟子、荀子也都是教育家，为传承文化作出贡献。中国历史上历代官方各种学校、民间私塾、书院等都是儒家主持，传授内容主要是儒家典籍。所以，发展教育，传授文化，立德树人，这是社会发展的需要，也是儒家的文化责任。

随着社会历史的前进，文化事业不断兴盛，首先表现在教育方面。施教者和受教者，也就是老师和学生都不断增多，更多的人识文解字，懂得人生道理，社会文化水平不断提高。教育内容愈加丰富、完备、细致，教育方式愈加灵活、方便、有效。在需要接受教育的人中，最多的自然是儿童，于是自然会出现《弟子规》这样的启蒙读物。《弟子规》简明扼要，朗朗上口，便于读诵记忆，有助于儿童学习。其内容全部是儒家文化，有的语句直接来源于《论语》《孟子》等儒家典籍。因为是教育儿童，也因为儒家讲"克己复礼为仁"，而"孝为仁之本"，所以"孝"也就成为《弟子规》的核心内容。而在儒家文化中，"孝""仁""礼"三者实际上是高度统一的。

"为仁"也就是"做人"，人有精神活动特性，自然和动物只受本能驱遣的生存状态不一样。《弟子规》的内容体现儒家文化的精神追求，而"礼""孝"等都是精神创造的成果，是对动物本能的超越。"礼"的起源是圣人要把人和动物区别开来，是人类精神活动的产物，是"仁"的外现形式，"敬"表明理性反思，以及对更丰富深远意义的追求。

虽然儒家承认生存中离不开动物欲望的满足，但更重视超越欲望，追求精神自由。文化是人的生活方式，是精神创造的结果。《弟子规》中的各种"礼"不只是保证生存，还包含更深远的意义，更多精神追求。如"兄道友，弟道恭；兄弟睦，孝在中"，这是讲儒家兄弟之间互相友爱，而且在兄弟和睦的关系中，实际上体现着儒家的孝道。和互相争抢独占、满足自然欲望需要相比，兄弟友爱和睦自然是更文明的。可能有人便认为这是虚伪，倒不如让孩子互相争抢打斗，锻炼他们的力气、胆量和智谋，培养竞争力，日后成为强者。但中国的古代圣贤不是这样，而是教导礼让。中国老百姓懂得"争之不足，让之有余"的道理，现在中国幼儿园老师也不会鼓励孩子们打斗争抢。

正是在对动物欲望的克制和升华中，精神才凸显出来。有的人觉得《弟子规》中的一些要求在现实中行不通，是因为这些要求本就超越现实，需要精神方面的努力才能做到。也就是说，《弟子规》中的一些规范其实是理论化、带有理想性的。但很自然地，在对儿童的教育中，需要展现美好的事物，引人向善，远离丑恶，去"为仁"，也就是去"做人"。《弟子规》开篇即这样表明："弟子规，圣人训。首孝悌，次谨信。泛爱众，而亲仁……"这其实是很高的精神追求，并不是容易做到的。但这不是虚伪，更不是欺骗，这正是人的本质属性。人生活在精神追求中，不断"臻于至善"，超越现实，追求理想，满怀希望。

如此，人们也就能理解《弟子规》中这样的"孝行"："父母呼，应勿缓。父母命，行勿懒。"这自然是孝道的理想。而在现实生活中，"人非圣贤"，父母也会有缺点、失误、过错，而子女会有不懂事、不讲理、任性妄为的种种表现。尤其是在青少年成长的青春叛逆期，有诸种"犯上作乱"的表现，与《弟子规》中所述正成鲜明对比。但这不是《弟子规》的虚伪、欺骗，而正显示"为仁"的崇高理想和正确方向。而且因此也更表明，"做人"是不容易的，充满艰难坎坷，"做人"是普通平常的事情，也是崇高伟大乃至神圣的事情。

有人认为《弟子规》的道德说教是条条框框，束缚儿童天性，不利于儿童自然成长。这种说法其实失之偏颇，并没有进行认真深入的思考。所谓儿童天性，应该说主要是动物性的吃喝玩乐的物质需要和满足，要成为一个有道德的"人"，就必须还要学习社会文化。实际上，脱离了"礼"，脱离了社会文化，人不能成其为人，甚至生存都难以保障，有关"狼孩"的故事便是例证。在日常生活中，人们也有这样的经验，如果从来都是"衣来伸手饭来张口"，一味溺爱，不利于儿童的成长。有管教，学规矩，才是儿童成长的正确道路。而在历史上，那些道德高尚、对社会有贡献的人，不少曾有艰苦的童年，正如人们常说的话："自古英雄多磨难，从来纨绔少伟男"。

如果说《弟子规》的训诫压抑了儿童好奇、幻想、探索的天性，或者抹杀个性特点，这有失公允。培养天性、增长才能是教育活动的基本任务，也是儒家向来遵循的规律。如孔子的教育方式重视"因材施教"，提倡启发式教学，"不愤不启，不悱不发"（《论语·述而》），尊重学生个性特点，培养学生天赋才能，才有孔门"四科十哲"的不同优秀人才。除了"吃喝玩乐"的本能需要，所谓儿童的好奇、幻想等"天性"，这其实是指精神的自由性。精神的自由活动是人类文化创造的源泉，但现实生活的最正确道路只有一条。在有无限可能的想象活动中，许多其实是泡影，甚至是致命的陷阱。古今中外世代流传的少年幻想的悲剧都讲述这个道理，让人们接受深刻教训。如中国的精卫填海，人们一般认为表现人类英勇顽强的精神，勇敢地和自然抗争，但也可以理解为少年无知无畏，幻想大海上的广阔自由，但最终付出生命代价。人们常说，"少年无知无畏""少年轻狂"，其中有喜爱和赞赏，应该也有无奈和悲悯。

人生都年轻过，但人生不能永远年轻，还有更长远的未来、更广阔的世界、更重要的事业。从儿童到长大成人，必须接受教育，知道做人的道理，学习文化知识。而"成人"，也就是"做人"，自然是儒家的目标。

从人类文明历史上来看，古希腊斯巴达式的教育早已消失，古代儿童出家信神佛的教育也早已过时，但中国文化中的《弟子规》《三字经》却还在广泛流传、读诵。《弟子规》讲孝，教导做人，这是一条能够超越时代、更合乎人性要求、促进人性健康发展的道路，是更长远、更有未来的道路。

三、孝道的崇高与《二十四孝》

"仁"也就是"做人"有超越生死的意味，有天人合一的崇高信仰。许多学者认识到儒家文化的这个特点，李泽厚说："世俗中有高远，平凡中见伟大，这就是以孔子为代表的中国文化精神。"[①]

儒家文化的这种特点与世界其他文化有很大不同。如西方古希腊古罗马文化追求知识和力量，要认识、征服和占有世界，缺少超越现世的精神，重点放在现实的物质世界上。古罗马建立伟大帝国，但不免在物欲的贪得无厌中腐败衰落。西方文化的另一支柱是基督教，崇尚精神追求，超越世俗，压抑物质欲望，皈依上帝，追求天国。基督教精神使得西方世界从古罗马的腐败堕落中走出来，建立新的秩序，进入中世纪。基督教崇拜上帝，人是上帝的奴仆，应早日离开罪恶的人世，升入天堂。从文艺复兴开始，西方文化才又接续古希腊、古罗马的传统，同时也发挥宗教的作用，前者给西方文化以独立、自由、理性的精神，后者给西方文化以坚定的意志、崇高的追求和神圣的使命，超越世俗。

---

① 李泽厚：《论语今读》，安徽文艺出版社，1998，第29页。

二者相互作用，推动近现代西方社会几百年来的不断发展。

与西方相比，中国传统文化以孔子儒家为主流，从来是"天人合一"，是精神与物质、灵魂和肉体、人与自然、人与社会的有机统一，完满自足，既重视现世的物质生活，又在现世寻找到超越性的精神信仰。在《周易》中，古代圣王包牺氏就是从自身开始，由远及近观察周边具体事物，展开精神活动，探索世界，思考人生，把握规律，与神明相通。

而在这种精神世界的构成中，孝为"仁之本"，是从现实生活的日常言行举止通向纯粹精神信仰境界的枢纽。如果说《弟子规》是启蒙教育，养成孝的道德习惯，那么《二十四孝》则代表了人们努力实践的程度，全身心投入，克服各种困难，忍受各种痛苦，体现孝的精神追求。所谓"精诚所至，金石为开"，而孝的精神又通向天人合一的崇高信仰，出现超越常理的奇迹。儒家非常重视"诚"，如果能做到"至诚"，就能够达到天人合一的境界。所以普通人的孝行也就足以令人惊异，也就有"卧冰求鲤""哭竹生笋"等种种神奇的故事。

信仰是超越理性的，所以孝道中自然会有不合常理、被视为"愚孝"的奇迹。在一些宗教文化中，这种"荒谬"的奇迹是必然的，不然就不能让人抛弃理性，虔诚信仰了。如基督教中上帝创造世界、基督死而复活等。耶稣基督在传教的过程中，正是凭借许多奇迹的力量让人们相信他："有许多人看见他所行的神迹，就信了他的名。"宗教是信仰的一种表现形式，尤其突出超越理性的感情力量，所以宣扬奇迹来征服人心，让人虔诚皈依。

中国传统文化以儒家为主，所以中国文化中没有类似基督教的宗教。但奇迹自然有其震惊人心的力量，尤其是对一般人来说，奇迹更容易让他们感受到信仰的崇高神圣，从而强化内心的虔敬和皈依。所以即使是"敬鬼神而远之"的儒家，也有"神道设教"的策略："观天之神道，而四时不忒，圣人以神道设教，而天下服矣。"（《周易·观卦》）对这种奇迹，普通百姓的思想和圣贤的看法是有一定距离的，正如荀子的话："君子以为文，而百姓以为神。"（《荀子·天论》）

不少学者也注意到儒家文化的这个特点，即儒学不是宗教却又能起宗教作用，具有宗教功能。甚至有的学者如清末康有为曾试图将儒家改造成宗教，将孔教定为国教。民间百姓信仰鬼神，宗教需要奇迹，所以自古受儒家教化的中国百姓虔诚尽孝，也自然会认可、传播一些不可思议的神奇故事。只不过基督教的奇迹让西方人信仰上帝，《二十四孝》的故事让中国人更加重孝。也就是说《二十四孝》的故事不合常理，但其中有人性的要求，体现精神特性，包含伦理道德，还有"天人合一"的信仰。

所以，面对《二十四孝》中的这些"奇迹"，对当代普遍接受了文化教育的人来说，如果全信可称得上是愚昧，但是如果全不信也是不应该，因为其中有不合常理的"道理"。正如人们常说"精诚所至，金石为开"一样，其实这句话本身就不合常理：精神的"至诚"如何能使得物质性的"金石为开"？但这句话广为流传，许多人"信以为真"，也就是说这里面其实有超越一般常理的道理。所以，《二十四孝》中的这些现象，可以说是"精诚所至，金石为开"的例证，内含令人崇敬神明、至诚尽孝的精神。但如果简单模仿，要去挖的一罐金子，那就非常可笑了。

四、现实与理想的距离

《二十四孝》《弟子规》浅显通俗，但又意义深远，关乎信仰。其中有物质和精神、肉体和灵魂、现实和理想、思想和感情、社会文化和个体心灵等方面的内涵，丰富而复杂，许多又互相矛盾对立，难以调和。面对种种外来的或内在的力量冲击，人要保证生存，提升精神境界，实现人生理想，追求信仰，非常不容易。就如一叶小舟颠簸在风雨难测、波涛汹涌的汪洋大海上，要找到正确方向，完成漫长历程，最终到达彼岸。

航程中难免跌宕起伏，孝的信仰也是如此。《弟子规》《二十四孝》或沉潜不见，销声匿迹，或被提倡推崇，广为宣传，尽人皆知。从近代以来反对儒家，批判孝道，到当代儒家复兴，孝道又被提倡，正是从波谷到波峰的一个过程。回顾历史，也是一个个这样波浪起伏的过程。但波浪起伏，绵绵不绝，表明孝的生命力，表明精神信仰的强大力量。从波谷到波峰，是人们从近乎动物状态到有更多精神活动，逐渐树立信仰的过程。人性追求信仰，但有时难免沉入波谷，顾不上孝道。因为在物质、精神方面，人都会遇到许多困难。

从物质方面来看，生活资料匮乏，条件艰苦，生存艰难，顾不上精神活动。如饥荒、战乱的年代，人们缺吃少穿，挨饿受冻，遭受痛苦，甚至难免死亡的厄运。在这样的情况下，生存的本能欲望无比强烈，保证生存是当务之急，活下去是最紧迫的事情。这时人们可能就顾不上伦理道德，顾不上为他人、为长远着想。"物竞天择，适者生存"，是大自然的规则，也是此时人间的规则。在这样的状况下，人已和动物差不多。如汉末战乱，曹操用人唯才是举，不顾道德。

有人会说历史上也有忍受各种痛苦而矢志不渝，乃至"舍生取义，杀身成仁"的志士。确实如此，他们名垂青史，令后人敬佩，但毕竟芸芸众生是世俗社会的主体，饮食男女还是他们最关心的现实难题，在社会大形势逼迫下，不由要随波逐流。正是他们体现社会历史过程中的一治一乱，起伏变迁，也体现孝道高低不同的社会整体文化水平。《弟子规》《二十四孝》的主体正是芸芸众生。

而优越的物质生活条件有时也会影响人们的精神活动。如果被物欲所左右，沉湎于动物性物质享受，穷奢极欲，自然减少了精神活动。此时物质成了人生的累赘、负担和障碍，人成为物欲的奴隶。在中国历史上，这种情况并不罕见。历代王朝的覆灭大都是因为统治者穷奢极欲，腐化堕落，消磨了精神，萎靡懈怠，终于遭到覆灭的厄运。而王朝开创者筚路蓝缕，备尝艰辛，却常能励精图治，国家发展蒸蒸日上。普通民众也大都知道"自古纨绔少伟男"，他们从小受到溺爱，贪图物质享受，没有吃过苦，缺乏精神力量，没有更高的精神追求和艰苦奋斗的力量。如《红楼梦》中贾家富贵荣华，如"鲜花着锦，烈火烹油"，但终于难免败落，子弟们"树倒猢狲散"，命运悲惨。

精神自身也会存在困难，导致孝道衰落。和物质匮乏的情况相似，精神也有能力低下，衰弱萎靡的状态。精神表现为人们的思考，在生活中，要思考诸多具体的"形而下"问题，也要思考超越的"形而上"问题，信仰更是超越思考本身，要用全部身心去追寻。许多人为解决现实问题已力不从心，更难达到信仰的高度。但因此，圣贤的精神探索才无比宝贵，为人们指明人生方向，找到信仰。

所以《弟子规》开篇即明言要学习"圣人训"，《二十四孝》的故事更是超越一般思维和生活常识。有人指责《弟子规》不合实际，或认为《二十四孝》愚昧荒诞，只是表明人们并没有全面、深入理解儒家文化，尤其是其超越现实、崇尚精神的特性。

而在学习圣贤教诲的时候，有人还可能会简单化地望文生义或断章取义，误解儒家思想，甚至故意歪曲，与儒家本意背道而驰，得出产生错误的结论。如孔子说："君君，臣臣，父父，子子。"（《论语·颜渊》）有人便产生"君要臣死，不得不死；父要子亡，不得不亡"的想法，而这正和孔子主张"正名"、各居其位各负其责的本意相悖。再如孔子说过"父为子隐，子为父隐"（《论语·颜渊》）的话，有人便认为孔子"徇私枉法"，没有法治精神，这其实也是非常错误的。

精神的领域比大地、海洋、天空还要广阔深远，而信仰正存在于精神的尽头之处。在宗教文化发达的西方，生活中有世俗和信仰的两个不同世界，正如谚语所说，"恺撒的归恺撒，上帝的归上帝"。对中国人来说，理解孝的精神信仰，也是一个艰难的过程，因为要依靠自己的努力去探寻、理解、感悟"天人合一"的意义。关于中国人的精神信仰，李泽厚说："现代学人常批评中国传统不及西方悲观主义之深刻，殊不知西方传统有全知全能之上帝做背景，人虽渺小但有依靠；中国既无此背景，只好奋力向前，自我肯定，似乎极度夸张至'与天地参'，实则因其一无依傍，悲苦艰辛，更大有过于有依靠者。"① 如果把"似乎极度夸张"理解为对信仰的竭力追求，恰更表明中国人信仰的高超和坚定。中国人信仰的道路是艰难的，但因此也真诚、朴实，有生命活力。不过，现实中有的人或"饱食终日，无所用心"（《论语·阳货》），或"群居终日，言不及

---

① 李泽厚：《论语今读》，安徽文艺出版社，1998，第 159 页。

义，好行小慧"（《论语·卫灵公》），不容易达到精神信仰的更高水平。

信仰的本质在于精神活动本身，寻找到人生基石，建构自己的殿堂。信仰不是圣人教训的言辞，不是伦理道德的规范，也不是其他社会文化的表现形式。与物质充裕对精神的负面影响相似，外在的社会文化有时也会异化为精神的累赘和障碍。如有人会被教条束缚，失去生活的勇气和力量；有人会用教条压迫他人，害人害己。如那些道貌岸然的"道学家"，言必称"圣人训"，但实际上迫害鲜活的生命，也破坏真正的信仰，使社会文化逐渐僵化、窒息，失去生命活力。生命和精神信仰都应是鲜活的，充满生机，这才是真正的儒家。

人生需要道德、信仰，但因为物质、精神两方面的诸多原因，人们对道德、信仰的体认和实践存在诸多障碍，有时非常艰难。所以在历史上，孝道往往兴衰起伏。

五、当代孝道的流行与展望

当代《弟子规》《二十四孝》又在社会上流传，孝道又受到人们重视。从物质方面来说，改革开放经济发展几十年，为精神活动奠定了坚实基础。绝大多数中国人已经满足温饱需要，逐渐达到小康水平。人们不再受物质需要的严重压迫，有更多精神活动的余地，思考如何更好生活，让人生更有意义和价值，有崇高神圣的意味。

从精神方面来说，人们的精神活动能力增强，特别是改革开放之后，社会教育的水平显著提高，人们要去思考超越现实生活的"形而上"的问题。民族的伟大复兴是经济发展、国力强盛，也是精神能力方面的强大，吸收世界先进文明成果，汲取传统文化的宝贵精神资源，创造新文化。

所以改革开放之后，中国人学习西方，也开始文化寻根，研究传统国学，学习往圣先贤的聪明智慧，增强文化自信，为中国的发展注入更多精神动力。而孔子儒家文化是中国传统文化的主流，所以孝道逐渐兴起、流行。特别是应该认识到，近代以来对孔子儒家文化的否定、批判和破坏，使当代孔子儒家文化有更大的发展空间和力量；而通过和各种西方思想的竞争，人们更加认识到孔子儒家文化的价值，当代民族的伟大复兴的潮流也使人们有更多文化自信，激发对孔子儒家文化的热情。当代儒家文化兴起，孝道流行，绝不是简单的复古，而是有更多时代精神特点，是近代以来中国人奋发图强，不断进行精神探索的成果。

而当代中国社会文化的发展正处于上升期，还没有出现人们耽溺于物质享受的情况，也没有出现思想僵化，迷信教条的情况，社会一派繁荣，生机蓬勃，不断健康发展。况且当代社会文明昌盛、思想自由、科技发达、信息传播迅速、全球化趋势明显，人们在物质和精神方面的生活水平得到极大提升。而且人们还充满信心，看到中国社会发展的光明前景，要全面实现小康，达到发达国家水平，建设生态文明，实现中华民族的伟大复兴。

这些目标激励中国人民不断积极进取，努力创造，在物质和精神方面取得更大成就，为人类文明发展作出贡献。人们更加深入理解人生的意义，认识到"任重而道远"，其中有对美好未来的开拓、建设，也有对传统文化的继承，要发扬人文精神，人与社会、自然关系和谐，共存共荣。这都与儒家文化的孝道、"天人合一"的信仰有联系。人们从中汲取智慧和力量，使之成为中国当代文化发展的精神源泉。

所以在当代中国，人们学习、背诵《弟子规》，宣传《二十四孝》，理解孝道的精神内涵，追求"天人合一"的精神信仰，让生活更有意义和价值，更加美好。展望未来，在中国继续快速发展的形势下，传统孝道、"天人合一"的信仰也将继续发展，深入人心，和当代社会生活有机结合，与时俱进，为中国的进步继续增添活力。

　　中国历史悠久，文化灿烂，源远流长，永葆生机与活力，这与以孔子儒家思想为代表的传统文化关系密切，与体现"天人合一"信仰的孝道不可分割。当代中国人有世界历史文化的眼界和胸怀，吸收借鉴其他国家和民族的优秀成果，也更重视传承和发扬优秀的传统文化，生发更强大的力量，推动早日实现民族复兴的伟大梦想。

第三节　中西孝道的不同

　　中国文化和西方文化有很大不同。在家庭关系上，中国人重视孝道。西方人虽然也讲爱的精神，子女也尊敬父母，但没有和中国相似的孝道。中西文化历史悠久，追根溯源，可以更深入理解中西家庭关系的不同。中国人尊老爱幼，孝道源远流长，早在先秦时期就已经成为社会文化的重要组成部分。西方人更重视自我的独立自由，这种价值倾向在两千多年前的古希腊以及宗教文化中就有明显的体现。

一、中西父母子女关系不同

　　中国人重孝，所谓"百善孝为先"。与此形成鲜明对照的是，西方文化中没有和中国相似的孝文化。西方文化中也有对父母的爱和尊敬，但较少服从、赡养父母和祖先祭拜等表现，他们重视个体的独立、自由与平等。

　　在当代社会生活中，中西家庭关系的不同有多方面的表现，都和孝道有关。如中国和西方的法律都规定，父母有养育子女的义务。中国父母在养育子女的过程中，要保护孩子健康成长，还要进行道德教育，帮助他们长大"成人"。西方如美国父母也尽力让孩子健康成长，但没有过多的道德说教，而是尊重他们的权利，展现他们的自然个性，培养独立生存的能力。在中国，孩子成年后父母还要负担子女上学、结婚等方面的费用。西方如美国注重经济独立，子女成年后父母的抚养义务一般也就此结束，不再负担子女此后的各种费用。中国法律规定成年后的孩子应当到父母家里看望，在实际生活中子女也大都做到了。儿女关心父母生活，常送给父母物品表达"孝心"，家庭聚餐共享美食和天伦之乐。在美国，父母子女之间关系平等，法律没有相关"孝敬"的规定，子女看望父母主要还看相互之间关系如何。中国自古有"养儿防老"的观念，法律规定子女有赡养父母的义务；而西方例如美国，除一些州规定子女需要对贫穷的父母尽赡养义务外，一般不规定子女有赡养父母的义务。

在中国，人们教育儿童从小要养成尊敬师长的道德，成人后要努力践行孝的理念，进入老年则受子女的孝敬，受社会的尊重和优待。在中国社会中，老年人有时因年龄大而有优越感。在西方，老年人则常和精力衰退、缺乏竞争力联系起来。所以有的中国老人乐于让别人知道自己年龄大，而在西方，年龄则是人际交往中的禁忌，尤其是老年人。如在美国，人们有这样的说法：美国是儿童的天堂，成年人的战场，老年人的地狱。儿童少有道德教训的束缚，生活条件优越，快乐成长；成年人为谋生而激烈竞争，积累财富；老年人体弱力衰，缺少竞争力，不受重视，有时会还受到歧视。因此，美国老年人也大都尽力显得年轻，保持自己富于活力的形象。

在父母子女关系方面，中西文化有很大不同。文化是人们的生活方式，丰富多样，不断变化。在这些现象背后是生命本身，生命最本质的要求是生存发展，具有源于本能的强大力量。但与动物囿于本能范围不同，人有精神特性，通过自由的思维能力，想方设法满足需要，保证生存繁衍。在这个过程中，人类文明逐渐被创造出来，走上社会文化发展的道路。

由于民族、地理、气候、历史等许多方面的原因，各个民族走出自己的生存发展道路，形成自己的社会文化传统，世代相传，有的一直延续到当代。中国重视感情，崇尚孝道，在家庭以及社会生活中均有体现。西方似乎人情淡薄，家庭以及社会都是如此。在这些社会生活现象之后，是思想文化的巨大差异。

从历史发展上来看，中国的孝道产生于农耕文明的土壤，源于尧、舜等帝王，经过周公、孔子等圣人阐发，根深蒂固，源远流长，直到今天。正如林语堂所说："小孩子自有父母爱护他们，毋庸细说。不过晚辈对于长辈的孝养，正如中国的谚语'水往低处流'一样，不像长辈爱小辈那么自然，必须由文化去培植出来。一个自然人必会爱他的子女，但只有受过文化洗礼的人才会孝养父母、敬爱老年。"① 季羡林注意到中西文化中这方面的不同:"我是研究语言的,有件事很有意思:把'孝'这个词翻译为英语,用一个词翻译不出来,得用两个词。什么原因呢? 因为虽然不能说外国没有孝,但是孝并非作为一个很重要的概念,所以翻译过去就得用两个词。英文里面两个什么词呢? 就是儿女的'虔诚'与'尊敬',而在中文中光一个'孝'够了。这就说明'孝'这个词有中国的特点。"②

西方文化有两个源头:一个是古希腊文化,另一个是基督教文化。追根溯源,可以从这两种文化出发理解西方人的当代生活,以及其中孝道的缺乏。

二、西方人情淡薄文化溯源

与中国古代的农耕文明不同,古希腊文明是海洋文明。人们靠海为生,或去捕捞、经商、征战等,主要依靠个体,尤其是年轻人的勇气、力量和机敏,去战胜对手,获得生存所需。所以在古希腊文明中,崇尚年轻的个体,而老年人没有多大价值。斗争残酷,生存无情,年轻人必将成为胜利者,成为生活的主人,统治整个世界。因此,年轻人最有价值,有时老年人难免被新的力量所取代,成为牺牲品。这种意识在古希腊神话中就有所体现。古希腊神话中,宙斯是最高的神,他正是通过推翻父亲克洛诺斯而取得统治地位的。克洛诺斯害怕自己的儿子会取代自己的地位,所以每当妻子瑞亚生下孩子,克洛诺斯便将其吞到自己的腹中。到宙斯诞生后,母亲瑞亚把他藏了起来,用布裹住一块石头让克洛诺斯吞掉。宙斯长大后,率领诸神推翻父亲的统治,掌握最高的权力。而克洛诺斯之所以成为最高的神,也是推翻了自己的父亲乌拉诺斯的统治。在这个神话中父子的关系是反抗、战胜的过程,这正和中国文化中的父慈子孝完全相反。

---

① 林语堂:《生活的艺术》,湖南文艺出版社,2012,第189—190页。
② 季羡林:《风物长宜放眼量》,重庆出版社,2015,第63—64页。

在宙斯统治的世界里，也没有什么父慈子孝。他的儿女们都是神，各自为自己的利益、地位而争斗不已。他们因为宙斯掌握霹雳暴力而服从他，从来没有什么感恩、孝敬的表现。倒是有时难免犯上作乱，触动宙斯的权威，遭到宙斯毫不留情的惩罚。在古希腊神话中，诸神只知道维护自己的利益，不断去征服、占有，满足自己的欲望，追求享乐。这样看来，这些神表现出更多的动物性。虽然他们能够长生，也更有力量和智慧，但不过是更有能力满足自己的欲望而已。在伟大的荷马史诗中，《伊利亚特》正是歌颂古希腊英雄们乘船渡海，去攻打特洛伊的故事，最后使用木马计攻陷城市，掠夺财富。英雄后面便有不同的神，争强好胜，互不相让。在古希腊神话《俄狄浦斯王》中，俄狄浦斯注定逃脱不掉杀父娶母的厄运。虽然故事的结局是他悔恨过错，刺瞎自己的眼睛，到处流浪，向人们讲述自己的不幸命运，但从中也可看出古希腊父子敌对关系的根深蒂固。

神话是民族文化的早期表现，但由于史前时期历史的久远和漫长，神话也反映了民族文化的深层心理结构，也就是精神分析学者荣格所说的集体无意识。在古希腊人的现实生活中，神话中的这种思想内涵也有明显的表现，特别是在古希腊的斯巴达城邦那里。斯巴达人过着军事化的生活，婴儿出生后便被抱到长老那里，体弱者被抛弃，健康的被留下来由父母抚养。七岁后就被编入团队过集体生活，培养成战斗力强大的士兵，四处征战，迫使别的民族成为自己的奴隶。斯巴达是一个极端的例子，但在古希腊时代，战争不断，胜者为主人，败者为奴隶，则是那个时代的普遍现象。显然在这样的生活中，年轻人更有价值。

西方文化的另一个源头是基督教的宗教文化。和古希腊满足征服、占有的动物性欲望不同，宗教文化则是提倡禁欲，虔诚信仰上帝，靠上帝的保佑来生存。但由于在现实生活上的禁欲，把全部身心交给万能的上帝，反而借崇高的上帝获得了强大的精神力量，能忍受痛苦，增强信心，满怀希望，以无与伦比的坚韧意志生活下去。所以，犹太人能于多次民族劫难中生存下来，不断发展，而基督教徒也能在罗马帝国残酷压迫下心存希望，罗马帝国灭亡后，西方社会进入基督教统治的时代。

和古希腊文化一样，犹太教、基督教也是人类的文化创造，是保证生存发展的不同生活方式。在宗教文明中，也没有和中国相似的孝文化。中国孝道首先重视人，以人为本，维护人的尊严和价值，父慈子孝世代相传，共同努力，"克己复礼为仁"，也就是"做人"。但在《圣经》中，人是卑贱、有罪的。《创世纪》中亚当和夏娃偷吃了禁果，犯下原罪，被上帝赶出伊甸园。负罪之人失去乐园，开始了在人世间的生活。接下来又有该隐杀死弟弟的悲剧，似乎更显出人性的罪恶。

　　毋庸置疑，家庭是人类社会最自然、最基本、最重要的社会组成单位。即使在古希腊斯巴达那么高度军事化的社会，婴儿也要在父母呵护下、在家庭环境中成长，然后才加入团队，接受严苛的军事训练。家庭是婴儿成长的最好保障，家长是孩子的第一任老师，家教对孩子影响深远。父母不仅要保障孩子身体健康，还要教育孩子长大成人。这是中国百姓的生活常识，也是教育科学的基本规律。在中国从古代直到当代，没有斯巴达这样的军事集团，也缺少基督教这样的宗教。相反，几千年以来，家庭、家族一直是社会结构的基本组织单位，甚至家国一体，家庭也是国家政治生活的重要基础。所以，中国文化中重视家庭，重视父子关系，孝道是"仁之本"，是"至德要道"，是家庭、社会和国家的根本道德原则。在历史上，许多王朝的统治者宣扬"以孝治国"。

　　西方两大古代文明都割裂了家庭成员之间的血脉亲情，转而代之以军事集团成员或者宗教徒之间的关系。军事集团成员之间的关系，也就是战士之间的关系，虽然生死与共，亲如兄弟，但也可以说这是一种不正常的关系。他们以攻战杀戮为生活，给对手带来痛苦和死亡，自己也生活在暴力和残忍中。他们的行为不过是动物世界中的弱肉强食，不过是更凶猛的狮子老虎而已，并未远离动物，这种生活不是更高的人类文明。所以斯巴达城邦虽然有战斗力，但毕竟不是文明的正道，因此昙花一现，消失在历史的长河中。这种军事化的生活不是人生应有的正常状态，不合乎人的本性要求，必定不能长久。后世许多好勇斗狠、穷兵黩武的统治者也都以失败告终。

　　宗教徒的生活也是割裂了家庭血缘亲情，走到教堂中，去寻找精神的慰藉和生存的希望。这种生活也和人的本性要求相违背，走上一条超越现世，逐渐精神迷狂的道路。宗教主张禁欲，认为人类的本能欲望是罪恶的根源，这样就让生命失去了活力，让人世充满痛苦，没有欢乐和幸福。宗教要求人们放弃理性，拒绝思考，只是一味信仰，这样让人失去了人类最宝贵的理性能力，沉迷于种种荒诞的奇迹中，精神难免疯狂。虽然宗教能产生极大的精神力量，支撑人们渡过难关，但如果在其他时代也这样，那难免要出现这样那样的许多问题。在西方历史上所谓"黑暗的中世纪"，人们生活水平低下，思想愚昧，而教会则逐渐腐败堕落，成为文明发展的巨大障碍。物极必反，于是西方历史上出现文艺复兴的曙光，要重新认识人，维护人的价值和尊严，发挥理性的力量，走上新的发展道路。随着文明的不断进步，宗教势力在社会生活中逐渐后退，主要局限在教堂中。

三、现代西方社会文化的发展

人生活在文化中，传统自有其强大的生命活力。古希腊和基督教文化是西方文化的两个源头，现代西方文化便是在这两种文化的相互作用下，在科学和信仰的激荡中，逐渐开启资本主义社会的历史发展阶段。一方面物质财富极大增加，另一方面也带来许多罪恶和痛苦。

现代以来，随着西方社会文明尤其是科学技术的发展，虔诚的宗教信徒越来越少，但传教士又以崇高的激情和坚忍的意志把基督教传播到世界各地。在科学和宗教力量的作用下，全世界都被拉上西方现代化的战车，处于剧烈变化发展之中。但在西方现代化的过程中，在航海、殖民、商贸、战争、传教等活动中，西方人仍然和以往一样，走出家庭，投入各种社会组织，去获取财富和权势，去征服、统治世界。所以在西方人的生活中自然不像中国人这样重视家庭、亲情。

早在 17 世纪，英国思想家霍布斯就提出"自然状态"说，认为人类为了生存，人和人之间是残酷的竞争关系，就和狼与狼之间的关系一样。18 世纪的启蒙运动时期，著名思想家卢梭推崇自由、平等，可以看出古希腊城邦文明的影响。随着 19 世纪达尔文进化论的提出，西方文化中又出现斯宾塞等人的社会达尔文主义，把动物界生存竞争、优胜劣汰的规则运用于人类社会，欧洲各国因此战争不断。随着西方文化在世界范围的传播，终于在 20 世纪发生两次世界大战，然后是冷战和核毁灭的威胁和恐惧。西方文化追求外在力量，最终给人类带来痛苦、失望和沮丧。

人到底不是动物，人间社会也不应是野蛮的丛林。从中国儒家思想的角度来看，西方文化的这种发展道路不合乎"克己复礼为仁"的道理。近代西学东渐，迫于西方文化的巨大压力，中国人也曾积极向西方学习，到西方考察，已经看到西方社会的种种弊端。如辜鸿铭认为西方文化野蛮丑陋，而中国文化高尚优美，重视精神生活："中国人，作为一个有着悠久文明传统的民族，其文明的基础使得他们更加赞赏、尊崇和畏惧道德的力量，而非外在的物质力量。"[1] 梁启超曾在欧洲考察一年多，回国后写道："一百年物质的进步，比从前三千年所得还加几倍，我们人类不惟没有得着幸福，倒反带来许多灾难。"[2] 他呼吁学生重视中国文化，增强文化自信。蔡元培到西方留学，看到宗教文化的弊端，回国后提倡"以美育代宗教"："纯粹之美育，所以陶养吾人之感情，使有高尚纯洁之习惯，而使人我之见，利己损人之思念，以渐消沮者也。"[3] 蔡元培看到了宗教对人心灵的异化，所以提倡用无功利的美来培养心灵，这其实与中国传统儒家文化是相通的。

在《中国文化的命运》中，梁漱溟专门探讨了中西方人们生活的不同，他认为："家庭在中国人生活里关系特重，尽人皆知；与西洋对照，尤觉显然。"[4] 而西方人更重视"集团"生活，即家庭之外的严密社会组织，尤其是基督教。基督教"一面其内部结合既极其坚实，一面其对外行动又极其激烈，集团精神自

① 辜鸿铭：《中国人的精神》，陕西师范大学出版社，2006，第 33—34 页。
② 梁启超著，张品兴主编《梁启超全集·第十卷》，北京出版社，1999，第 2974 页。
③ 蔡元培著，高平叔编《蔡元培全集·第三卷》，中华书局，1984，第 33 页。
④ 梁漱溟：《中国文化的命运》，中信出版社，2010，第 96 页。

尔达于高度。"① 但梁漱溟对此并不赞赏，认为枯燥乏味，缺乏情趣，他非常赞赏儒家的生活方式，认为活泼自然，充满生意。

儒家生活之所以"生意春气""活泼流畅"，是因为合乎人类的自身本性。而"集团"式生活和人自身本性以及生命本源相隔离、违背，既不能有益于自身生命的发展，还对他人、世界造成损害。而儒家以理性的态度看待人生，既重视保障现实的生命需要，又慎终追远，把自己和先祖、天地联系起来，最终天人合一，生活充满生机活力，又有崇高神圣的意义。如此，儒家仁者爱人，乐山乐水，民胞物与，与天地同寿，与日月齐光，无限高尚美好。

这正是"日新之谓盛德"，"生生之谓易"（《周易·系辞上》）的道理。生活有美好的境界，要去"克己复礼为仁"，而孝为仁之本。孝是自身的生存，是对自我的体认，是对人生本源的探索，是对天人合一的追求……所以中国从古到今重视孝道，认为"百善孝为先"。

四、当代中国孝道发展

在当代，经过不断探索，中华民族迎来伟大复兴，走上中国特色社会主义道路。这条道路是一百多年来无数仁人志士前赴后继，奋勇开拓的结果。现在中国走在这条康庄大道上，充满道路、理论、制度和文化的自信。这条道路不是全盘西化，西方那种"集团"式生活方式最终会走向衰落。因为只追求物质欲望的满足与力量的强大，最终会被外在的事物所异化，而失去了自我，失去人应该有的生活。当代中国接续传统文化，重视孝道，通过法律的形式使孝顺父母上升为国家意志。在日常生活中，人们重视"家国情怀"，知道"社会主义大家庭""没有国家就没有小家"的道理。在众口传唱的歌曲中，"家国"凝结着无数人的热情，如"我们都有一个家，名字叫中国""五十六族兄弟姐妹是一家"等。而"家国"的根基是亲情，包含孝道的传承与发展。

---

① 梁漱溟：《中国文化的命运》，中信出版社，2010，第109页。

自然，当代中国的发展也离不开对西方文化的学习和吸收，为社会生活注入更多理性的内容。学习科学技术，不断提高社会生产力，更重要的是学习、吸收马克思主义，不断和中国国情相结合，走出一条适合中国人自己的发展道路，共同富裕，实现社会主义，最终实现共产主义的崇高理想。这与中国古代儒家"小康""大同"的发展理想是相通的。二者都是以人为本，四海之内皆兄弟，共同发展，共同拥有美好家园、美好世界，不断达到人类文明的新境界。现在中国正在推动构建人类命运共同体，向人类更美好的理想社会不断前进。

　　当代中国人更加坚定对优秀传统文化和孝道的信念，但同时也要清醒地认识到：孝道的实践并不是轻而易举的，需要从点滴做起，需要付出极大努力，需要一生的坚持，乃至于任重道远，死而后已。如需要克制、超越自己的动物性欲望，而欲望的力量来自生命本能，也常常无比强大，难以克服。如需要有"敬"心，不断提高精神境界。孝不只是物质供养，还要有谦虚恭敬的态度，有敬畏之心，有对人生崇高意义的追求。除了个人方面，孝道的发扬还对社会文化建设有更高要求：如需要营造尊老敬老的文化氛围，形成良好的社会风气；需要不断发展生产力，为实践孝道提供坚实的物质保障；需要创新孝道实践的形式，切实解决社会化养老尽孝的问题；需要不断完善有关的法律法规，使孝道得到有力保障等。

　　上述诸多方面的问题，在当代社会发展中都有所体现。如改革开放以来，商品经济潮流兴起，常有人感叹世风日下，人心不古，见利忘义，不知道孝敬父母。如一些人崇洋媚外，迷信西方的自由、民主等，其实对西方文化并没有全面深入的认识，不能正确判断、权衡其利弊得失。还有人对中国传统文化缺乏深入理解，甚至抱有偏见，认为儒家是保守、落后的象征，不能汲取精神营养，有益于当代生活等。随着改革开放的不断扩大和深入，社会主义精神和物质文明不断取得新成果，这些问题也不断得到改善，社会文化道德水平逐渐提高，孝道也有更好的体现。

　　　当代中国社会文明昌盛，为孝道的继承和弘扬提供了更有利的条件。

而在中西文化的对照比较中，中国文化越来越显出优越性和强大的生命力。地球是人类生活的美好家园，不是原始的野蛮丛林，盛行弱肉强食的规则；更不是充满罪恶，需要被拯救的苦难世界。孝道让家庭、社会充满爱的真情，有更高尚美好的精神境界。随着中国文化走向世界，推动构建人类命运共同体，传统孝道也会为更多人所认识和理解，世界会变得越来越美好。

第七章　孔子儒家的政治思想

第一节　孔子儒家的政治追求

孔子是中国古代伟大的思想家、教育家，也积极参政议政，有突出的政治成就。他的政治追求对中国古代社会有巨大而深远的影响，布衣草民不忘国家社稷，文人学者立志济世救民，帝王将相以苍生为重，形成了悠久深厚的中国政治文化传统。在中华民族实现伟大复兴、推动构建人类命运共同体的当代，深入理解孔子儒家政治追求很有必要。

一、孔子儒家的政治使命

孔子主张"仁"，"克己复礼为仁"也就是努力发挥自己的才能，遵从人生正道，去成为一个人。"为仁"即"做人"，是个体的努力奋斗，而无数个体的努力奋斗汇聚成中华民族文明发展的过程。

人和人之间相互联系，结合成一定的社会组织，成为民族、国家等才能更好地保障生存发展。按照一般的理解，政治就是处理社会中人和人之间的关系、维护社会组织有序运行的活动。也就是说，政治是有关众人的事情，是社会组织管理的活动。在孔子儒家思想中，政治处于非常重要的地位。从儒家起源、思想内涵、理想抱负等方面来看，儒家以社会政治为己任，自觉承担维护社会秩序的政治使命。

从古到今，许多人思考儒家的起源，大多将其和社会政治活动联系起来。如司马迁说儒者"以《六艺》为法"，"若夫列君臣父子之礼，序夫妇长幼之别，虽百家弗能易也。"（《史记·太史公自序》）《淮南子·要略》说："孔子修成康之道，述周公之训，以教七十子，使服其衣冠，修其篇籍，故儒者之学生焉。"《汉书·艺文志》认为："儒家者流，盖出于司徒之官，助人君顺阴阳明教化者也。"近代的章太炎在《国故论衡·原儒》中认为，儒者是知天文占候的术士，他们可以祭祀天地、观形断事等。胡适认为最早的"儒"是指殷民族的教士，即殷商遗民中那些具有专门知识技能的特殊阶层，他们身处乱世而满怀忧患，所以寻求解决的办法，兴起自己的学说。

从上述各种儒家起源的观点来看，早期儒家的活动就是社会中重要的政治活动，儒家崇尚的一些圣贤人物就是氏族部落或者国家的政治领袖，如尧帝、舜帝、文王、武王、周公等。后世以这些人物为先驱，形成儒家道统：尧、舜、禹、汤、文、武、周公、孔、孟。孔、孟是儒家学派的代表，前面那些人自然也是儒家。正如孟子所说："劳心者治人，劳力者治于人。"（《孟子·滕文公上》）"治人"是指社会政治活动，"治人"者是统治者、管理者，"治于人"者是被统治者和下层民众。从历史的发展过程来看，尧、舜、禹、汤、文、武、周公都是上层统治者，是"劳心者"。他们有强烈的政治使命感，有崇高的政治理想，有安邦定国的知识才能，也有努力奋斗的政治实践。

作为教育家，孔子所传授的一套知识技能主要是为政治服务的。孔子以谙熟礼乐而闻名，他传承周公创立的礼乐文化，这种礼乐文化实际上是周代的社会政治制度。周公是一位杰出的政治家，他辅佐周武王完成伐纣大业，武王去世后成王继位，周公又辅佐成王平定叛乱，巩固国家的统治秩序。在文化方面，周公更有伟大贡献，他制礼作乐，建立了新的社会秩序。

"礼乐"是"六艺"中的两种，"六艺"是孔子教授弟子的重要内容。《周礼·保氏》："养国子以道，乃教之六艺。"《汉书·礼乐志》："国子者，卿大夫之子弟也。""国子"接受教育，成长为"君子"。春秋以前，君子是对君王、贵族和做官的人的称呼，春秋末年至后世，君子是对道德高尚之人的称呼。孔子教授"六艺"，目的是培养君子，使其有远大志向，能参与政治，治理国家。孔子对子夏说："女为君子儒！无为小人儒！"（《论语·雍也》）孔子的学生中有著名的"四科十哲"，其中冉有、子路擅长"政事"，其他在"德行""言语"和"文学"方面突出的学生，也大都和政治有关，尤其是子贡还在政治活动中取得很大成就。

梁启超认为，与古今中外其他学说相比，只有儒家不脱离现实社会生活："唯有儒家，或为自己修养的应用，或为改良社会的应用，对于处世接物的方法，要在学理上求出一个根据来。"[1] 所以，在孔子儒家看来，人生在世，"克己复礼为仁"，就要承担政治使命，积极参与政治活动。

二、孔子儒家积极从政

孔子以身作则，是积极从政的典型。他认为，有知识的人不能留恋家居的安逸生活，要走向社会，有一番作为。他在鲁国担任过多种职务，恪尽职守，努力作为，有突出的政绩。根据《史记·孔子世家》记载，孔子"尝为季氏史，料量平；尝为司职吏而畜蕃息。由是为司空。"孔子曾"为中都宰，一年，四方皆则之。由中都宰为司空，由司空为大司寇。"在担任大司寇期间，孔子曾参与齐鲁两国的夹谷之会，挫败齐国君臣要挟鲁定公的意图，维护了鲁国的尊严、地位和利益。为巩固国君的地位，孔子曾主持"堕三都"，削弱权臣的力量。"孔子年五十六，由大司寇行摄相事"，鲁国社会风气为之一变。虽然孔子在鲁国政绩斐然，但由于当权者不求上进，争权夺利，孔子没有获得更多施展才能的机会。

---

① 梁启超：《儒家哲学》，北京大学出版社，2010，第130页。

《论语》中记载孔子的一些话，表明他积极从政的态度："如有用我者，吾其为东周乎？"（《论语·阳货》）孔子希望物尽其用，人尽其才，能参与政治实现理想："沽之哉！沽之哉！我待贾者也。"（《论语·子罕》）所以有的人觉得孔子是个"官迷"，孔子确实有强烈的从政愿望，但绝不是为了当官能得富贵，而是因为从政是儒家学者的人生使命所在。

孔子在鲁国不能得志，于是周游列国，希望有施展才能的机会。他屡次碰壁，备受挫折，颠沛流离，但仍然矢志不渝。有人对他冷嘲热讽，称他"是知其不可而为之者"（《论语·宪问》）但孔子不为所动，反而更加坚定自己的志向。天下有道，儒家遵从大道，就要走向社会，从事政治。直到临终的前几天，孔子还念念不忘自己的政治理想："天下无道久矣，莫能宗予。"（《史记·孔子世家》）孔子是"克己复礼为仁"的典范，把一生奉献给社会政治、教育和学术。

孔子鼓励学生从政："子使漆雕开仕。"（《论语·公冶长》）樊迟曾"请学稼""请学为圃"，孔子说："小人哉，樊须也！上好礼，则民莫敢不敬；上好义，则民莫敢不服；上好信，则民莫敢不用情。夫如是，则四方之民襁负其子而至矣，焉用稼？"（《论语·子路》）在孔子看来，君子应该学习文化，积极参政，治理国家，这比种庄稼、蔬菜更有意义。孔子也看重学生的政治才能："雍也可使南面。"（《论语·雍也》）

在孔子的教导和引领下，许多学生也积极从政。冯友兰说："他讲学的目的，在于养成'人'，养成为国家服务的人，并不在于养成某一家的学者。"①孔子认为君子应学"道"，有更高的追求，而且学以致用，能够从政得俸禄。孔子向执政者推荐自己的学生去从政，如季康子问仲由、子贡、冉求能不能从政，孔子介绍他们各自的特长："由也果""赐也达""求也艺"，所以"于从政乎何有？"（《论语·雍也》）从政还会有什么困难啊？学生向孔子请教如何从政："子张学干禄"，孔子告诉他如何去做，并说"禄在其中矣"（《论语·为政》）。其他学生也积极学习从政，如"子贡问政""子张问政"（《论语·颜渊》）等。国君、权臣

---

① 冯友兰：《哲学的精神》，陕西师范大学出版社，2008，第116页。

和普通士大夫也向孔子问政,孔子于是褒贬人物,评论时政。

孔子和学生们坐而论道,鼓励他们"各言其志",表达自己的政治抱负。孔子关注学生们的执政情况,冉求退朝回来得晚,他询问其中缘由;冉求为季氏"聚敛而附益之"(《论语·先进》),孔子很生气。子夏后来从事教育活动,也主张积极参政:"仕而优则学,学而优则仕。"(《论语·子张》)孔子著《春秋》,微言大义,表明自己的政治主张。孟子说:"孔子成《春秋》而乱臣贼子惧。"(《孟子·滕文公下》)孔子著《春秋》,为后世中国古代政治树立了是非善恶的基本准则。

三、孔子的政治思想

作为中国古代伟大的思想家,儒家学派的创始人,孔子有非常全面深刻的政治思想,对后世产生重要影响。孔子儒家政治思想主要有以下几个方面:政者,正也;以民为本,庶、富、教;小康、大同等。

(一)政者,正也。首先,孔子回答了"什么是政治"这一问题。季康子向孔子问政,孔子说:"政者,正也。"(《论语·颜渊》)政就是正,做正直的人,做正当的事情。联系孔子"克己复礼为仁"的思想,"政者,正也"也就是说努力"做人"。政治不只是统治者的事情,每个人都是政治活动的参与者。仁者"爱人",做好自己,付出爱心,人世间、社会上便多一份爱。人要"克己复礼",也就是要努力发挥自己的才能,为社会作贡献,从而促进社会文明不断进步,形成良好的社会风气和秩序,这本身就是政治。在家里孝敬父母、友爱兄弟,也一样是参与政治。

孔子的这种思想深刻阐明了人的社会政治属性,人不能只靠自己生存,如果离开社会组织,没有相互的联系,没有社会文化的内涵,也就和动物差不多了。关于人类的这一特性,其他伟大思想家也都有所阐发。如亚里士多德说:"人类在本性上,也正是一个政治动物。"[1]

---

① [古希腊]亚里士多德:《政治学》,吴寿彭译,商务印书馆,2017,第7页。

政治还有管理他人、治理社会的含义。社会是由人构成的有一定组织秩序的团体，其中有掌握权力的统治者，有服从管理的被统治者，这也就是人们常说的官、民的不同。统治者如何管理他人，让他人服从，这是政治活动的关键。孔子所说"政者，正也"，还有以自己的"正"去引领、教育、感化别人的意思，让别人心悦诚服，自觉规范自己的言行。如孔子对季康子说："子帅以正，孰敢不正？"（《论语·颜渊》）统治者的善行引领民众，如风吹草一样。齐景公向孔子问政，孔子对曰："君君，臣臣，父父，子子。"（《论语·颜渊》）君臣父子各居其位，各尽其责，社会等级分明，井然有序，稳定和谐。只要统治者自身做到"正"，作出表率，百姓自然衷心服从；如果自身不正，又怎能让别人正呢？孔子说："苟正其身矣，于从政乎何有？不能正其身，如正人何？"（《论语·子路》）

（二）以民为本，庶、富、教的思想。政治的目的就是要增进群体的整体利益，或者大多数人的利益，而不是为了满足个别人或少数人的私利。所以孔子主张以民为本，当权者要为社会整体，为民众、为百姓着想。孔子认为人的生活既要有物质基础，也要有精神方面的追求。政治活动要以民为本，满足人民在物质、精神方面的需要，不断提高生活水平，促进社会文明发展。

孔子认为只有保证百姓的利益，统治者的政治活动才能有保障。"德惟善政，政在养民"（《尚书·大禹谟》），"民惟邦本，本固邦宁"（《尚书·五子之歌》），孔子赞扬子产"惠民"："其养民也惠，其使民也义。"（《论语·公冶长》）鲁哀公想要增加税收，向孔子的学生有若问政，有若认为应以民为本："百姓足，君孰与不足？百姓不足，君孰与足？"（《论语·颜渊》）

在满足物质需求的基础上，政治还要教化民众，满足民众的精神需求，提高社会文化水平，使民众有知识、有道德、有追求。所以孔子主张"庶、富、教"（《论语·子路》），即治理社会要使百姓众多、生活富足，还要进行教育。孔子兴办私学，开创平民教育，"有教无类"，打破"学在官府"的贵族教育。他认为提高人们的文化修养，有利于社会治理："君子学道则爱人，小人学道则易使也。"（《论语·阳货》）

孔子特别重视社会政治文化建设，强调"正名"。子路问孔子，如果卫国国君请您执政，那么首先做什么事情？孔子说："必也正名乎。"子路说孔子"迂"，孔子教训子路："野哉，由也！"并讲出其中道理："名不正，则言不顺；言不顺，则事不成；事不成，则礼乐不兴；礼乐不兴，则刑罚不中；刑罚不中，则民无所措手足。"（《论语·子路》）礼乐刑罚等规章制度是政治管理的需要，也是社会文明的重要体现。

（三）小康、大同的思想。孔子高瞻远瞩，有崇高的政治理想，也就是人们非常熟悉的小康、大同社会。小康社会是"天下为家"，人人为自己，需要靠城郭沟池的防卫、礼仪刑罚的规范、英明领袖的带领来维护秩序的社会。大同社会则是文明高度发展，仁者爱人，人们各尽所能，各得其所，高度自由，和谐有序。

在政治思想领域，孔子还有"天人合一"的追求。孔子有对"天"的信仰，天生万物各有其本性，生存发展要遵从天道，人类的社会政治活动也是如此。孔子说："为政以德，譬如北辰居其所而众星共之。"（《论语·为政》）孔子称赞尧帝达到了这一境界："唯天为大，唯尧则之。"（《论语·泰伯》）

四、孔子儒家政治思想的传承

后世儒家学者以孔子为榜样，积极入世从政，不断扩展深化其政治思想，乃至有"半部《论语》治天下"的说法。"秦汉以后，儒家思想反映到政治上，我们也可说秦汉以后中国的政治，就是儒家思想的实施。"[1]上述孔子儒家政治思想的几个方面，都普遍受到人们的重视。从《大学》《中庸》《孟子》中，可以看出后世儒家学者对这些政治思想的传承和发展。

关于"政者，正也"的思想，《大学》中讲"修齐治平"，尤其重视"修身"："自天子以至于庶人，壹是皆以修身为本。""所谓平天下在治其国者：上老老而民兴孝，上长长而民兴弟，上恤孤而民不倍。"如果执政者率先垂范，民众也自

---

① · 钱穆：《民族与文化》，九州出版社，2012，第 125 页。

然跟从奉行。《中庸》强调"修身"："故为政在人，取人以身，修身以道，修道以仁。"政治的关键在于修身为仁，知道如何修身，也就知道如何治理天下国家了。被尊为"亚圣"的孟子也说："其身正而天下归之。"（《孟子·离娄上》）自身端正，天下人就会来归附。"君仁，莫不仁；君义，莫不义；君正，莫不正。一正君而国定矣。"（《孟子·离娄上》）一旦君主端正，国家也就安定。

关于以民为本，《大学》中说：国君要"民之所好好之，民之所恶恶之，此之谓民之父母。"和百姓有一样的好恶，就可以说是百姓的父母了。"道得众则得国，失众则失国。"得到民心就能得到国家，失去民心就会失去国家。孟子更加重视以民为本："民为贵，社稷次之，君为轻。是故得乎丘民而为天子，得乎天子为诸侯，得乎诸侯为大夫。"（《孟子·尽心下》）君王如果爱护、教导百姓，让百姓安居乐业，自然能统一天下："五亩之宅，树之以桑，五十者可以衣帛矣……黎民不饥不寒，然而不王者，未之有也。"（《孟子·梁惠王上》）这正和孔子"庶、富、教"的思想相一致。

美好的小康、大同的政治理想，从古到今不断回响在人们的心中，激发人们奋斗的热情和力量。如《大学》中要求儒者努力奋斗，修身齐家治国平天下，不断追求人生、社会的美好理想。孟子说："人人亲其亲、长其长，而天下平。"（《孟子·离娄上》）这是小康社会的样子，他还有更高的要求："老吾老，以及人之老；幼吾幼，以及人之幼。"（《孟子·梁惠王上》）这就是臻于大同世界了。

后世儒家学者都追求"天人合一"。如《大学》强调敬畏"天命"，引用《尚书·太甲》篇中的古语"顾諟天之明命"，要经常想念上天赋予的美德；还引用《诗经·大雅·文王》中的诗句"周虽旧邦，其命维新"，周朝虽是旧邦国，却承受新的天命。《中庸》开篇即讲"天命"："天命之谓性，率性之谓道，修道之谓教。"万事万物都有上天赋予的本性，人也是如此。事物发展合乎本性要求，就能"致中和，天地位焉，万物育焉"，就能"天人合一"："可以赞天地之化育"，"可以与天地参矣。"到汉武帝"罢黜百家，独尊儒术"，儒家对"天"的信仰发展成一套"天人合一""君权神授"的官方信仰，影响后世历朝历代的政治活动。

孔子儒家的政治思想贯穿中国古代几千年的社会历史发展，从政府的组织、运作到百姓日常生活，大都遵循儒家教导。近代以来，中国社会发生了翻天覆地的变化。辛亥革命后，中国的政治组织从君主专制转变为民主共和制。中华人民共和国成立后，不断探索适合中国国情的发展道路，走上改革开放的道路，取得举世瞩目的成就，迎来伟大的民族复兴。

在这一百多年中，人们的思想也随时代发展而激荡不已，在各种文化碰撞中不断经受锤炼，砥砺前行。作为中国古代文化主流，孔子儒家文化曾一度被视为保守、落后甚至反动的文化，遭受许多人批评、反对，甚至要弃之如敝屣，扔到历史的垃圾堆里。但是，也有一些人坚持传统，信奉儒家思想，在新的历史条件下继续追求修、齐、治、平的人生理想。

回顾反思历史的沧桑变化，可以看出，儒家政治思想仍有其宝贵价值，值得人们认真学习、继承和发扬。如儒家有从政的使命，现在宪法保障每个公民的政治权利；儒家认为"政者，正也"，现在要求立德树人；儒家以民为本，现在是为人民服务；儒家有庶、富、教，现在是发展经济，科教兴国；儒家有小康、大同的理想，现在已基本实现小康，正推动构建人类命运共同体；儒家追求"天人合一"，现在正建设生态文明。

当代中国迎来伟大的民族复兴，正不断吸收古今中外的先进人类文明成果，努力推动人类文明发展。在这个奋斗过程中，国家社会的政治工作尤其重要，只有把全国人民有效组织起来，齐心协力，奋发图强，才能不断取得更加伟大的成就。因此，古老的孔子儒家政治思想仍有积极的现实意义。

第二节　孔子儒家民本与古希腊民主

在中国传统文化中，民本思想源远流长。早在孔子之前，民本思想已成为政治思想的重要组成部分。孔子继承和弘扬民本思想，使之成为儒家政治思想的基本原则，对中国古代政治活动有重要影响。民主是西方的重要政治形式，古希腊时代便已成熟，通过公民辩论、投票、少数服从多数等形式来决定政治活动。当代人类文明发展面临百年未有之大变局，深入思考儒家民本和古希腊民主思想，对于更好地顺应时代潮流，推动人类文明进步具有重要意义。

一、孔子儒家以民为本

民本思想由来已久，在孔子之前或同时代的一些文献中，已经有许多明确表述，如《尚书》《左传》《国语》《诗经》等。这些文献有的成为后世儒家的重要经典，是孔子儒家思想的源头活水。如《尚书》是儒家五经之一，记载了中国上古的历史，其中许多篇章是原始的政治公文，记载社会历史的重大事件，以及人们对治乱兴衰的思考，其中民本思想占有重要地位。在记载夏、商历史的《虞夏书》和《商书》中，就已有民本思想的表述。如"德惟善政，政在养民"（《尚书·大禹谟》），"民惟邦本，本固邦宁"（《尚书·五子之歌》）等。

周朝取代商朝，民本思想更加自觉。周人认识到百姓的力量，因为民心归附，才推翻了殷商的残暴统治，得到天下。周人把"民"和对"天"的信仰联系起来，唯有和百姓成为一体，敬天保民，自己的统治才会有合法性，国家才能长治久安。如周武王说："天视自我民视，天听自我民听"（《尚书·泰誓中》），"天矜于民，民之所欲，天必从之"（《尚书·泰誓上》）。

《国语》和《左传》中也有不少地方论及民本思想。如"防民之口，甚于防川；川壅而溃，伤人必多。民亦如之"（《国语·周语》）。"成王不敢康，敬百姓也"（《国语·周语》）。"天之爱民甚矣，岂其使一人肆于民上，以从其淫，而弃天地之性？必不然矣"（《左传·襄公十四年》）等。

如此多的言论，都表明以民为本的思想，形成中国文化的伟大传统。综上所述，民本思想的根源有多种情况，如有的是朝代兴亡、社会治理经验教训的总结；有的是氏族血缘亲情的自然推广，从爱护近亲族群扩展到国家成员；有的是天道信仰的作用，天生万物，所以天子或国君也要遵从天道，爱护百姓。

在礼崩乐坏的春秋、战国时期，中国思想学术百家争鸣，出现伟大思想家，尤其是儒家的孔子、孟子等，继承并弘扬民本思想。孔子主张"仁"，而仁者"爱人"（《论语·颜渊》），"人"自然包括众多百姓。在社会政治中，爱护百姓非常重要，孔子说："古之为政，爱人为大。"（《礼记·哀公问》）"大道之行也，天下为公"（《礼记·礼运》），"民以君为心，君以民为本"（《礼记·缁衣》）等。

孟子的思想更加激进："民为贵，社稷次之，君为轻。是故得乎丘民而为天子，得乎天子为诸侯，得乎诸侯为大夫。"（《孟子·尽心下》）民心得失决定政权成败："得天下有道：得其民，斯得天下矣；得其民有道：得其心，斯得民矣。"（《孟子·离娄上》）孟子认为国君有治国安民的职责，如果不称职，就没有资格再做国君；如果残暴地对待百姓，那么就可以推翻他。

在漫长的中国古代历史上，儒家民本思想是社会政治活动的基本准则。天子高高在上，但要顺乎天意合乎民心，以民为本。文武百官协助天子治国安邦，各抒己见，共同商议，决定国家大事。官员以教化民众、兴利除害、改善民生为己任，要爱民如子，造福百姓。有的官员更知道百姓是自己的衣食父母，要恪尽职守，才对得起民众，无愧于自己的俸禄。

中国古代政治思想是家国一体，以民为本，从天子、皇帝到普通百姓，休戚相关，根本利益一致。因为以民为本，所以中华文明根基深厚，生生不息，是世界历史上唯一没有中断过的文明，而且与时俱进，不断焕发勃勃生机。

二、西方民主对儒家民本的冲击

民主即人人独立自由，行使自己的政治权力，参与政治活动，表达观点和诉求，维护自己的利益和一定的社会秩序。民主是西方文化的产物，古希腊时就已经成熟、盛行。近代西方资本主义国家兴起，民主又成为资产阶级反对君主专制的强大思想武器。随着资本主义的发展，西方文化在世界范围内广泛传播，民主的思想也产生了越来越大的影响。尤其对中国社会来说，列强入侵、西学东渐是"三千年未有之大变局",为了救亡图存,中国人向西方学习,从坚船利炮到政治组织再到哲学思想,找到西方文化的根源。

在伟大的"五四"新文化运动中,民主的口号振聋发聩,使许多中国人深刻觉醒,自立自强,争取民主权利,促进社会进步。为了挣脱中国固有传统文化的束缚,有破有立,更快推动新文化运动发展,人们从传统儒家文化中找到与西方民主相对立的诸多成分,如三纲五常、三从四德等,认为正是这些"吃人"的礼教制度窒息了生命,戕害了人性,使中国"万马齐喑究可哀",不断腐化堕落,直至将要亡国没种的悲惨境地。

在中国传统文化中,有悠久的民本思想,没有和西方一样的民主政治,二者有本质上的不同。但中国文化开放包容,西学东渐的过程也是中华民族不断学习,探索生存发展道路的过程。"五四"新文化运动掀开中国历史发展新篇章,中国的崛起和复兴是吸收西方先进文明,不断提升科学、民主水平的结果。特别是学习和吸收马克思主义的基本原理,与中国实际情况相结合,超越西方资产阶级的民主,取得举世瞩目的伟大成就。当代中国和平崛起,民族复兴,推动构建人类命运共同体,为全球治理贡献出中国智慧和中国方案。

在这个波澜壮阔的历史进程中,悠久深厚、博大精深的传统文化,特别是孔子儒家文化发挥了应有的作用。尤其是在实现中华民族伟大复兴的今天,传统孔子儒家民本思想非常有助于社会主义民主建设。同时,历史的发展也表明,西学东渐,消化吸收西方民主思想,也有力促进了中国的社会主义民主。可以说,在中国当代社会文化建设中,古老的儒家民本思想和西方的民主思想都是宝贵的文明财富,二者相互作用、融合,为当代中国社会主义民主注入生机活力。

而儒家民本思想也曾促进西方文明的进步。在18世纪启蒙主义时期,儒家思想传播到欧洲,极大地推动了思想解放运动。许多著名思想家都赞美儒家文化,颂扬孔子的高尚人格和学术贡献,高度评价他在世界文明史中的地位。如伏尔泰非常仰慕孔子,在儒家学说中找到他所向往的道德治国、哲人治国的政治理想。

所以,民本和民主虽为中西两大文化的不同思想,但二者可以相互为用,促进人类文明发展。在上古尧舜禹的历史传说中，已有孔子儒家民本思想的雏形；认识西方民主思想则需追根溯源，到作为其源头的古希腊文化那里去寻找。

三、古希腊民主思想的源头

儒家民本是中国上古时代文化的产物，而民主是古希腊文化的产物。在西方文明史上，随着私有财产的增加，氏族部落社会中出现阶级分化，出现统治者和被统治者，即奴隶主和奴隶。为了维护奴隶主自己的利益，也为了抵抗外敌入侵或去劫掠别人，奴隶主建立国家机器，用一整套制度、机构来实现自己的目的。民主便产生在这种政治活动中。

古希腊的民主可谓历史悠久。在古希腊的《荷马史诗》中，即有民主的体现。阿喀琉斯是希腊阵营中战斗力最强的英雄，为希腊联军立下赫赫战功。但阿伽门农凭借统帅的地位和权威，夺走了阿喀琉斯作为战利品的女俘。阿喀琉斯决定不再为希腊联军战斗，从而使联军遭到重大损失。他之所以再次出战，倒不是为了联军的利益，而是为自己的好友复仇，杀死特洛伊城的主将赫克托尔。从荷马史诗中，可以看出古希腊民主产生的重要条件：私有、独立、自由。在《荷马史诗》中，没有什么正义可言，英雄们各逞其能，为各自利益结成联盟去征服、掠夺和占有，摧毁一座伟大的城市。

甚至在古希腊更早的神话中，也可以看出民主政治产生的那些重要条件。古老的神话是人们观照世界，对各种自然、社会现象的一种解释。古希腊的神大都是自私自利的，在神话故事中，他们的所作所为也大都是为了保护自己的利益，满足动物性欲望。如宙斯是最高的神，他推翻自己父亲的统治，成为新的统治者。宙斯居于高高的奥林匹斯山上，用暴力维持神界的秩序，诸神中无论谁如果冒犯了他，侵犯他的利益，必受到无情的惩罚。他是最高的神，自然是独立、自由的，在他的故事中，有不少是讲他如何凭借地位和权力，占有别人，满足私欲。其他诸神，如阿波罗、雅典娜等都各有自己的职权，不容他人侵犯，否则便引起争斗，遭到报复。就连爱神维纳斯，也是如此，在她的故事中，多是和别人偷情，满足自己的欲望。

神话好像荒诞不经，虚无缥缈，但绝不是无中生有，而是现实生活的凝结、精炼和升华，是铭刻在潜意识中惊心动魄的民族早期记忆，是民族思想的体现。在《荷马史诗》中，那些和神一样的英雄其实都是人，是有血有肉、求生存发展的人，考古研究的成果已向人们证实了这段历史的真实存在。荷马之后的古希腊人仍生活在这块土地上，而且以神话中的英雄为榜样，学习英雄的精神，模仿英雄的行为，继续发展古希腊的文明和文化，"雅典的青年就背诵着荷马，而这就成为他们教育中最重要的部分"①。

从中西文明发展史上来看，可以说，正是《荷马史诗》中的特洛伊战争和中国传说中的武王伐纣战争，分别奠定了西方民主和中国民本的基础。这两场战争青史留名，诞生了西方的荷马英雄时代、中国的周公礼乐时代。古希腊民主是在《荷马史诗》的滋养下产生的，而孔子儒家民本继承和发展了周公的礼乐文明。

四、儒家民本与古希腊民主产生的原因

中国周代和古希腊文明都源于原始氏族社会文明，后来因为具体社会生活不同，产生了不同的民本和民主思想。可以从氏族部落文化传承、私有制的发展、生产生活方式的不同等几个方面来理解中国民本与古希腊民主产生的原因。

第一，周代统治者重视血缘亲情，家国一体，由氏族部落联合起来组成国家。在同一氏族部落内成员之间血缘相亲，休戚与共；不同部落之间由婚姻等关系加强联系，也重视亲情。如此，周代社会结构中保留较多的氏族部落文化，在《诗经》中，还有所谓的公田，记载着周王和民众一起劳动的情景，如《甫田》："倬彼甫田，岁取十千。""'甫田'是大田，田之大一年可以取十千石，事实上还不止。这和'千耦其耘''十千维耦'相印证，足以断定土地依然属于公

---

① ［英］罗素:《西方哲学史·上卷》，何兆武、李约瑟译，商务印书馆，2004，第 32 页。

有。"①《甫田》的第三段记述周王和王妃、王子来田地里犒劳官员、农夫的情景。统治者和百姓关系和谐，以民为本。

古希腊人并不是早就居住当地的人，他们是外来移民，战胜当地原有居民，建立起城邦。"所谓城邦，就是一个城市连同其周围不大的一片乡村区域就是一个独立的主权国家。"②城市里的古希腊人实行民主，被征服、统治的乡村中的人则是奴隶。而且"这些自治与自给的城市国家的政体会摆脱血族基础，转而以契约为基础，似乎是顺理成章的"③。这样，古希腊人既与原来的氏族部落脱离关系，又与当地民众关系紧张、对立，部落血缘亲情不受重视，政治活动采用保护统治者私利的民主形式。

第二，周代没有极端的阶级分化，不是典型的奴隶社会，对社会劳动者的压迫也不是十分严酷。如历史记载，周文王之所以得到众人的拥护，是因为他以民为本，爱护百姓。周武王战胜商纣王，对战败者也比较宽容，不是把他们变为奴隶，而是分封为诸侯。周公以及后来的周天子重视汲取"殷鉴"，关心百姓疾苦。周王对下层农民的统治并不算十分残酷，如《论语·颜渊》中孔子的学生有若提到"盍彻乎"，"彻"即周代十分抽一的税率。

古希腊城邦是典型的奴隶社会，战俘一般都沦为奴隶。在赋税方面，古希腊有所谓的"六一农"，即须交农产品收获六分之五的分成佃农，如果交不起，就可能沦为更悲惨的奴隶，另外还有许多债务奴隶以及市场上买卖的奴隶。古希腊的民主建立在对下层民众，尤其是众多的奴隶的残酷压迫、剥削之上，民主只属于战胜者，是为了维护统治阶级利益。如斯巴达城邦的"繁荣"，"并不是依靠自身的经济发展，而是建立在剥削被压迫被征服人民的基础之上的"④。

第三，生产方式的影响。周代是典型的农耕文明，稳定、秩序、和谐、仁爱是这种文明的特点。在农耕文明中，土地的开垦、庄稼的种植需要较长的时

---

① 郭沫若：《青铜时代》，中国人民大学出版社，2009，第 78 页。

② 顾准：《顾准文集》，中国市场出版社，2011，第 3 页。

③ 顾准：《顾准文集》，中国市场出版社，2011，第 46 页。

④ 顾准：《顾准文集》，中国市场出版社，2011，第 64 页。

间周期，也有天灾人祸的风险。所以农民期盼风调雨顺，国泰民安，政通人和。农业生产需要耐心、细心和繁重的体力劳动。这样，人也便成了农业生产中财富本身和源泉，成为政治成败的重要因素。

古希腊是海洋文明，他们多从事海上活动，如贸易、战争等。在这些活动中，古希腊人离开家庭，加入团体，共同完成活动。他们依靠各自的能力、财物、金钱等，去求得利益。他们虽然组成集团，但又各自相对独立，以演说、投票等民主方式决定集体的具体活动。与农耕文明相比，这种生产方式容易获得大量的财富，刺激人们的金钱贪欲，使古希腊人的这种海洋文明不断发展。

第四，生活方式的影响。在农业文明的基础上，中国的周代建立起宗法制社会，以家庭为单位，聚族而居，守土重迁，组成熟人社会，再加上世代的血缘、婚姻等关系，人们关系密切。在这种情况下，遇到什么重大事情，通过互相协商即可完成，用不着"民主"表决。在国家层次上，由天子、文武大臣来决定国家事务，正如家庭中由家长和其他主要成员来做决定，自然以整体利益为重，以民为本。

而古希腊是移民社会，他们离开故地，去开创自己的生活。他们到了新的地方，常常和当地人发生冲突和战争。他们通过民主的方式结成战斗团体，战胜并统治当地人。希腊处于亚非欧三大洲的交汇处，西临地中海，交通便利，来往迁徙的民族众多，生活不稳定，关系更不密切。由于希腊半岛地域狭小，土地贫瘠，随着人口的增加，为了减轻生存压力，他们还不得不向外地移民。这些事情也促成民主政治的形成。

第五，生活环境的影响。在中国历史上，周代保持了一个较长时间的和平环境。从武王伐纣建国，到孔子所处的春秋时期，有四百多年的和平时期，虽然也有外敌入侵和对外征伐，但更多的是和平的生活状态。这种生活会影响到人们的精神状态，即中正和平，不激烈，不走极端。因此，人们的思想也可以更加广阔深远，超越现实生活，思考天地自然、宇宙人生的道理，进行更精致、深厚的文化创造和积累。

古希腊公民实际上主要是能打仗的战士。"凡是自备甲胄武器，不领薪饷的参加公民军的那部分成年希腊居民，包括已经退役的老年人在内，总是它的公民，或至于是它的公民中的主要成分。"[1] 而"斯巴达不是一个城市，而是一个军营。"[2] 古希腊处于亚、非、欧三大洲交通要冲，战争频繁：有古希腊人远征其他国家，如《荷马史诗》中的特洛伊战争；有古希腊人抵御外敌入侵，如两次希波战争；有古希腊城邦之间的战争，如历时二十多年的伯罗奔尼撒战争；后来北部马其顿崛起，亚历山大大帝统一希腊半岛，又四处征伐，往东直到印度河流域。

可以说，战争是古希腊社会生活的常态。在中国有"春秋无义战"（《孟子·尽心下》）的说法，古希腊的战争更是弱肉强食，胜者为王。《荷马史诗》中的希腊英雄们争强逞能，好勇斗狠，掠夺占有，满足欲望需求，他们是后世古希腊人的榜样，也是民主的开端。而从人类本性上来看，欲壑难填，战争会使他们生存、强大，也会使他们衰弱乃至灭亡。

民主是投票选举、决议，是少数服从多数，但多数人的决定并不就意味着正确。人的天生禀赋和文化修养不同，对事物的认识层次也不同。在现实生活中，庸人的数量往往多于智者，伟大的思想家是凤毛麟角，而能洞悉宇宙自然、社会人生奥妙的更加稀少。所以，有时真理只是被少数贤哲所掌握，还常遭受众多庸人的反对。古希腊哲学家苏格拉底正是通过民主投票的方式被判处了死刑，在基督教历史上，耶稣也正是死在众人的手里。

五、民主与民本的不同性质

可以看出，儒家民本关心群体重视亲情，追求"为仁"也就是做人；古希腊民主则发挥个体的能力，满足动物性欲望需要。孔子儒家是崇尚仁爱的人文主义，古希腊文化有更多强力征服、占有的野蛮性。民本追求和谐，民主充满对立、冲突和战争。梁漱溟说："西方自希腊人走第一条路就有许多科学、哲学、

---

① 顾准：《顾准文集》，中国市场出版社，2011，第9页。
② 顾准：《顾准文集》，中国市场出版社，2011，第65页。

美术、文艺发生出来，成就的真是非常之大！接连着罗马顺此路向往下走，则又于政治、法律有所成就，却是到后来流为利己、肉欲的思想，风俗大敝，简直淫纵、骄奢、残忍、纷乱的不成样子！那么，才借着这种希伯来的宗教——基督教——来收拾挽救。"① 古希腊文化也有这种"利己、肉欲"的特点，古罗马帝国把这个特点发展到极端，也便走向衰亡，然后是与之相反的，即禁欲的基督教文化才又给西方人带来生存的希望。

关于古希腊的民主，亚里士多德解释说："因为野蛮民族比希腊民族为富于奴性；亚洲蛮族又比欧洲蛮族为富于奴性，所以他们常常忍受专制而不起来叛乱。"② 亚里士多德称其他民族"富于奴性"，自然是站在古希腊人的立场上。应该说，不是别的民族"富于奴性"，而是古希腊人真正擅长"叛乱"。他们追逐物质利益，不讲什么"道义"。孔子说"放于利而行，多怨"（《论语·里仁》），而古希腊人战争不已。

在中国周代，虽然也有战争，武王伐纣的规模很大，但人们并不崇尚战争，而是较多保留氏族部落的思想感情和行为方式。于是便有家国一体的思想感情和政治结构。这种思想感情既包含动物性的本能欲望，又超越自身，让家、国变得更好。这便是"仁"，即"人"的内涵。所以孔子说仁者"爱人"（《论语·颜渊》），人们都能如此，那么"四海之内皆兄弟"（《论语·颜渊》），"天下为公"（《礼记·礼运》），便成为理想的大同社会。

在古希腊人那里，没有这种"爱人"的思想。他们是战士、奴隶主，要征服、压迫、奴役其他人。他们不讲"爱人"，更难想象"四海之内皆兄弟"。苏格拉底的"理想国"不过是一个组织有序、运转协调的城邦，其中有作为统治者的哲学王，有负责战斗的护卫者，最下层的是提供各种物质需要的平民和奴隶。所谓"正义"，不过是城邦组织运转顺利，不同阶层的人们各负其责。其实，这个"理想国"正和军事化的斯巴达城邦相似。在亚里士多德的哲学中也没有

① 梁漱溟：《东西文化及其哲学》，商务印书馆，2006，第64页。
② [古希腊] 亚里士多德：《政治学》，吴寿彭译，商务印书馆，2017，第162页。

"爱人"的理论，他认为人是理性的动物，是政治的动物，民主自然是如何想方设法战胜敌人，维持自己的统治地位。

现在看来，以民为本，"己所不欲，勿施于人"（《论语·颜渊》），亲如一家，共同发展，才是人类文明的正道。所以儒家文化绵延不断，富于活力。古希腊的民主虽然曾辉煌一时，但也最终走向衰落，文明中断，进入宗教统治的中世纪。近代西方资本主义国家发展起来，民主政治又强势兴起，推动文明发展，但也给全世界带来被殖民的痛苦，让人类经历噩梦般的两次世界大战，至今生活在核毁灭的威胁和冷战的阴影中。

　　从神话时代到现在，人类已走过几千年的历史。无论哪个民族的历史经验、文化创造，都是人类宝贵的精神财富。在当代人类文明的发展中，儒家民本思想和古希腊民主思想都还在发挥作用。中国古代儒家以民为本，有利于群体的和谐稳定；但个体常常不能凸显，缺乏个体的活力，群体也就少了生气。古希腊重视个体自由独立，崇尚民主；但因为不顾下层大多数人的利益，个体也终会失去生存的根基。二者有机结合，则能既保证以民为本的人文主义方向，又可以充分发挥个体的力量，从而使人类文明有更加美好的未来。

第三节　孔子儒家的独立精神

独立是指自己一个人立足于人世上、天地间，自主行为，不受外界力量的影响。个体有自己的立足之地，有自己的人格、思想和尊严，靠自己的力量保证生存发展。从初生的婴儿到独立成人，是人生个体成熟的标志。在独立的基础上继续增强能力，不断达到人生的更高境界。人类文明的发展，也是一个走出自然、超越动物，不断获得更高的独立性和自由性的过程。孔子儒家崇尚独立精神，重视不断提升个体独立能力，努力追求人生更高境界。

一、孔子儒家的独立精神

孔子儒家思想的核心是"仁"。"仁"的内涵非常丰富，包括人生在世的各种思想行为，努力成就自我，奉献社会，追求天人合一。在"为仁"也就是"做人"的奋斗中，获得独立地位是个体成熟的一个重要标志。孔子自己从"十有五而志于学"（《论语·为政》），到"三十而立"（《论语·为政》），在社会上能够独立，然后继续提升自己，才能"七十而从心所欲，不逾矩"（《论语·为政》），达到天人合一的自由境界。孔子儒家的独立精神内涵丰富，体现在经济、人格、政治和信仰等诸多方面。

人的生存离不开物质基础，需要衣食住行等方面的物质保障。如果生存需要都无法满足，生命受到威胁，也就难以谈得上独立。孔子儒家非常重视现实生活，要求保障人的经济独立，满足基本物质需要。首先要生存下去，不仰人鼻息，不靠人施舍。因此，孔子并不轻视物质生产劳动，由于家庭条件有限，他自己曾参加劳动，从而掌握一些生产、生活的技能，多才多艺。他后来兴办私学，有教无类，传授文化知识，也是谋生手段，收取学费，维持生活。自食其力保障生存，满足物质需要，也是"仁"的重要内容，是人的本性要求。除了兴办学校，孔子自己还积极从政，获得俸禄，保障经济独立，这应该是很自然的事情。

他鼓励学生在社会上谋取职位，获得收入，安身立命。学生各有才能，从政是没有问题的。孔子看到下层百姓生活困难，在社会上谋得职位获取俸禄，不失为改善生活条件的办法："君子谋道不谋食。耕也，馁在其中矣；学也，禄在其中矣。君子忧道不忧贫。"（《论语·卫灵公》）君子进德修业，学有所成，生活也就有着落。所以学生樊迟要向孔子"学稼""学为圃"，孔子认为他不明事理："小人哉"（《论语·子路》）。年轻人应努力学习，增长才干，谋得官职，有更好的前途。也许因此有人认为孔子看重实际利益，但作为一个清醒冷静，对社会人生有全面深入思考的哲学家来说，这样的看法是无可厚非的。即使在两千多年以后的今天，虽然生活离不开农业，但大多数学校教授的并不是农业技术，除非是专门的农业学校。

孔子指导学生"干禄"，从政是儒家的一个理想，也是古代知识分子的一条人生出路。既有精神追求，能实现自己的政治理想，同时谋得一份工作，挣取薪水来保证生活，获得经济上的独立，又何尝不是非常现实的需要呢？孔子认为统治者要关心百姓疾苦，让百姓生活有保障。

在人格独立方面，孔子儒家讲究"礼"，"礼"源于对神的敬拜，应用在社会生活中，首先就代表对人格的严肃、尊重的感情。孔子尊重每一个人，仁者爱人，把别人和自己放在同样平等的地位。孔子一以贯之地奉行"忠恕"之道，所谓"忠"即待人真诚，"恕"即以己度人。从自己内心出发，对待别人如对待自己，自己追求独立、有尊严，别人也是如此。在教学中，孔子尊重学生个性独立，注意因材施教，进行启发式教学，不把自己的意志强加给学生，注意发挥学生的主体能动性，维护学生人格尊严。如孔子和弟子坐而论道，让他们"各言其志"，子路愿意领兵打仗，勇敢无畏。这种想法不合乎孔子的仁政思想，但"夫子哂之"（《论语·先进》），孔子只是微微一笑。子贡想去掉祭礼上用的羊，孔子说："赐也！尔爱其羊，我爱其礼。"（《论语·八佾》）孔子不赞同，但并未明说，而是让子贡自己去思考、判断。

孔子"有教无类"（《论语·卫灵公》），人人平等、独立，没有天生尊卑贵贱的等级区别。孔子尊重每一个人的人格，人人都有不可侵犯的尊严，还认为人人各有所长，值得虚心学习："三人行，必有我师焉。"（《论语·述而》）

孔子儒家重礼，特别是"孝悌"，但并不是就忽视个体的独立性，更没有所谓"父叫子亡，子不得不亡"的"愚孝"。在儒家众多的"礼"中，有"士冠礼"，也就是"成人礼"，表示长大成人，获得独立地位，成为社会中的一员，参与各种活动，不再只是家里的儿童、父母的孩子。儒家非常重视"士冠礼"，列为《仪礼》第一篇。在现在百姓的生活中，还流传"儿大三分客"的话，表明父母对孩子独立性及其人格尊严的重视。

在社会政治活动中，孔子儒家注意保持自己的独立性，坚持自我，不为各种社会力量所左右。如孔子虽然说"我待贾者也"（《论语·子罕》），很想从政为官，但并非没有原则，阳虎、公山弗扰、佛肸都曾想让孔子为他们做事，但孔子没有出仕。即使作为臣，孔子也并不是盲目服从国君。卫灵公向孔子询问关于军事方面的事情，孔子说："俎豆之事，则尝闻之矣；军旅之事，未之学也。""明日遂行"（《论语·卫灵公》）。齐景公向孔子问政，孔子回答说，君臣各自有独立人格、职责，应相互尊重，以礼相待，各自做好分内的事情。孔子以人为本，君子不能因为国君、国家或者天下就失去自我。孔子赞美"松柏之后彫"，不怕严寒，傲然挺立的松柏也可以说是孔子儒家独立精神的象征。

孔子说自己"吾十有五而志于学，三十而立"，不断学习，三十岁能够在社会上独立。孔子继续努力，"七十而从心所欲，不踰矩"（《论语·为政》），达到自由的精神境界。儒家重视个人学习、修养，除了现实世界的奋斗之外，还有独立的精神世界。因此，孔子虽然积极入世，但并不受现实名利的束缚，也不受什么鬼神的影响，把全部身心投入现世的人生奋斗中，达到忘我的状态。

人有无限广阔自由的精神世界，但必须有强大的信仰力量，才能独立自主，不至于迷茫无措，随波逐流，失去前进的方向。孔子有对天的信仰，所以每当遭遇困难，甚至面临绝境，孔子总是镇定自若，并不慌张、害怕。天道运行，生生不息，令人崇敬赞叹，自我和"天"融为一体，精神世界更广阔无垠、崇高神奇，生机无限，力量无穷。

二、后世儒家的独立追求

孔子之后，儒家学者对独立精神的重视一以贯之。他们不断阐发孔子思想，独立精神也更加明确和凸显。在"四书"中的《大学》《中庸》《孟子》等著作中，都可以感受到儒家的独立精神。

《大学》讲培养君子的道理，而"君子不器"（《论语·为政》），君子首先有独立的人格，有"克己复礼为仁"的人生使命，不是只有某种用途的器物。《大学》中的"三纲八条目"均是对君子个体而言的，要明白人生意义，即"在明明德，在亲民，在止于至善"（《大学》）。不断提高修养，增强能力："格物、致知、诚意、正心。"（《大学》）在此基础上，要投身社会实践，发挥自己才能，不断为世界作更多贡献："修身、齐家、治国、平天下。"（《大学》）人生在世，最重要的就是提高个人修养，从地位崇高的天子一直到普通百姓，都是以修养身心为根本。在"为仁"的意义上，天子和庶人是平等的，各自独立，不断追求，成就自我，为世界作出贡献。

《中庸》强调君子要保持自身本性，坚持正确的发展道路。但道路要自己去走，去开拓，所以君子必须要保持独立，"故君子慎其独也"。"慎独"的含义丰富深刻，但其中必然包含重视个体独立的思想，因为《中庸》首先是对个体的要求。只有个体独立，才能谈得上自我本性、自我努力奋斗。和孔子一样，《中庸》强调个体反思、自省的能力，其中引用孔子的话："射有似乎君子，失诸正鹄，反求诸其身。"《中庸》也认为修身是人生的关键："知所以修身，则知所以治人；知所以治人，则知所以治天下国家矣。"反思、自省和修身都是在提高个体的独立性。君子要坚持自己的独立地位："君子素其位而行，不愿乎其外。"在此基础上，还要不断增强自身能力，"人一能之，己百之；人十能之，己千之。"随着个人能力的增强，独立性也必然得到提升。

孟子是儒家的另一位代表人物，对个体独立精神更加推崇，多方面进行阐述。他欣赏"大丈夫"的独立人格："富贵不能淫，贫贱不能移，威武不能屈"（《孟子·滕文公下》）。君子和别人交朋友，但独立自主，不依靠别人的力量。孟子认为个体是家、国的根本："天下之本在国，国之本在家，家之本在身。"（《孟子·离娄上》），个人尊严不可侵犯，每个人都可以和圣贤帝王一样尊贵："人皆可以为尧舜。"（《孟子·告子下》）

君子与百姓不同，能超越物质利益的诱惑，有更强的独立性。但作为统治者，国君要注意保护民众在经济上的独立、自足，民众才容易听从、追随。和孔子一样，孟子也认为在政治活动中，君臣各有其独立性，应该各居其位，各负其责，这是自古以来的原则："欲为君，尽君道；欲为臣，尽臣道。二者皆法尧舜而已矣。"（《孟子·离娄上》）君臣之间应互相尊重，国君尤其要率先善待臣，臣才忠于国君；如果国君不尊重臣，臣也不把国君放在眼里。

在《大学》《中庸》中，都有"慎其独也"的话，既强调在现实社会生活中的独立，也包含更高的精神独立，即"天人合一"的境界。这在《中庸》中有更明确的表述："能尽人之性，则能尽物之性；能尽物之性，则可以赞天地之化育；可以赞天地之化育，则可以与天地参矣。"孟子也努力发扬这种建立在信仰之上的独立精神："我善养吾浩然之气"（《孟子·公孙丑》）。

自秦以降，由于历朝历代的统治者重视宣传推行，文人士大夫继承弘扬，百姓日用而不知，儒家文化成为古代中国社会文化的主流，儒家个体独立精神也深入人心。在当代中国人熟知习用的日常语言中，还有许多俗话表现儒家个体独立精神，如"顶天立地大丈夫""人各有志不可强求""天下无难事，只怕有心人""问心无愧""民以食为天""自强不息，厚德载物""士可杀不可辱""宁为玉碎，不为瓦全""男儿膝下有黄金""男儿当自强"等。

古老的儒家思想文化根深蒂固，源远流长，塑造中国传统文化的基本性格。文化世代传承，国家民族无论如何发展，始终由无数独立的个体组成，儒家的独立精神使中国人自立、自尊、自强，也使中华民族文化永葆生机活力。

三、不同于西方文化的"人"的独立

在西方社会历史文化中，人们特别重视个体独立精神。在独立的基础上，才谈得上平等、自由等精神追求。在古希腊、古罗马的时代，以及近代资本主义文化兴起的时代，对独立、平等、自由的追求是支撑人们各种社会活动的重要精神力量，推动社会文明的发展。

但同样是个体独立这一思想，在中国儒家文化和西方文化中的含义并不完全一样，甚至有很大差别。因为个体独立是对于人来说的，而中西文化中，关于人的思想并不一样。在中国文化中，儒家对人有非常全面深入的认识；在西方文化中，对人的认识则比较片面、简单，甚至极端。中国孔子儒家思想的核心是"仁"，也就是"人"，"仁"的内涵非常丰富，孔子儒家的独立精神也就有丰富内涵，更是"人"的独立，包含物质需要、人格尊严、社会政治、精神信仰等。而西方文化比如古希腊文化，就缺少精神信仰的层面，尤其是"仁者爱人"的"忠恕"之道。

和动物一样，人类是从自然界中产生的，但人类和动物有本质的不同，人类不断超越动物状态，创造出人类文明的社会生活，直到当代高度发达的水平。在全世界的古代思想家中，只有孔子儒家对人类本性有非常全面深入的认识。对于这一点，不少中国思想家如柳诒徵、冯友兰、梁启超等，特别是梁漱溟，对此有非常清楚的认识。

梁漱溟曾信仰过佛教，后来思想发生转变，成为衷心拥护孔子儒家思想的学者。他以自己的亲身经历证明孔子儒家思想的宝贵价值，更通过深入研究来努力阐述孔子儒家思想。他认为："两千余年来中国之风教文化，孔子实为其中心。"[1] 梁漱溟认为孔子继承周公的礼乐文化，进行理论上的阐释，作出更大的贡献。

礼乐是外在的文化形式，其根源在于人的心灵。而"人心惟危，道心惟微"（《尚书·大禹谟》），梁漱溟也说："最微妙复杂难知的莫过于人的心理，没有澈见人性的学问不能措置到好处。礼乐的制作恐怕是天下第一难事。只有孔子在这上边用过一番心，是个先觉。"[2] 因此，和西方的那些伟大文化创造者相比，他认为孔子更为高明："文化的创造没有不是由于天才的，但我总觉得中国古时的天才比西洋古时的天才天分高些，即此便是中国文化所由产生的缘故。"[3] 孔子儒家思想的核心是"仁"，也就是"人"，所以梁漱溟认为中国文化对世界的独特贡献便是"认识了人类之所以为人"[4]。

相比之下，西方古希腊的哲学家对人内在心理方面的思考确实显得不足。古希腊文明最突出的特点是重在对外在世界的探索、征服和占有，即使是苏格拉底的"认识你自己"，实际上并不是要认识自己这个人，而是要认识自己的能

---

① 梁漱溟：《中国文化的命运》，中信出版社，2010，第41页。

② 梁漱溟：《东西文化及其哲学》，商务印书馆，2006，第198页。

③ 梁漱溟：《东西文化及其哲学》，商务印书馆，2006，第158页。

④ 梁漱溟：《中国文化要义》，人民出版社，2011，第125页。

力，善于趋利避害。古希腊哲学家们去获得知识，也是和求得生存直接相关，所以他们努力思考也是要去获得力量变得强大，更聪明更有力量，去探索、征服和占有。在苏格拉底的"理想国"中，最下层的民众进行物质生产，中间的武士负责守卫城邦，而统治者则最好是哲学家，更聪明智慧，有能力组织管理城邦，保卫自己，战胜敌人。柏拉图是苏格拉底的学生，他在哲学上最重要的贡献是"理念说"，要去寻找物体、概念之后的永恒、真实的世界本原。亚里士多德是柏拉图的学生，作为古希腊哲学的集大成者，他的贡献是对各种知识的研究，是百科全书式的学者。可以说，古希腊哲学家的贡献是对外部世界的探索和研究，缺少对人类自身，尤其是内在心灵的思考。

所以，古希腊文化崇尚的独立精神，与中国孔子儒家的独立精神有很大不同。可以说，古希腊的独立精神更多是为了满足生存欲望需要，获取现实利益。从古希腊的神话传说以及他们的社会生活中，都可以看出这种特点。如在《荷马史诗》中，如果除去"英雄"的光环，那些征服、劫掠特洛伊城的希腊人实际上就是不讲什么道义、不择手段的强盗和小偷。而在古希腊现实世界中的斯巴达人，实在是一群更加凶猛残暴的豺狼虎豹，把自己的生存发展建立在无数奴隶的痛苦和死亡之上。

古希腊是靠暴力统治来维护社会秩序的奴隶社会，作为统治者中的成员，古希腊哲学家的思想也受这种社会历史条件的限制。在古希腊三位伟大哲学家苏格拉底、柏拉图和亚里士多德那里，没有仁者爱人、己所不欲勿施于人的思想。作为实行奴隶制城邦的思想家，他们思想的最终目的是如何征服、统治其他民族或者奴隶。对他们来说，强者统治弱者，享受优越的生活，这是天经地义，自然而然。他们的奥林匹克是为了增强体力而进行锻炼，他们的哲学是为了增强智力而进行锻炼。力量强大、足智多谋，就能成为强者，维护有利于他们的统治秩序。

综上所述，可以说，古希腊人的独立精神包含物质经济、个体人格、社会政治等现实生活方面，但是没有超越现实自我，对自我精神世界，也就是自我心灵进行全面深刻的思考，更没有建立起强大的精神信仰。他们生活在现实物欲的世界中，他们"认识自己"、探索知识、增长智慧是为了追求现实世界的统治地位。他们所崇拜的神灵，如宙斯、阿波罗、雅典娜等，实际是表达他们崇尚强大力量、高超技艺和非凡智慧的愿望，激励他们如这些神灵一样，在现实世界中占据统治地位。如此，他们的心灵也就更多被物欲所驱遣、遮蔽，从而容易迷失自我。在古希腊之后，古罗马帝国将这种文化发展到极端，最终也就走向堕落、灭亡。古罗马之后，西方进入中世纪，基督教占据统治地位，上帝至高无上，人们要过禁欲的生活，超越尘世，向往天堂。在古希腊古罗马文化中，人主要生活在现实的物质欲望世界中；在基督教文化中，人主要生活在上帝主宰的精神世界之中。"西洋自希腊以来，似乎就不见有人性善的观念；而从基督教后，更像是人生来带着罪过"①。

从中国孔子儒家的观点来看，在这两种文化中，都没有"仁"也就是"人"的独立。人不能离开物质世界，但仅满足物欲，实际上是一种动物的生存状态。人有自由的精神活动特性，但如果被激情的幻象所支配，也容易陷入丧失理智的疯狂中。人从自然中走出来，不断创造自己的生活。人是一种动物，又有对神灵的敬畏，在动物和神灵之间是人的存在。在人性中有动物性也有神性，在世俗的生活中也有神圣的光彩。这是孔子儒家的"人"的生活。

人类文明不断发展、进步。西方文明经过文艺复兴，继承和发展古希腊古罗马的世俗精神，同时也借助宗教的强大精神力量，开辟大航海时代，发展资本主义经济，走向世界，四处殖民、贸易乃至战争，获取巨额财富。资本主义的发展极大推动生产力发展，促进人类物质文明进步，也造成许多罪恶和痛苦。关于"人"自身的研究，虽然从马基雅维利以来不断有学者思考"人"的问题，但始终没有和孔子儒家思想相似的观点。即使后来孔子儒家思想传播到欧洲，受到一些哲学家的推崇，但西方文化始终不能真正理解孔子儒家思想。这应该说和西方人的文化传统、思维方式有关系。所以在西方文化中，也就没有孔子儒家"仁"即"人"的思想。人或者追逐物欲满足，社会盛行丛林规则；或者崇

---

① 梁漱溟:《中国文化要义》，人民出版社，2011，第126页。

拜偶像，跪倒在神灵面前。虽然西方文明不断发展，但走向两个极端的文化传统和思维方式根深蒂固，处于二者之间的"人"的地位常被弱化，常受两个极端的影响。

与此相反，在孔子儒家思想中，人守持"中庸"，是顶天立地，与"天"合一的存在状态。人独立于天地之间，又与天地自然密切联系，合为一体。人还要发挥自己的才能，不断创造，促进天地自然和人间世界更加美好，这就是儒家追求的"参天地""赞化育"的精神境界。

当然，思想来自生活，孔子儒家的独立精神不同于西方文化的独立精神，还可以从更根本的生产生活方式来理解。中国古代社会是典型的农耕文明，农民耕种土地，自食其力。几千年前人们就唱出这样的《击壤歌》："日出而作，日入而息。凿井而饮，耕田而食。帝力于我何有哉！"农民呵护禾苗，全身心投入，看管照料，收获贮藏，准备来年的耕种。面对五谷生命的成长，农民看到生存的希望和丰衣足食的美好未来。悠久的农耕文明让中国人面对生命，体验自我内心，努力劳作，修养性情，温柔敦厚。土地生长万物，广阔深厚，稳定牢固，让农民觉得踏实安宁。庄稼的成长还靠季候变化，日升月落，寒来暑往，风调雨顺，人们感觉到大自然循环有序，生命生生不息，从而和天地自然感觉亲近，促成天人合一的意识。农民组成社会，爱心转向他人，自然"爱人"；自己耕种土地，众人还互相帮助，增强力量，庄稼生长旺盛，世界万物生生不息，自然"参天地""赞化育"。

而西方的古希腊社会是海洋文明，靠航海贸易、战争生存，面对的是要征服、占有的对象，不会把对方当成和自己一样的人。古希腊人的独立是为了和别人区别开来，要去征服对方，只为满足自己的欲望，保证自己生存发展。这是一种压迫别人的方式生存，更接近动物的生存状态，不是真正的"人"的独立。在西方宗教文化中，最初的信徒是备受压迫、欺凌的下层民众。借助于上帝的崇高伟大，信徒们获得强大精神力量，度过艰难的历史时期。内心被上帝所主宰，自然也没有"人"的独立。

人类文明发展到今天，中华民族正迎来伟大复兴，推动构建人类命运共同体。而西方文明越来越暴露出其固有的不足，恃强凌弱，巧取豪夺，给世界带来更多的纷争乃至战乱，让无数人遭受苦难。全球化趋势不断发展，世界正变为一个大村庄、大家庭，人类只有超越种族、民族、国家、宗教等各种界限，互相尊重、爱护，心与心相通，建设命运共同体，世界才能更加和平、繁荣。也就是如孔子儒家所言，仁者爱人，自我独立，自强不息，四海之内皆兄弟，不断达到人类文明的更高境界。

第四节　孔子儒家的自由精神

人类文明的发展是一个人类不断摆脱束缚、达到更高自由的历史过程。当今世界，全球化进程加快，文化繁荣，科技进步，人类更远离蒙昧和野蛮，有能力达到更高自由的境界。其实，在博大精深的孔子儒家思想中，也有对自由的推崇和追求。和西方文化相比，孔子儒家思想中的自由更是属于"人"的自由，有全面深刻的内涵，闪耀美的光彩，值得人们学习、继承和发扬。

一、孔子儒家"人"的自由

孔子儒家思想的核心是"仁"，"为仁"也就是成为一个人，成为真正的自我，成为一个不断获得更高自由的人。"自由"的字面意思是言语行为由自己发出，自己做决定，不依靠别人，也不受外部世界所左右。言语行为完全从自己出发，尊重和依从自己内心意愿，真诚地面对他人和世界，努力表达和实现内心意愿，去"为仁"，也就是去完成自我，去做一个真正的人。

人的自由是从"人"出发，从真正的自我出发而作出的选择。与西方文化相比，孔子儒家思想开创人文的道路，确立人的崇高地位，人为万物之灵，是世界的中心，人的心灵与天地合一，生生不已，不断创造、变化和发展。人与他人、与万物合而为一，人的自由是自己出发的行为，为了自己的生存发展，同时因为"仁者爱人"，因为"天人合一"，人的自由也体现宇宙自然之道的规律。人身心合一，欢畅快乐，也有更加丰富深厚、崇高神圣的意义。

在这个过程中，自己信仰坚定，身心和谐，不断努力，获得更多自由，更好地成就自己，并且能有益于他人，有益于社会，直至"参天地，赞化育"，天人合一。在这个"为仁"的过程中，逐渐成就自我，成为一个真正的"人"，获得最大的快乐。

相反，如果不是从"人"自身出发，不是为了实现"人"的目的而作出的行动，就不是真正的自由。比如为受别人的左右、受教条规矩的影响，或追逐外在的名利而去巧取豪夺，这些都不是从真正的"人"出发，都不是真正的自由。

中国传统文化以孔子儒家文化为主流，"仁"的思想是孔子儒家思想的核心。孔子为后世指明"人"的方向，去"为仁"，去成为"人"。中国人正是在孔子儒家思想的影响下，努力生活，去成为一个"人"。在今天的社会生活中，每一个中国人也是在努力"做人"，"做人"的理想世代相传，中国人也言传身教，培养孩子去成为一个"人"。人生在世，"做人"是最重要的事情。对一个人最大的鄙视则是："不是人"！

所以，可以说，从两千多年前，中国人就在努力去成为一个人，中国人的传统文化便是成为一个人的文化，中国人更懂得"人"的含义，拥有更多"人"的自由。

孔子的一生正是不断努力，"克己复礼为仁"，奋斗拼搏，成就自己，不断提升精神境界，获得更大人身自由的一个过程。孔子少年时便树立人生志向，不断学习，提升自我。而学习是为了什么呢？孔子说："古之学者为己，今之学者为人。"（《论语·宪问》）古代的学者是为了成就自己而学习，今天的学者是为了能为别人所用，获取职位俸禄而学习。而孔子自己"述而不作，信而好古"（《论语·述而》），以继承和发扬古代文化为己任。所以孔子"志于学"，是学习"为己"，成就自己，而不是为其他目的而学习。人本身才是目的，理想的自我是人生奋斗的目标。正如孔子所说"君子不器"（《论语·为政》），君子不是器物，不是为达到其他目的手段、方式，君子本身就是目的。

孔子"三十而立"，即三十岁的时候能够自立，学习和奋斗有所成就，能独立自主承担责任，发挥作用，成为对社会能有所贡献的人。"四十而不惑"是指通过学习和实践，在能完成具体工作的基础上，对宇宙自然、社会人生的许多问题进行思考，解疑释惑，更加明确人生的意义和方向。"五十而知天命"，懂得上天赋予的人生使命，人生因此达到更高境界，具有崇高神圣的意义。"六十而耳顺"，能明辨是非，不受外界影响，不为他人左右，有自己完满自足的精神世界，能顺应宇宙世界和社会人生的变化，合而为一，没有什么烦恼。"七十而从心所欲，不逾矩"，言语行为从自己内心发出，即合乎各种规矩法则。

在这样的精神境界，自己成为规矩法则制定者，成为完整独立、自由自在的个体。这是最高的精神境界，即天人合一。人到老年，不是日暮途穷，末日到来，悲哀无奈，而是获得更高的人身自由，获得更多的心灵快乐。

二、《论语》中孔子的自由

孔子是伟大教育家，他开创平民教育，把原先只属于"君子"，即"国君之子"的教育普及到民间，主张"有教无类"。从这里可以看出孔子关于个体自由的精神，即每一个人都是自由的，没有天生的尊卑贵贱，没有不可逾越的等级限制，每一个人都是自由的，可以成为"君子"，成为品德高尚、有益于社会的人。

所以孔子说："为仁由己，而由人乎哉？"（《论语·颜渊》）人是自由的，"成仁"即做人要靠自己的努力，而不能依靠他人。自由是自己努力的结果，成就自己，也和社会不可分割，要有益他人，促进"仁"的实现，让自己也让整个社会不断进步，推动文明的发展。所以后世的孟子认为"人皆可以为尧舜"（《孟子·告子下》），在"为仁"的事业中，每一个人都是自由的，都能提升境界，成为和尧舜一样的圣贤。

明白自己的本性，找到人生的正确道路，要去成就自己，用自己一生的努力去创造更好的世界。这是最大的，也是最真实最宝贵的自由，怎不心生豪迈，勇往直前，义无反顾？"为仁"即做人是一个毕生奋斗的事业，要用自己的全部生命去成就"仁"，甚至不惜牺牲自己的生命。孔子儒家的自由精神重视精神特性，可以超越物质欲望的束缚，而去追求更高的精神自由。

自由是属于每一个人的，高贵不可侵犯，孔子说："三军可夺帅，匹夫不可以夺志也。"（《论语·子罕》）哪怕是最平凡普通的一个人，也有自己的自由，意志坚定，不可改变。孟子崇尚"大丈夫"的自由。孔子和孟子的这种自由精神使后世中国人铸造了铮铮铁骨，养成浩然正气，独立自由，顶天立地，与天地同在，与日月齐光。

特别要指出的是，在孔子儒家思想中，自由并不是一时心血来潮，任意妄为，更不是受欲望的诱惑或外力的逼迫，而是在明白人生的意义，知道奋斗的方向和行为方式后的自由，是从自己内心出发，为了"为仁"即"做人"，为了成就自己而在世界中不断努力实践，把自己的思想情感与世界相联系，相作用，不断发展创造，也不断实现和成就自我。

在《论语》中，孔子一生"克己复礼为仁"，有很多自由精神的表现，成为后世的榜样。在物质利益的诱惑面前要保持自己的自由，孔子说："见得思义。"（《论语·述而》）取舍由我，出于自己的自由选择。但孔子并不是无视乃至鄙视物质财富，他承认物欲的合理性，生存需要有一定的物质基础，但更坚持"为仁"即"做人"的精神追求："不义而富且贵，于我如浮云。"（《论语·述而》）生活虽然清贫，但安贫乐道，其中也有精神自由的快乐。

孔子不惧外界的压力，保持自己的独立自由。他赞扬松柏无畏冰雪，坚贞不屈的品格。孔子周游列国，追求自己的政治理想，途中遇到宋国桓魋的迫害，孔子说："天生德于予，桓魋其如予何？"（《论语·述而》）孔子毫不畏惧，镇定自若。孔子在陈蔡之间被围困，境况危急，但他毫不惊慌。途中也遇到冷嘲热讽的隐士，但孔子认为自己不是鸟兽，是一个人，就要面对人间世界，承担自己"做人"的责任，坚持自己的选择。

孔子周游列国，历经艰辛。虽然孔子也曾自我解嘲，承认自己如"丧家之狗"（《史记·孔子世家》），但孟子认为孔子的行动"可以速而速，可以久而久，可以处而处，可以仕而仕，孔子也。"（《孟子·万章下》）孟子却看到孔子行动的自由。

孔子周游列国，推行自己的治国之道，积极从政，希望有所作为，实现自己的政治理想。但他以人为本，从来把个人的自由放在国家政治之上。孔子回答齐景公问政，认为君、臣、父、子都要有各自的样子，各有自己的责任和义务，各自做好应做的事情，才能使社会和谐有序。但这绝不是后世人们所诟病的"君叫臣死，臣不得不死；父令子亡，子不得不亡"。这样是独裁专制，戕害人性，更没有自由。孔子认为虽然在政治关系或家庭伦理中有君臣父子的等级，但在"为仁"即"做人"的意义上，君臣父子则是平等的，有自己的独立自由，应互相尊重，各尽其责，共同维护和谐有序的社会和家庭秩序。

孔子反对盲目忠君，如弟子子路曾提出一个问题：管仲追随公子纠，公子纠死后，管仲没有自杀，是不是不仁？孔子却认为，管仲为国家民族作出了重大贡献，称得上是仁。每个人都有自己的"为仁"的人生使命，不能仅仅是为别人而死。君臣父子在"为仁"的意义上是平等的，各有自己的自由，君父不能随意对待臣子，不能轻视臣子，更没有权力让臣子为自己送死。孟子也谈到君臣的关系，他认为君臣之间应互相尊重，各尽职责。君臣是这样的关系，那么父子之间的关系也是独立、自由、平等的，不能愚忠愚孝。孔子师生之间也是这样的。他们在一起坐而论道，"各言其志"，师生之间互相尊重，和谐自由，各抒己见。而且《论语》中记载，也有学生和孔子意见不一，甚至反对孔子，有的还和孔子对着干，让孔子很生气。

"为仁"即"做人"，这是每个人的人生意义所在，高于做"君臣父子"的意义，甚至还要高于家庭、国家的意义。孔子说："邦有道，危言危行；邦无道，危行言孙。"（《论语·宪问》）孔子告诫自己的学生："危邦不入，乱邦不居。"（《论语·泰伯》）远离祸患，保证自己的人身安全和独立自由。所以，虽然孔子儒家主张积极入世，但也强调个体的独立自由和尊严。孟子也是这样，以人为本，可进可退，主张个人的独立和自由："穷则独善其身，达则兼济天下。"（《孟子·尽心上》）

君子是自由的，孔子说："君子之与天下也，无适也，无莫也，义与之比。"（《论语·里仁》）人生在世，君子"克己复礼为仁"，有"天人合一"的精神信仰，有高度的精神自由。"求仁而得仁，又何怨？"（《论语·述而》）追求"做人"是自己的自由选择，没有什么可抱怨的。

三、西方文化中的自由

孔子儒家的自由是中国传统文化中人的自由，与西方文化中的自由是不一样的。在西方文化发展过程中，古希腊文化和基督教文化是其两个源头。但和中国孔子儒家思想相比，二者均没有全面丰富的"人"的概念，所以也没有真正的人的自由。如古希腊人追求自由，是抵抗外敌入侵或是对外征服的自由，这种自由是现实生活中满足生存欲望的自由，在战争中勇敢求胜的自由。这是现实生活世界中的自由，远没有达到人的精神的全面自由，更没有关于"人"的全面深入的思想。

在古希腊神话、《荷马史诗》以及西方社会生活中，都能看出这个特点。希腊神话中的神其实都是来源于人的形象，但是比人更有能力，还能长生不老。这些神所做的事情也大都只是施展他们的强大力量，想方设法满足他们的欲望要求。《荷马史诗》中的英雄也是这样，为生存为名利勇敢厮杀，用尽计谋去征服、占有。在古希腊人的社会生活中，他们以这些神和英雄为榜样，抵御外敌入侵，保护自己城邦，或开疆拓土，四处殖民。他们的勤奋、勇敢和智慧创造了古希腊的辉煌，为世界贡献了优美崇高的文化艺术，也产生了许多名垂青史的思想家。但即使在这些思想家中，也没有和孔子儒家一样的对人的思考，没有真正的"人"的自由。

如苏格拉底一生追求"认识你自己"，提出"理想国"的蓝图。但这个"理想国"其实没有"人"的位置，有哲学家做管理者，战士做守卫者，还有负责生产的劳动者。这些人是"理想国"这个机器上的部件，却不是完整的"人"。他的学生柏拉图是位理想主义者，追求现实世界之后的永恒"理式"。柏拉图还把诗人从"理想国"中驱逐出去，实际上是把美好的感情、想象驱除了出去。而中国的孔子以《诗经》来教育学生，成为完整、自由的人。古希腊学术的集大成者亚里士多德认为人是理性的动物、"政治的动物"，也是只抓住了理性，抓住现实生活中的聪明智慧的特征，而没有对人的全面深入的认识。

因为没有超越现实世界的崇高精神，所以即使古希腊人聪明、古罗马人吸收古希腊人的文化，变得更加强大，但古罗马还是盛极而衰，西方历史进入"黑暗的中世纪"，也就是基督教占统治地位的时代。在基督教文化中，上帝是万能的，是世界和人类的创造者，掌握人类的命运。所以，人是卑微渺小的，是有罪的，只能跪倒在上帝的脚下，祈求宽恕和救赎。在基督教中，对上帝的信仰高于一切，没有人的地位和尊严，更没有人的自由。

从文艺复兴时代开始，西方社会高举人文主义的旗帜，反对基督教的蒙昧和禁欲，追求人类的自由，复兴古希腊古罗马文化，才逐步发展出现代文明。比如英国伟大戏剧家莎士比亚提出人是"万有的菁英！众生之灵长"[1]，提升人的地位。培根认为"知识就是力量"，发挥人的聪明智慧，改变自己的生活。蒙田也提出要遵循自然的法则去生存，让人从基督教的统治中走出来。但此时的人文主义是与宗教势力相对立和斗争的，主要的内容仍是追求知识，满足情欲，不能包括人性的更全面丰富的内容。直到康德提出"人是目的"的理论，要求把人当作人来对待，不是什么罪人，也不是什么工具。但他的思想中并不包含信仰的内容，他不再提上帝，又转而依赖"绝对律令"，将其作为人类伦理道德的根源。思想领域的变化推动社会的进步发展，知识丰富，科技进步，给人们带来更多自由。西方社会逐渐从基督教的统治中，从封建王权的统治中走出来，法国大革命正是在"自由"精神的引领下，开辟了西方历史发展的新时代。

从此，"自由"的精神深入人心，成为现代西方社会文化的基础。在"自由"的名义下，西方人争取自己的权利，不断变革，建立新的社会秩序。但此时的

---

① ［英］莎士比亚：《莎士比亚四大悲剧》，孙大雨译，上海译文出版社，1995，第95页。

自由并不是真正的人的自由，却是面对残酷的压迫，奋力抗争求得生存的一个理想目标。其实正因为有极端的不自由，才努力去斗争，反抗外界压迫，如社会政治、文化、经济等带来的不自由。此时的西方文化远没有对人的全面深入的认识，也远没有获得真正的人的自由。

也正是在"自由"的名义下，在现代化的发展过程中，人类遭受了巨大的灾难和痛苦。法国启蒙思想家卢梭在《社会契约论》中这样说："人是生而自由的，却无往不在枷锁之中。"① 在法国大革命中，罗兰夫人在临上断头台前无比感慨地说："呜呼！自由自由，天下古今几多之罪恶，假汝之名以行。"② 追求、呼喊自由，正是因为人们极度缺乏自由，受宗教、王权、野蛮暴力的压迫，遭受种种痛苦，正奋力要获得自由。这时的西方文化中还远没有关于人的理论，没有获得人的自由。

法国大革命是历史的进步，其中也充斥着暴行与血污，带来极端的恐怖，极端的不自由。不只是西方社会内部是这样，在人类发展的近代史上，西方现代文明向全世界传播，在"自由"的名义下，西方人给世界无数人带来不自由，带来残酷的压迫、剥削乃至屠杀。

但西方文化中的自由和中国孔子儒家思想中的自由不同。西方没有孔子儒家"仁"的概念，也就没有"人"的自由。西方人的自由是建立在别人不自由的基础上的，是受现实世界利益驱使下的思想行为。他们远没有得到真正的自由，不是真正的人的自由。甚至在他们的哲学家那里，也没有真正的身心和谐的自由。比如随着科学技术的发展，法国人拉美特里有"人是机器"的观点，从机械唯物主义的角度来理解人。在德国哲学家叔本华的哲学中，世界的本质就是意志，人生则是彻头彻尾的悲剧，人是没有自由的，人就如上紧发条的钟表一样，在欲望的驱使下不能自已。与叔本华相反，尼采则高扬强力意志的旗帜，要奋勇向前，满足自己的欲望，要在这个世界上成为强者，成为狼。在西

---

① [法]卢梭：《社会契约论》，何兆武译，天津人民出版社，2014，第 4 页。
② 梁启超著，张品兴主编《梁启超全集·第三卷》，北京出版社，1999，第 863 页。

方资本主义发展过程中，人也真的曾成为狼，遵从动物界的"丛林规则"，弱肉强食，残酷无情。英国的达尔文提出"物竞天择，适者生存"的生命进化观，而斯宾塞把达尔文的理论应用于人类社会，不过更强调"人是动物"而已。而且此后在西方历史文化中，"上帝死了"，人为所欲为，肆无忌惮，爆发第一、第二次世界大战，把人类带入灾难的深渊，造成人类历史上前所未有的痛苦。

人类将如何生活？西方思想家反思科技和宗教，二者都不能让人得到真正的自由。德国哲学家卡西尔著有《人论》，继续对人进行思考。他提出人是"符号的动物"，人类通过创造文化符号而生存，而文化符号中包含哲学、政治、科技、艺术、宗教等许多方面。由此，"人"的内涵更加全面深刻，有了很大的发展和进步。

那么文化是什么？概念众多，莫衷一是。但根据中国传统思想，从这两个字来讲，即"人文化成"的意思。这也就是"通过创造去成为人"，即孔子儒家"克己复礼为仁"的思想。在二十世纪，海德格尔的存在主义思想曾影响世界，在中国也一度盛行。他从解释德国诗人荷尔德林的诗歌出发，提出"诗意的栖居"的观点，认为人类的生活是一种诗意的存在，要不断创造，生活在诗意之中。而这不正是两千多年前中国孔子的思想和生活？孔子主张"兴于诗，立于礼，成于乐"（《论语·泰伯》），生活在诗意之中，而他的人生即"艺术化的人生"。实际上，海德格尔思想的发展受中国传统文化影响很大。

所以，虽然近代以来的西方文化改变了人类历史，改变了世界，但对人的认识还比较片面。而且因为哲学家们要自圆其说，往往只关注和强调对其学说有利的方面，而无视或忽略了其他方面，所以最后的结论常常是片面而又走向极端，更不能对人有多方面的、有机统一的整体综合理论。这也正如有人谈及西方哲学时提到的特点：片面的深刻，深刻的片面。

哲学代表思考的高度，那么这个特点也就可以概括西方文化中关于"人"的本质特征的认识了。这种思考方式使西方文化中关于人的认识充满对立和矛盾。虽然这种状况能刺激思想，不断探索，但也斗争激烈，片面极端，难以达到整体和谐，获得安宁，甚至潜伏危机，造成个人生活和社会发展中的不断动荡。

四、中国人的自由

与西方文化相比，中国文化表现出和谐稳定的特点，在漫长的古代社会，虽然不断有天灾人祸，朝代更迭，历经坎坷，但社会的组织结构相对稳定，而且表现出人们所说的那种独特的"同化"作用，即外来民族及其文化融汇到中华传统文化中，成为新的中华民族文化的有益补充甚至是重要组成部分。

文化是人创造的，是人的聪明智慧的成果，是人心理的外在表现。中华民族传统文化的这个特点源于中国人的精神，源于中国人心理活动的特点，也就是几千年来儒家文化的影响。孔子儒家主张"克己复礼为仁"，努力去成为人，去"做人"。"仁"有多方面的规定性，其中"人的自由"是重要组成部分。这是天人合一的自由，是最合乎自然也是最丰富全面的人性的自由。

所以从中西文化关于"人"的不同认识来看，中国孔子儒家思想最早也是最全面最深刻地阐释了"人"的概念。这是其他文明所缺乏或者没有的。在西方文化中，人们对"人"的认识是一个不断探索发现、不断补充完善的过程，一直到当代文明的高度。马克思说："有粗野的儿童和早熟的儿童。古代民族中有许多是属于这一类的。希腊人是正常的儿童。"① 古代中国文化显然是属于"早熟的儿童"，有人从此观点出发，来说明中国文化没有生机活力，没有发展进步，未老先衰，没有什么前途。但如果从肯定中国文化的立场出发，这个形象的比喻却正好说明中国先哲的聪明睿智，对世界和人类自己所做思考的全面深入，整体系统，有机和谐。

梁漱溟也提到中国文化"早熟"的特点，竭力赞扬孔子儒家思想的"高明"："我常说中国文化是人类文化的早熟，没有经过许多层次阶段，而是一步登天；所以现在只有等着人家前来接受他。"② 梁漱溟认为："文化的创造没有不是由于天

① ［德］马克思、恩格斯：《马克思恩格斯选集（第一卷）》，中共中央马克思恩格斯列宁斯大林著作编译局编译，人民出版社，2012，第712页。

② 梁漱溟：《中国文化的命运》，中信出版社，2010，第19页。

才的，但我总觉得中国古时的天才比西洋古时的天才天分高些，即此便是中国文化所由产生的缘故。"① 那么，在由这样的"非常天才"创造的极高明的文化中，人的自由也便是自然而然的了："儒家之所谓圣人，就是最能了解自己，使生命成为智慧的。"② 圣人最能了解自己，对自己有办法，也就是最自由的人。

相比之下，西方文化中极端推崇自由，却正是因为自己缺少自由，因为不了解自己，对自己没有办法。所以古希腊古罗马人受生存、权力欲望的驱使，不断四处征服；中世纪的西方人把自己交给上帝，靠上帝的力量建立世界的秩序；现代西方文明以自由为旗帜，实际上是受利益驱使，以上帝的名义，给全世界带来科学和民主，但也给更多人带来不自由乃至巨大灾难。

中国人却强调"仁"，重视修身养性，"自天子以至于庶人，壹是皆以修身为本。"（《大学》）受儒家思想影响的中国人重视"为仁"，即"做人"，更拥有人的自由。"君子不器"，"文质彬彬"。外在的"文"根源于内在的"质"，内在的"质"通过外在的"文"表现出来。精神成为物质化的现实，物质富有精神的内涵，二者有机结合，个体与世界相互沟通，内外和谐，相得益彰，成为一个充实而又有风采的美的形象。这个美的形象完整独立，自在自由，顶天立地，与天地合一，如天地自然生生不息，不断发展创造，展现在活泼优美、崇高神奇的生命活动中，不断实现更高境界的自由。

但是，"为仁"需要"克己复礼"，需要不断努力实践，中国人的自由也是需要自己不断去争取。人生包括物质和精神两个方面，个人的自由的需要物质生活条件的保障，也需要精神能力不断提升。孔子看到卫国人口众多，不禁称赞，又提出要使民众富裕，还要进行教化，提高文化水平。庶、富、教，这是人类文明发展的方向，也是人们获得更大自由的保障。

在中国古代历史上，虽然曾创造出灿烂的文明，但在更多的时间里，对更多的人来说，却并未达到孔子儒家所提出的"小康"生活水平，更不用说什么

---

① 梁漱溟：《东西文化及其哲学》，商务印书馆，2006，第158页。
② 梁漱溟：《中国文化的命运》，中信出版社，2010，第17页。

"大同"的社会理想。因为物质生活条件差，文化水平普遍偏低，人的自由也就有限。但孔子儒家思想如日月光明，照耀中国人的生活，让中国人享受做人的自由和快乐。现在，西方文明给全世界带来现代科技的力量，带来学术的昌明繁盛，也使中国人的生活发生巨大变化。现在古老的中华文明吸收现代西方文明成果，努力创造，能有更好的物质和精神条件，去"克己复礼为仁"，达到"做人"的更高境界，享有更多的自由。

经过近代一百多年的奋斗，不断吸收世界先进文明成果，中华民族正走向伟大复兴。在这个过程中，人们也越来越重视传统，认识到孔子儒家思想的宝贵价值和强大生命力。历史悠久、博大精深的孔子儒家传统正和全球化趋势相结合，走向世界。季羡林认为"21世纪是东方文化的世纪"①，可以说，也就是中国文化、孔子儒家思想广泛传播的世纪。要学习和继承孔子儒家思想，以人为本，天人合一，会让世界更美好，让人类有更多真正的自由。

① 季羡林：《风物长宜放眼量》，重庆出版社，2015，第221页。

第八章　孔子儒家的中庸思想

第一节　中庸即天人合一

孔子最早提出中庸这一概念，称赞其为"至矣乎"，也就是"至德"。"至德"即最高的德，而最高的德也就体现最高的道。孔子有对天的信仰，天道即是最高的道。因此中庸即是合乎天道的德行，"为仁"体现天道，人和自己信仰的崇高对象合而为一，也就是天人合一。孔子思想经曾子再传子思，子思撰《中庸》揭示中庸的核心思想，从多个方面阐释其具体、丰富的内涵。

一、中庸与天人合一

《中庸》是儒家的重要著作，后世许多学者在阐释其思想的时候，虽然没有明确指出中庸即天人合一，但都和宇宙天地、人心联系起来，阐释二者的密切关系。

关于子思创作《中庸》的原因，南宋思想家朱熹说："子思子忧道学之失其传而作也。"① 而 "形而上者为之道"（《周易·系辞上》），所以中庸即讲孔子儒家的最高思想，也就是天人合一。在解释中庸的时候，朱熹一开始便提到 "天""道"："盖自上古圣神继天立极，而道统之传有自来矣。"（《中庸章句·序》）② 这里是指尧、舜、禹等 "上古圣神"承受 "天命"，君临天下，形成流传后世的 "道统"。在这个 "道统"中，"人心"和 "道心"的关系至为重要，必须 "允执厥中"。朱熹说："必使道心常为一身之主，而人心每听命焉。"（《中庸章句·序》）③ 这里的 "人心每听命焉"，即是听命于 "道心"，二者合二为一，也就是天人合一。

李泽厚用 "实用理性"来解释中庸，但可以看出中庸实际上是超越 "实用"，有更多形而上的意味，"人道"与 "天道"的合一，也就是天人合一。徐梵澄非常重视《中庸》，关于《中庸》的开篇文字 "天命之谓性，率性之谓道，修道之谓教"，徐梵澄说："这是儒家的正统教义，人的本性得之于天（或上帝）之授命，本性为纯善。人类得此本性之善，有责任扩充至极。"④ 在这一段话中，也表明儒家天人合一的思想。

当然，在一些人的理解中，由于缺乏形而上的高度，使得中庸思想变得平常、平庸，甚至和折中、妥协、"和稀泥"等联系起来，更加背离了儒家精神。如朱熹解释中庸，除了前面所述关于 "道心""人心"的内涵之外，还有这样的话："中庸者，不偏不倚，无过不及，而平常之理，乃天命所当然，精微之极致也。"⑤ 后世的一些人常记住前面的 "不偏不倚""无过不及"，却缺少了对 "精微之极致"的追求。当代学者杨伯峻认为："'中'，折中，无过，也无不及，调和；'庸'，平常。"⑥ 这样的解释更容易把人引到 "形而下"的方向上，让人失去精神追求的高度，甚至也失去最基本的原则。

---

① 朱熹著，王华宝整理《四书集注》，凤凰出版社，2016，第 14 页。
② 朱熹著，王华宝整理《四书集注》，凤凰出版社，2016，第 14 页。
③ 朱熹著，王华宝整理《四书集注》，凤凰出版社，2016，第 14 页。
④ 徐凡澄著，李文彬译《孔学古微》，华东师范大学出版社，2015，第 165—166 页。
⑤ 朱熹著，王华宝整理《四书集注》，凤凰出版社，2016，第 18 页。
⑥ 杨伯峻:《论语译注》，中华书局，1980，第 64 页。

徐梵澄明确指出这种不当的理解倾向："常有人声称自己在生活中不走极端，走中间道路，以大众标准为量度。此类人努力使自己维持在平均水平上，不太好，也不太坏。然而这并不是中庸的真正含义。"[1] 他认为，虽然"在日常生活中，行事不走极端总是明智的选择"[2]，但"同样显而易见的是，折中或妥协并不一定是正确的选择。"[3] 有的时候，必须要毫不含糊，立场鲜明，坚持正确方向、原则，把事情做到完美，追求最高境界。"因此问题就不再是是否要做到极致，而是以正确的方法，在正确的时间和正确的地方，做正确的事情。这就是《中庸》的主题。"[4] 因为坚持做正确的事情，不和世俗妥协，孔子的一些行为并不被众人理解。但孔子坚持自己的信仰，追求天人合一，做事情问心无愧，不受别人的影响。

天人合一是中庸的核心。纵观《中庸》全文，大致可以分为三个部分，开篇即阐明天人合一的思想，讲天地之道，中庸之德。中间或引用孔子的话，或结合历史发展和圣贤事迹，讲述修身、齐家、平天下等社会人生活动中的中庸表现。最后总结主旨，赞扬中庸德行的伟大神奇。所以，可以从三个方面来阐释《中庸》的主要内容：守持人类的本性、中庸的具体要求、至诚即中庸。

二、守持人类本性

天生万物，各有其本性，天地万物依其本性存在、发展。人作为"万物之灵"，自觉遵从天地之道，达到天人合一的理想境界，这便是中庸。

在《论语》中，孔子最先提出中庸这一概念，并称之为"至德"。"至德"即最高的德行，而孔子儒家的最高境界是天人合一，所以中庸即天人合一。孔子儒家有对天的信仰，敬畏天命，《论语》中多次提到天，如"唯天为大，唯尧则之"（《论语·泰伯》）等。孔子反对"无所用心"，主张"用心"，去"克己复

① 徐凡澄著，李文彬译《孔学古微》，华东师范大学出版社，2015，第 164 页。
② 徐凡澄著，李文彬译《孔学古微》，华东师范大学出版社，2015，第 164 页。
③ 徐凡澄著，李文彬译《孔学古微》，华东师范大学出版社，2015，第 164 页。
④ 徐凡澄著，李文彬译《孔学古微》，华东师范大学出版社，2015，第 165 页。

礼为仁"，其中包含敬天爱人。到孟子，明确提出"心之官则思"（《孟子·告子上》）。他也崇尚天人合一，重视"诚"："是故诚者，天之道也；思诚者，人之道也。"（《孟子·离娄上》）

其他先秦儒家典籍中，有的直接表明儒家天人合一的思想，如"有天地，然后有万物；有万物，然后有男女；有男女，然后有夫妇……"（《周易·序卦》）人生于天地，是世界的有机组成部分；人又不断发展、创造，组织社会，创造文化。而人的创造要遵循天人合一："夫大人者与天地合其德，与日月合其明，与四时合其序，与鬼神合其吉凶。"（《周易·乾》）后世许多儒家学者都以天人合一为最高精神境界。即使作为道家代表的庄子，也秉持天人合一的理想："君原于德而成于天"（《庄子·天地》）。现代哲学家也多认同这种思想："中国或者东方对待大自然的态度或者哲学基础便是'天人合一'。"[1]"人乃宇宙中之一种物，人生乃宇宙中之一种事。"[2]

《中庸》即以天人合一为最高德行。《中庸》开篇即提到天："天命之为性"，天生成万物，是万物本性的根源。万物生存发展依据本性，遵循各自的规律："率性之谓道"。而"修道之为教"，学习、领会这种道，身体力行，并指引民众实践，这就是教化。天地万物生生不息，一刻也不离本性，不能违背规律，也就是道。因为道是如此重要，所以君子一定要"戒慎""恐惧"，非常认真谨慎、紧张敬畏地去认识、领悟道。道其实又无所不在，在最隐秘幽微之处，道德会显示出来，所以君子一定要"慎其独也"。

"慎独"是一个非常重要的概念，也是一个内涵非常丰富而难以简单说明的概念，历来众说纷纭，有些解释甚至互相对立矛盾。现在要全面深入理解这一概念的内涵，应遵从解释循环的规则，尽力去全面深入理解天人合一的内涵，而不是任意解释，甚至妄加穿凿。"慎"，有真心、诚心的意思，天道真实不虚，也实实在在存在于人的心中，心灵必须真诚，来不得半点弄虚作假。"慎"有用

---

① 季羡林：《季羡林文化沉思录》，时代文艺出版社，2013，第36页。
② 冯友兰：《人生四境界》，长江文艺出版社，2016，第41页。

心、认真的意思，可以认为这符合孔子"用心"的思想，也符合孟子"心之官则思"的观点。这种解释正说明人类自由思想的精神特性，要发挥这种能力，去努力思考，去把握道。"慎"有谨慎小心的意思，因为世界万物复杂多变，难以认识清楚，而精神自由固然可贵，但也可能因此误入歧途，所以要小心翼翼，不可疏忽大意。"慎"有戒备警惕的意思，因为遵从正道能得以生存发展，但如果出现失误就可能带来危险，所以心里要紧张起来。"慎"有敬畏恐惧的意思，因为天道是信仰所在，超越人自身的能力，所以必须有敬畏恐惧之感，以天道作为生存的终极依靠。

关于"独"，也有丰富的含义。有人认为，"独"有独自一人、闲居独处的意思，因此"慎独"是要和外界相隔离、对立。这样的理解自然是不对的，正和天人合一的方向背道而驰。有人认为，"独"有孤身独立的意思，因此"慎独"是恐怕自身的一己欲望甚至罪恶意识占据心灵，从而失去善良本性。有人引申出与他人、社会疏离，甚至也忘记了神灵的存在，认为"慎独"即是要避免无所忌惮，任意妄为。也可以认为，"独"有独立的意思，君子重视自己的独立性，努力发挥自己的能力，才能参天地赞化育；"独"有完整的意思，君子认识到自己心灵和天道的相通，道也存在于自己心中，所以要珍重自我，从自我中把握道的存在；"独"有少的意思，要尽量避免外在事物的干扰，只向内心中去体会道的存在；"独"有自我内心的意思，君子要认真体会内心中的道；"独"有单一、纯粹的意思，内心中思虑万千，存在种种沾染和干扰，君子要努力排除影响，去把握真正的道。

从上述可以看到，"慎""独"各自有多种解释，所以上述两字的各种意思有多种组合，那么"慎独"的具体解释也就更为丰富复杂了。但如果从作为最终目的的天人合一出发，那么就可以统领上述众多的解释了。所谓"君子慎其独也"，也就是"君子要努力去做到天人合一"，这是"天命"所在，是"道"的要求，是"教"的任务。

天地万物有其本性，有其发展变化的规律。合乎本性要求，不偏离正确的道路，充分施展能力，成就自身，又与天地合而为一，体现造化神奇，这也就是中庸之道。努力做到天人合一，才能有"中和"的理想状态。中和是从内在本性上来说的，中庸是从本性的外在的能力表现，也就是德行上来说的。"喜怒哀乐之未发，谓之中"，"中"指内在本性，"中也者，天下之大本也"。"发而皆中节，谓之和"，外在表现皆发自内在本性，合乎本性的要求，即"和"，"和也者，天下之达道也"，即事物发展的康庄大道。而"致中和，天地位焉，万物育焉"，达到中和的境界，那么天地秩序井然，万物生长繁荣。

中庸即"用中"，事物发展变化不偏不倚，没有过分和不及，出于自然本性，达到最理想状态。人的生存发展也是如此，要守持人类自己的本性，遵从正确的道，不断努力，成就自我的同时，也能体现"天地位焉，万物育焉"的伟大秩序，达到天人合一的崇高境界。以上是《中庸》第一章的内容，阐明中庸的基本道理。后面内容包括孔子的言论、《诗经》的语句以及子思自己的思考，来阐述如何做到中庸。

中庸的思想引领中国人走上人文创造的道路，以人为本，坚持本性，不受内在物欲束缚，也不受外在神灵的左右，努力发挥才能，与天地共存共荣。

三、中庸的具体要求

天地万物生生不息，人间社会不断发展进步。个体生存于世间，要保证物质生活的需要，还要有精神追求。天地万物的发展变化有永恒的道，人有精神活动的本质特性，自称为"万物之灵""天地之心"，就要领悟、体现天地之道，参天地赞化育，自觉增进天地万物的生生不息。达到这个境界即是做到天人合一，在这个过程中表现出来的德行即为中庸。从《中庸》全文中可以看出，对于人的行为，中庸有多方面的要求，如敬畏天地、忠恕之道、持之以恒、素其位而行、竭尽所能、执两用中、君子时中等。

首先要有对"天"的尊崇敬畏之心，对人生意义有深刻理解，懂得人生任重道远，仁以为任，永恒追求。《中庸》中有对天地万物生生不息、造化神奇的赞美颂扬。如天地高明博厚、悠久无疆，"其为物不贰，则其生物不测"，"今夫天，斯昭昭之多，及其无穷也，日月星辰系焉，万物覆焉。今夫地，一撮土之多，及其广厚，载华岳而不重，振江海而不泄，万物载焉……"《中庸》引用《诗经·周颂·维天之命》中语句赞美天："维天之命，於穆不已！"紧接着又赞美周文王说："於乎不显，文王之德之纯！"天道庄严肃穆，永恒不息，而文王光明显赫，德行纯正。文王是周代文化的奠基者，他的德行达到中庸境界，所以后人崇敬赞颂。

文王之后的武王、周公建立周朝，名垂青史。他们是敬天的模范，而他们也都是遵行孝道的模范。孝是"仁之本"，是人们对"天地之大德"的体认，尽孝是敬天的开端。他们正是通过从尽孝做起，做到中庸，所以才有这样伟大的成就。他们是孝祖敬天的模范，做事中庸，达到天人合一的境界，安邦定国也易如反掌。文王、武王、周公是古代圣人，他们做到中庸，为后世树立光辉的榜样。

圣王尽孝、敬天，做到天人合一，这也正是孔子所提出的"仁"学重要内涵。关于"仁"的含义，在《论语》中孔子多次解释，其中最直接最重要的便是"爱人"，其他还有如"己所不欲，勿施于人"（《论语·颜渊》）等。孔子说"吾道一以贯之"，按照曾参的理解便是"忠恕而已矣"（《论语·里仁》）。忠是出于真心，恕是以己度人。《中庸》中也借孔子的话指出，"道不远人，人之为道而远人，不可以为道"，道不远离人们，如果有人行道时远离人们，那就不能行道了。而"忠恕违道不远，施诸己而不愿，亦勿施诸人"。忠恕离道不远，不愿意别人施加给自己的，也不要施加给别人。忠恕是发自内心，待人如己。用自己的真心来对待别人，推而广之，来对待整个世界，自然会和万物、天地合而为一。所以依照忠恕而行，自然合乎中庸之道。

用自己的真心来感悟、理解天地之道，做到中庸，需要不断努力，持之以恒。文王、武王和周公垂范后世，但正因为他们是圣人，后世人们不易达到他们的境界，所以中庸也就很少见了。中庸说起来很简单，但要真正做到，其实非常不容易，所以人们一定要认识到这个道理，努力持之以恒。在《中庸》中，孔子对这个情况认识得很清楚："民鲜久矣"。孔子也明白其中的原因，"知者过之，愚者不及也"，"贤者过之，不肖者不及也。人莫不饮食也，鲜能知味也。"所以，许多人因为不懂中庸，难免犯错，也有许多人虽明白道理，但不能用实际行动坚持到底。除了人自身的因素之外，中庸自身广大而精微，也需要人们既老实本分，又尽力做到极致。因此，中庸是非常不容易做到的。但中庸是最高的德行，是真正的刚强，能够做到和而不流、中立不倚，不受别人的影响，也不受国家治乱的影响。不沽名钓誉，努力坚持中庸，无怨无悔，只有圣人才能做到这样。

中庸虽是至高的德行，但必须从自身做起，从小事做起。"君子素其位而行，不愿乎其外。素富贵，行乎富贵；素贫贱，行乎贫贱……上不怨天，下不尤人。"

君子要竭尽全力，不断提升自己的才能，争取达到中庸的境界。所以，君子要知天、知人、修身，从事奉父母开始，让家庭融洽，社会和谐，乃至安邦定国，天人合一。要有知、仁、勇的品德，处理好君臣、父子、夫妇、昆弟、朋友之间的关系。如此，治理国家也便顺理成章。无论做什么事情都要深思熟虑，预先想好办法，不断增强自己的能力，就不会遭受挫折。要"博学之，审问之、慎思之，明辨之，笃行之"；"人一能之己百之，人十能之己千之"。(《中庸·第二十章》)

孔子称赞舜的德行，提出"执两用中"的主张："舜其大知也与！舜好问而好察迩言，隐恶而扬善，执其两端，用中于民，其斯以为舜乎！"(《中庸·第六章》)也就是说，舜仔细辨别，深入思考，由近到远，由浅到深，明白百姓生活中出现的善恶情况。他摒除各种恶行，弘扬善行，引导百姓生活按照人的本性要求去发展，达到理想状态。从舜的故事中，儒家总结出为人处世"执两用中"的方法。事物都有发展变化的过程，有时不够成熟，有时可能过分，这都不符合中庸。君子细察深思，全面深入理解事物发展过程，明白有不及和过分这两种极端状态，注意避免出现这两种情况，而让事物处于二者之间的最理想的状态，也就是保持中庸。

在事物发展过程中，"君子时中"有助于做到中庸。《中庸》引用孔子的话："君子之中庸也，君子而时中。"(《中庸·时中章》)事物的组成往往纷纭复杂，又受到外在环境的种种影响，所以在发展过程中往往变化多端，难以把握，但君子能与时俱进，不断调整、改变自己，顺其自然，做到"时中"。朱熹说："君子知其在我，故能戒谨不睹、恐惧不闻，而无时不中。"[①]君子知道事在人为，坚持正道，发挥智慧才能，随机应变，诸多方面各安其位，各得其宜，事情不断发展，顺利向前。这就是"时中"。孔子说自己"无可无不可"（《论语·微子》），李泽厚认为这显示了孔子的灵活性，"展现个体的主动性、独特性，是主体性的核心内容。"[②]灵活性表明君子自身具有很强的坚韧性、适应性，更能做到中庸。

四、至诚即中庸

中庸是最高的德行，对人们的行为有诸多要求。这些要求是实行中庸的道理，也是心灵的体现。而心灵与天地合一，广大精微，合乎中庸。尧在禅让时传给舜四个字："允执厥中"。舜传位时告诫禹："人心惟危，道心惟微，惟精惟一，允执厥中。"（《尚书·虞书·大禹谟》）舜用"心"来理解尧的教导。尧、舜以降的圣人坚持人生正道，所传下来的道统就在于一个"心"。

"天命之谓性"（《中庸·第二十章》），天地万物都有自己的本性。"率性之谓道"（《中庸·第二十章》），依据本性来生存发展才是正道。人的思想感情，也就是人心，合乎本性，便是诚。诚即真，即与本性合一，不弄虚作假，不偏离正道。诚是天道，也是人生的正道："诚者，天之道也。诚之者，人之道也。"（《中庸·第二十章》）如果做到诚，也就不用多费力气，不用多加思考，自然合乎自我本性、合乎天道，达到圣人的境界了："诚者不勉而中，不思而得，从容中道，圣人也。"

所以人生必须做到诚。这是臻于至善的人生正道，必须抓紧不放，坚持到底："诚之者，择善而固执之者也。""自诚明谓之性，自明诚谓之教。"（《中

---

① 朱熹著，王华宝整理《四书集注》，凤凰出版社，2016，第 18 页。
② 李泽厚：《论语今读》，安徽文艺出版社，1998，第 427 页。

庸·第二十一章》）由诚而明察事理，这是出于天性；由明察而达到诚，这是因为教化。诚和明是一回事。

如果做到极致，就能达到至诚的境界，也就达到天人合一，做到中庸。在这种境界中，人能成就自己，成就万物，和天地的造化神奇合而为一："唯天下至诚，为能尽其性；能尽其性，则能尽人之性；能尽人之性，则能尽物之性；能尽物之性，则可以赞天地之化育；可以赞天地之化育，则可以与天地参矣。"（《中庸·第二十二章》）如此，也就达到天人合一的最高境界了，做到了中庸。

圣人做到至诚，次于圣人的贤者通过努力也能达到至诚的境界。圣贤天人合一，内在精神显现出来，圣贤形象光辉明亮，感化人心。"大哉圣人之道！洋洋乎发育万物，峻极于天。"（《中庸·第二十七章》）"故君子尊德性而道问学，致广大而尽精微，极高明而道中庸。"（《中庸·第二十七章》）

圣人的行动合乎中庸，知天，知人，天人合一。"动而世为天下道，行而世为天下法，言而世为天下则。远之则有望，近之则不厌。"（《中庸·第二十九章》）孔子就是这样的圣人，做到了至诚。"唯天下至诚，为能经纶天下之大经，立天下之大本，知天地之化育。"（《中庸·第三十二章》）

所以，《诗经》中早有诗句歌颂圣人的中庸德行。如"衣锦尚絅"，穿着锦服，外罩单衣。君子德行高尚，深藏不露而日益显现。"潜虽伏矣，亦孔之彰"（《诗经·小雅·正月》），虽然潜伏得很深，但仍昭彰可见。君子虽然谦虚，但德行光辉灿烂。"相在尔室，尚不愧于屋漏"（《诗经·大雅·抑》），独自在室内，也无愧于神灵。

君子与神灵相通，百姓自然心生感动和敬畏。"不显惟德，百辟其刑之"（《诗经·周颂·烈文》）。上天德性显明，各方诸侯都要效行。君子笃实谦恭，能使天下太平。"予怀明德，不大声以色。"（《诗经·大雅·皇矣》）我怀念您的美德，没有厉声厉色。君子德行润物无声。"德輶如毛"，美德像羽毛一样轻。羽毛还有行迹，而"上天之载，无声无臭"（《诗经·大雅·文王》）。上天的运行，无声无臭，这是最高的境界。而中庸是天人合一，也就如上天的运行，无声无臭，生生不息，崇高伟大。

《中庸》文字不多，大道至简。朱熹说："世之相后，千有馀年，而其言之不异，如合符节。"① 又是近一千年过去了，中华民族迎来伟大复兴，中庸之道历久弥新，"天"更令人心生敬畏、更显崇高伟大，生命也更增添了意义，更加美丽神奇。

第二节　孔子儒家的天人合一

依靠精神活动的特性，人类不断自由思考，创造自己的美好生活。信仰是人类精神不懈追求，全身心投入的结果。孔子儒家有对天的信仰，追求天人合一的境界。信仰只有在现实生活中，才能显示出强大的精神力量；现实生活必须包含信仰，才能有真实、永恒的感觉，有崇高、神圣的意义。孔子被尊为万世师表，引领中国传统文化追求天人合一的境界。

一、天人合一的滥觞

早在孔子之前，中国人已表现出天人合一精神。孔子整理《尚书》、删订《诗经》、研究《周易》，继承和发扬古代文化传统。在这些典籍中，就有天人合一的滥觞。

《尚书》记载中国上古的历史，尤其是保存了西周初期的一些重要史料。《尚书》中常常提到天，天的内涵丰富，是抬头仰望的高高在上的天；是无穷无尽变化不已的宇宙自然、万事万物；是决定政权更替和社会生活的主宰力量；是冥冥中有崇高威严的人格神等。如"钦若昊天，历象日月星辰，敬授人时"（《尚书·尧典》）、"皇天无亲，惟德是辅"（《尚书·蔡仲之命》）等。这些文字表明

---

① 朱熹著，王华宝整理《四书集注》，凤凰出版社，2016，第 15 页。

统治者对天的信仰，仰望苍天，心生敬畏，祈求保佑，探求宇宙自然运行、社会人世变迁的因由，常常无法解释，便把答案归于"天"。因此，人的心灵得到安顿、慰藉，有了坚实的根基，感悟到许多道理，增长更多力量。

从《尚书》中可以看出，周代统治者信仰天，产生敬天保民的思想，这是先哲精神探索的结果，也和周代先进的农业生产方式密切相关。周代是典型的农耕文明，种植庄稼，收获粮食，保证生存。农耕文明和天有密切的关系，人和庄稼、草木一样植根大地，头顶苍天，承受阳光雨露的恩泽。农业生产受季节变化影响，各种活动要和天气变化相和谐，不误农时，才能顺利地春种夏长，秋收冬藏，生生不息。如果能风调雨顺、五谷丰登，人们生活安宁，衷心感恩。但天也有不测风云，有旱涝霜雹等自然灾害。在这些不可抗拒的自然变化面前，人们祈求和上天沟通，虔诚奉献，希望感动上天，求得仁慈怜悯，结束灾难，迎来新生。

《诗经》中的诗歌大都是周代的，全面反映周人的生活和思想感情。延续《尚书》的思想，人们还常把天和冥冥中的主宰力量联系起来，充满敬畏，虔诚信仰、崇拜。如"皇矣上帝，临下有赫。监视四方，求民之莫"（《诗经·大雅·皇矣》）、"敬天之怒，无敢戏豫。敬天之渝，无敢驰驱"（《诗经·大雅·板》）等。

但随着人们理性能力的增强、社会文明的发展，《诗经》中的"天"少了崇高威严的人格神的特点，更多的是指与地相对的天，以及生育万物的宇宙自然。如《诗经》中有许多农事诗，记录农业劳作和自然季节气候变化的关系，记录山川草木、飞禽走兽等，充满对自然万物的喜爱、赞美和崇敬，把自己的生活和天地万物密切联系起来。如"习习谷风，以阴以雨。黾勉同心，不宜有怒"（《国风·邶风·谷风》）、"山有漆，隰有栗。子有酒食，何不日鼓瑟"（《唐风·山有枢》）等。《国风·七月》更是一幅幅色彩瑰丽、天人合一的农业生产生活图景。

在代表周代思想高度的《周易》中，有很多地方提到"天"，体现天人合一的精神。如"天行健，君子以自强不息""本乎天者亲上，本乎地者亲下，则各从其类也"（《周易·乾》）、"观乎天文以察时变，观乎人文以化成天下"（《周易·贲》）等。

现代学界一般认为，《周易》重卦出自文王之手，卦爻辞为周公所作。后来孔子又作"十翼"，对《周易》进行哲理阐释，使之成为中国古代最高智慧的代表。关于天人合一，《周易·系辞下》中也早就形象地描绘出来：圣人包牺氏观察周围的事物，从自身出发，向远处观察思考，而远处即是天。由近及远，有无限丰富的事物，是天所覆盖包含的。天是头上浩渺的空间，也是无比丰富多样的万事万物。万事万物不断发展，变化多端，无比神奇又有规律。天地自然之外还有宇宙，宇宙之外，超出人的思考想象的那些存在，虽神秘未知，但又确实存在，这也是天。

综上所述，"天"主要包含以下几个方面的意思。一是现实生活中自然之天，也就是与地相对、人们抬眼所见的天；二是包括天地在内，以及天地之间存在的事物，也就是自然万物；三是天地万物的发展变化，以及内在的神奇性，也就是道；四是超越天地万物的宇宙，也就是上下四方的空间和古往今来的时间；五是超越思维想象的存在，如上帝、帝等人格神的形式。需要注意的是，这几个方面的含义不是相互隔绝孤立的，而是相互联系，呈现出一个由具象到抽象、由低级到高级的构成秩序。而信仰是人们努力思考，寻找生存根基的最终结果。在这个寻找过程中，就有思维由近到远、由低到高、由具象到抽象的不同阶段。这个寻找的过程和结果有各种不同的表现，那么信仰便会建立在上述各种不同对象上面。如果先是停留在较低层次上，经过努力，也会提升到更高层次，直到最后人格神的层次。而这人格神的层次实际上是自我精神活动的最高层次，是全身心投入后的忘我精神状态。这也就是柏拉图说的迷狂、各宗教中的神灵附体，或者马斯洛的高峰体验等，是一种无法言说的神秘状态，即精神信仰的境界。

人生存于天地之间，万物之中，人食五谷杂粮，才能生存。人和草木都离不开阳光雨露和空气，依靠上天的赐予，冥冥之中似乎有超越的力量决定万物荣枯，决定人的生死遭际。所以人要感恩、赞颂上天，天人合一，才能获得上天的保佑，有永恒、崇高、神圣的意义。

孔子是伟大的思想家，被和他同时代的人们称为"圣人"，更被后世尊为"至圣先师"，他一生中不断努力，奋发学习，投身社会实践，追求崇高理想，达到天人合一的境界。

二、孔子的天人合一境界

孔子好学深思，有对天的信仰，努力践行，做到天人合一。《论语》中的许多语句表明了孔子的天人合一，后世许多人也认为孔子是伟大圣人，达到天人合一的精神境界。

天人合一是全身心投入，努力追求的结果。所以需要人们热爱生活，才能有强大力量和坚强意志去追求、探索，最终达到这一境界。而孔子正是这样，身体力行，无所畏惧。孔子主张"仁"，要"克己复礼为仁"，而仁者"爱人"（《论语·颜渊》），要有爱的感情，爱自己的生活，爱他人、社会乃至全部世界。在内心感情的推动下，孔子认为还要努力作为，坚持不懈，奉献社会。所以孔子在鲁国没能实现自己的理想，就和弟子们周游列国，希望有施展才能的机会。即使四处碰壁，也要"知其不可而为之"（《论语·宪问》）。孔子认为天下有道，而人生在世也有崇高的追求，那就是要和这"天道"合一。孔子"爱人"，这种爱的感情也表现在对待自然界山水、动物上。其实这种爱的感情也就是生命的本能，天地本性的表现。

信仰是在感情力量的推动下，不断发挥精神力量，去努力探寻生命、世界本源的结果。在天人合一的状态中，必有活跃的理性思维活动，既关注形而下的物质世界，又追求形而上的道。孔子的一生就是不断探寻，提升精神境界的过程。他不断向更高境界追求，与天合一。人有心灵，有自由的精神活动，这是人与动物的本质不同，人只有在生活中发挥这种特性，才是与动物不同的生存状态。所以要"用心"，要思考。

精神世界无比广阔自由，但因此也会让精神活动迷失方向，陷入混乱无序的状态，产生烦恼、焦虑，徒劳地耗费精力，甚至变成理智迷乱的疯狂。而如果有了信仰，精神活动就有了方向、根基、条理和秩序，精神就可以安定下来，有条不紊地展开各种活动，获得精神的和平、稳定和安宁。在孔子的生活中，就常有"安"的心态。"安"是生活稳定，也是精神上有能够依靠的支柱。身心安定，心情自然也就轻松快乐，以至于"不知老之将至云尔"（《论语·述而》）。

因为有天人合一的信仰，心中安乐，没有令人恐惧的鬼神，超越死亡。所以对于现实的各种艰难困苦，孔子毫不畏惧。但是对于"天"，孔子常心存敬畏。天是那样庄严肃穆、崇高神奇，令人赞叹不已。古代圣人做到天人合一，成为后世楷模："巍巍乎！唯天为大，唯尧则之。"（《论语·泰伯》）

作为古代文化的继承弘扬者，孔子好学深思，身体力行，不懈奋斗，达到天人合一的境界。学生对孔子充满崇拜、仰慕的心情，如子贡对孔子满怀崇敬："仲尼，日月也，无得而逾焉"（《论语·子张》）。

三、中国文化的天人合一传统

孔子被尊为"至圣先师"，引领中国文化追求天人合一的崇高境界。后世的儒家思想家、政治领袖和普通百姓都信仰天，追求天人合一。

孔子提出"中庸"的概念，他的孙子子思撰写《中庸》，进一步深入阐述中庸的内涵。子思认为，人要按照天生本性的要求，也就是要遵从"道"去生活，而认识、把握"道"的过程需要学习、教育。中是本性，和是大道，达到中和，天地万物就能生生不息。如果人遵从"道"，不断发挥自己的能力，可以成就自己，成就万物，最终达到天人合一，不断繁荣兴盛。

孟子认为"仁，人心也"（《孟子·告子上》），心和天密切联系："尽其心者，知其性也。知其性，则知天矣"（《孟子·尽心上》）。所以君子与天地一体："夫君子所过者化，所存者神，上下与天地同流"（《孟子·尽心上》）。和孟子一样，战国时期的其他思想家都从不同的角度来阐述天人合一的思想，如"夫人者，天地之心也"（《礼记·礼运》）。老子认为人是世界的重要组成部分："故道大，天大，地大，人亦大。域中有四大，而人居其一焉。"(《老子·第二十五章》)庄子认为人和天地万物为一体："天地与我并生，而万物与我为一。"(《庄子·齐物论》)

在宋明理学那里，许多思想家继续发扬天人合一的精神。如周敦颐说："天以阳生万物，以阴成万物。生，仁也；成，义也。"① 张载提出："故天地之塞，吾其体；天地之帅，吾其性。民吾同胞，物吾与也。"② 程颢认为："仁者，以天地万物为一体，莫非己也。"③ 朱熹说："仁者，天地生物之心。"④ 陆九渊认为："宇宙便是吾心，吾心即是宇宙。"⑤ 明代的王阳明进一步提出"万物一体"的说法："夫人者，天地之心，天地万物本吾一体者也。"⑥

在中国古代政治活动中，尊崇天人合一，以至于成为一种国家宗教。周代最高统治者即自称"天子"，让自己的权力获得神圣性，增强统治力量。《周礼》中记载，周代官制设有天官、地官、春官、夏官、秋官、冬官等，把政治组织、活动和天地自然联系起来。汉代董仲舒明确提出"天人合一"的观点："天人之际，合而为一。"(《春秋繁露·深察名号》)汉武帝接受"罢黜百家，独尊儒术"主张，把天人合一作为政治统治的最高思想。在中国古代政治活动中，祭祀天地、"封禅"、以民为本、观风知政、天人感应等，都包含天人合一的思想。明清皇帝颁布圣旨常有"奉天承运"的套话，表明至高无上的权威。

在百姓生活中，天人合一的精神也深入人心。在重大节日如春节中，百姓有祭祀天地的传统。婚丧嫁娶等的人生大事和"天"联系密切，如结婚时要拜"天地"，给两性结合增添郑重严肃、崇高神圣的意义。民间百姓生活中重视孝道，奉养父母是对父母养育恩情的报答，更重要的是对天地生命敬畏。民间个体结为异姓兄弟或者群体订立盟约时，有祭拜天地的习俗，让最高信仰来做见

---

① 周敦颐著，徐洪兴导读：《周子通书》，上海古籍出版社，2000，第36页。

② 张载著，章锡琛点校《张载集》，中华书局，1978，第62页。

③ 程颢、程颐著，王孝鱼点校《二程集》，中华书局，1981，第15页。

④ 黎靖德：《朱子语类·第一册》，中华书局，1994，第85页。

⑤ 陆九渊：《陆九渊集》，中华书局，1980，第483页。

⑥ 王阳明：《传习录》，江苏文艺出版社，2015，第192页。

证，增强相互关系的神圣不可变更性。

在以农耕为生的古代社会，农民按照二十四节气安排农事，渴望天降甘霖滋润五谷，不少地方建有龙王庙，遭遇旱情举行祭天求雨的仪式。中国古代城市、村落、住房以及墓地选址重视堪舆，也就是风水，希望天地自然的环境有益于生存发展。中国建筑园林艺术历史悠久，崇尚天人合一，在天地自然、山水草木之中悠然自得，放松身心、汲取生机活力。因此，中国自古有以田园、山水为主题的诗歌及绘画等艺术，成就卓著，给后世留下宝贵的精神财富。直至当代，无数诗人、画家都还在赞美田园、山水，不断丰富着天人合一的精神家园。

信仰是最崇高的境界，也是创造力的伟大源泉，天人合一的追求让中国人自强不息，创造无数神奇。李泽厚说："世俗中有高远，平凡中见伟大，这就是以孔子为代表的中国文化精神。"[1] 其实不只是高远、伟大，还有天人合一的庄严肃穆、崇高神圣。

四、天人合一与当代生态文明建设

天人合一是中国文化中古老的精神信仰，是中国人崇高的精神追求，也真实地体现在现实物质世界发展变化的过程中。因为在中国人的思想中，人本来就起源于宇宙天地、自然万物的生生不息之中，本来就是天地自然的组成部分；人是"天地之心""万物之灵"，人的精神活动自然也就是"天人合一"。这是古老中国文化的精髓，也在当代人类文明的创造中焕发生机。随着人类文明的进步，特别是科学技术的发展，许多崇拜鬼神的宗教文化都已经成为历史，但中国人天人合一的精神追求历久弥新，尤其是当代的生态文明建设，更集中体现着中国文化的天人合一精神。

近代以来，西方资本主义工业文明兴起，逐渐走向全球，对世界其他文明产生巨大冲击。在这个文明碰撞与交流过程中，许多古老文明无力抵抗先进的

---

① 李泽厚：《中国古代思想史论》，生活·读书·新知三联书店，2008，第29页。

工业文明，沦为西方文明的殖民地，饱受压迫和屈辱。中华文明曾长期处于领先地位，但由于闭关锁国等各种原因，也逐渐陷入落后挨打的悲惨境地。在一百多年的西学东渐过程中，中国原有的思想文化遭受质疑和鄙弃，尤其是孔子儒家思想首当其冲，被视为腐朽、落后的代表，天人合一的精神追求也被当作痴人说梦一般。

但西方工业文明在让人类获得巨大物质力量和财富的同时，也给人类带来各种灾难，甚至危及人类自身的生存。如由于肆无忌惮地向自然掠夺，破坏环境，人类遭遇更多自然灾害，水、空气和土壤都受到污染。由于温室气体的排放，全球变暖，极地冰山融化，海平面上升，许多生物濒临灭绝。如果任由这种状况发展，人类将失去自己的未来。

人们越来越认识到西方工业文明的弊端，认识到保护生态的重要性，把自己的生存和自然环境密切联系起来，进而提出生态文明的思想，尤其是从古老中华文明中学习丰富的生态智慧。在季羡林看来，人类能够挽救生态危机："人们首先要按照中国人、东方人的哲学思维，其中最主要的就是'天人合一'的思想，同大自然交朋友，彻底改恶向善，彻底改弦更张。""在西方文化已经达到的基础上，更上一层楼，把人类文化提高到一个前所未有的高度。"①

季羡林认为："21 世纪是东方文化的世纪，东方文化将取代西方文化在世界上占统治地位。"② 中国文化是东方文化的重要代表，天人合一是中国文化的最高境界。在 21 世纪，中国人迎来伟大的民族复兴，推动构建人类命运共同体，建设生态文明，这些事业都和中国古老的天人合一思想密切相关。民族复兴不只是经济发展、国力强大，也是拥有民族文化自信，产生强大精神力量，为人类文明发展作出更多贡献。构建人类命运共同体是与世界各国合作共赢，也是承担起中国人以天下为己任，协和万邦的历史重任。

建设生态文明是保护环境，人与自然和谐共存，走可持续发展的道路。在

---

① 季羡林:《季羡林谈东西方文化》，当代中国出版社，2015，第 52 页。

② 季羡林:《风物长宜放眼量》，重庆出版社，2015，第 221 页。

中国共产党第十九次全国代表大会上，习近平总书记强调："人类只有遵循自然规律才能有效防止在开发利用自然上走弯路，人类对大自然的伤害最终会伤及人类自身，这是无法抗拒的规律。"[①] 中国要加快生态文明体制改革，建设美丽中国。

生态文明是人类文明发展的一个新阶段，是人与自然、人与人、人与社会和谐共生、良性循环、全面发展持续繁荣的新社会形态。中国在生态文明建设方面已经作出很多努力，成就卓著，环境污染、雾霾、沙尘暴等问题得到很大改善，"绿水青山就是金山银山"的理念深入民心。建设生态文明，构建人类命运共同体是时代发展的要求，是当代中国对人类文明发展的贡献，包含着古老的天人合一的精神追求，是"参天地、赞化育"的生动体现。

> 孔子引领中华文明走上人文创造的道路，中华文明是世界上从未中断过的伟大文明。天人合一是孔子儒家思想的重要组成部分，是最高的精神追求，也贯彻在日常生活实践之中，是几千年来中国人的生活准则。天高地广，庄严肃穆，崇高神圣，因此，中华文明源远流长，生机无限。在生态文明发展的当代，天人合一仍有宝贵价值，有助于自然生态稳定平衡，人间世界和平繁荣。

第三节　人类命运共同体思想的中庸之道

在全球化趋势加剧的当代世界，人类命运共同体思想引领人类文明的发展方向。这是中国共产党的理论创新，蕴含丰富的中国传统文化，尤其是孔子儒家中庸思想。中庸集中概括了孔子儒家思想，是宝贵的精神财富，永葆生机活力，在构建人类命运共同体的伟大实践中继续发挥积极作用。

---

① 习近平:《决胜全面建成小康社会 夺取新时代中国特色社会主义伟大胜利》，人民出版社，2017，第50页。

一、坚定不移的人文道路

人类命运共同思想体坚持人文主义道路，为人类创造美好未来。习近平总书记在党的十九大报告中指出："我们呼吁，各国人民同心协力，构建人类命运共同体，建设持久和平、普遍安全、共同繁荣、开放包容、清洁美丽的世界。"[①]习近平总书记在党的二十大报告中指出："构建人类命运共同体是世界各国人民前途所在。万物并育而不相害，道并行而不相悖。只有各国行天下之大道，和睦相处、合作共赢，繁荣才能持久，安全才有保障。"[②] 在这个世界里，人们生活在和平、安全、繁荣之中，相互关爱，和谐共处，环境清洁美丽。这样的世界人类自古以来就由衷向往，不断努力奋斗追求。构建人类命运共同体是一条以人为本，发挥人类自我潜能，不断奋斗，创造美好生活的人文主义道路。在古老中国传统文化中，以孔子为代表的儒家思想给人们指明的正是这样一条道路。

孔子儒家思想的核心是"仁"。关于"仁"，在《论语》中多次提到，主要的内涵有以下几个方面，如"爱人""己所不欲，勿施于人"（《论语·颜渊》）等。后人理解总结，认为"仁"即是成为人，去做人，"仁者，人也"（《中庸》）。对每个人来说，"仁"是一生奋斗的事业。

孔子说："力行近乎仁。"（《中庸》）孔子思想境界高远，也重视社会实践，把理想追求和现实行动结合起来，追求美好生活。孔子身体力行，也教育学生积极从政，参与社会实践，济世救民。孔子带领自己的学生周游列国，虽历经坎坷，多次遭遇危难，但自强不息，是为了坚持人文道路，为了实现创造美好人间世界的崇高理想。

在这样的奋斗过程中，孔子提出"中庸"的概念："中庸之为德也，其至矣乎！民鲜久矣。"（《论语·雍也》）相传《中庸》为孔子的孙子子思所作，他提

---

① 习近平：《决胜全面建成小康社会 夺取新时代中国特色社会主义伟大胜利——在中国共产党第十九次全国代表大会上的报告》，人民出版社，2017，第58—59页。

② 本书编写组编著《二十大党章修正案学习问答》，党建读物出版社，2022，第84页。

出"中和"的概念，"中和"也就是"中庸"。"中"是"天下之大本"，"和"是"天下之达道"。"中"是指人的本性要求，"和"是"中"的表现，是实现"中"的正确道路，是人类生存发展的正确道路。这条道路也就是人文主义的道路：热爱人生，人发挥自己的能力，努力奋斗，创造自己的美好生活，也就是孔子所说的"克己复礼为仁"。

在古老孔子儒家思想引领下，中国人的人生方向即是这条人文主义道路。虽然历史变化沧海桑田，文明发展有许多曲折坎坷，但人文创造的道路不变。近代以来，经过现代文化的洗礼，中国文化和西方先进的马克思主义相结合，建立中华人民共和国。中国人有科学的人文社会理论指导，有现代科技力量推动，有悠久深厚的传统文化源泉，在人文创造的道路上取得举世瞩目的伟大成就，提出人类命运共同体的思想，引领世界坚持人文创造的道路，追求美好的生活。

这是源于人类本性的发展道路，是"中庸"的人文创造的康庄大道。回顾人类历史发展的早期，除中国之外，世界上还有其他古老的文明，但有的已成为人类文明的化石，缺乏可持续发展的生命力；有的虽盛极一时，但难免衰朽没落的命运，被其他文明所取代。究其原因，就是这些文明不能充分体现人类本性要求，偏离人类文明发展的正确道路，甚至和人类本性要求背道而驰，因此难免衰落甚至灭亡。比如古老的埃及文明，曾经辉煌一时，留下金字塔的奇观。但作为"神"的法老早已退出历史舞台，他们所追求的"永生"不过是一个虚幻的泡影。比如古罗马帝国，也曾是世界上无比强大的国家，地域广阔，人口众多，军事征伐所向披靡，但盛极而衰，直到腐败透顶，不堪一击，在蛮族力量打击下终于灭亡，西方社会进入"黑暗的中世纪"。中世纪的人们祈求上帝的保佑，但文艺复兴又迎来一个新的时代，人们从上帝的统治中走出来，开始新的生活方式。

古老的中国之所以绵绵不绝，永葆生机活力，是因为儒家引领的人文创造的道路，守持中庸，不偏离人类本性要求，不违背人类发展的规律。相比之下，其他文明之所以衰落或毁灭，是因为没有"仁"的思想，没有"中庸"的道路，没有做到以人为本，"克己复礼为仁"，努力发挥人自身的才能，创造美好生活。

相反，或者追求成为"神灵"，被精神幻象所诱惑驱遣，没有自我的存在，没有生存的基础，终于在"迷狂"的心态中走向衰落；或者陷入追求动物欲望的满足中，只顾征服、占有物质世界，生活奢侈靡乱，最后反而被外在物质占有自我，失去美好的精神追求，与人类文明发展背道而驰，腐化堕落，把自己降到动物的层次。

历史是人类的历史，是人类自己认识自我本性，探索生存发展道路的过程。中国古老的孔子儒家思想为人们指引"为仁"的人文道路，这是人类生存发展的康庄大道，个体、民族、国家都要坚持这条道路，才能有真正的"人"的生活。

人有自由的精神活动特性，生活方式有多种可能，但最正确的道路只有一条，即"为仁"或"做人"。在外部世界和内在心灵的千变万化中，寻找、坚持正确人生道路是不容易的。所以《中庸》引用孔子的话："中庸其至矣乎！民鲜能久矣。"孔子早知道这种情况，并说明其中原因："知者过之，愚者不及也。""贤者过之，不肖者不及也。"必须要有"诚"心，深入体会领悟中庸之道，才能坚持正确的人生道路："诚者，天之道也；诚之者，人之道也。"认识自我本性，坚持正确道路，才能更好地生存发展，有光明的未来。《中庸》告诉人们，天地自然、社会人生的发展变化都有必然的规律，圣人寻找到人生的正确道路，人们要学习圣人，坚持这条人文创造的道路，也就是天人合一的道路。

在当代，构建人类命运共同体即是人文创造的道路，坚持和发展中国特色社会主义，为人类文明进步作出新的贡献，创造更美好生活。

二、勇敢担当奋力前行

道路需要用心寻找，更需要脚踏实地，一步步走出来。构建人类命运共同体是人类文明发展的正确道路，是崇高美好的人类社会理想，是光荣伟大的时代使命，需要勇于担当，付出辛勤汗水，努力奋斗，不畏艰难困苦，不断实践创造，让理想变成现实。这也正和儒家的中庸精神高度一致。

儒家的最高追求是"为仁"。孔子说仁者"爱人"，这种发自内心本性的感情力量转化为坚毅奋勇的社会实践行动。"克己复礼为仁"，从自身做起，从小事做起，不断成就自我，奉献社会，"力行近乎仁"（《中庸》）。因为"爱人"，所以全身心投入社会实践，"当仁不让"，甚至"知其不可而为之"（《论语·宪问》），人生因此也具有崇高神圣的意味。

儒家经典《大学》指出人生是一个不断探索、实践的过程，从自身做起，从身边小事做起，发挥自己的能力，不断创造，由我及他人、国家、天下，追求一个不断提升的"仁"的境界。坚守本性是一切活动的根本，"自天子以至于庶人，壹是皆以修身为本。"修身先要"正其心"，"正其心"即是遵从本性的要求，"诚其意""毋自欺也"，做人做事合乎本性，走正确的道路。

《中庸》进一步讲坚持本性，尽力发挥自身潜能。"中"即是人之本性，是宇宙自然天地万物的本性，本性自然表现，发挥作用即是"和"。中和，是内在本性真实力量的充分发挥施展，万事万物乃至整个宇宙天地便是这样的秩序，才会生生不息，繁荣昌盛："致中和，天地位焉，万物育焉"。

圣贤深刻认识到这个道理，振作精神努力奋斗，遵循"中庸"的规律，追求人生的更高境界。"为仁"就要努力坚持自身禀性，不仅"成己"，成就自我，还要努力"成物"："诚者非自成己而已也，所以成物也。成己，仁也；成物，知也。性之德也，合外内之道也，故时措之宜也"。

天地万物生生不息，人要努力奋斗，不断提升自己，创造新生活。《中庸》这样要求人："博学之，审问之，慎思之，明辨之，笃行之……人一能之己百之，人十能之己千之。"人要发挥自身潜能，提高自己的能力，学习知识，努力探索，勇于实践，并且对自己提出更高的要求，增长才能，远远超越别人，引领社会文明的发展。

这是一条兴旺繁荣、前途无限的道路。《中庸》："故君子尊德性而道问学，致广大而尽精微，极高明而道中庸。"君子必须严肃认真、虔诚恭敬地遵从这条道路，竭尽所能，不断创造，成就自我，奉献社会，促进文明进步。

中国推动构建人类命运共同体，首先是自己奋发图强，努力创造的结果。改革开放四十年来，中国发生翻天覆地的变化，取得举世瞩目的伟大成就，是坚持正确的发展道路，努力拼搏的结果。改革开放初期，在希望的田野上，农民辛勤劳作，摆脱贫困，解决温饱问题。城乡搞活经济，发展工商业，走上富裕的道路。体育赛场有"女排精神"，顽强拼搏，勇争冠军。科技界不断勇攀高峰，发明创造。城市建设有"深圳速度"，高楼大厦如雨后春笋，拔地而起。港口工厂的建设和生产不断刷新世界纪录，推动国家发展，改变城乡的面貌，向世界展现新形象。

现在，"中国制造"的商品遍及全世界，从简单的日常用品，到高科技的飞机、高铁、电脑等，中国人民用自己的辛勤汗水和聪明智慧，提高自己的生活水平，也推动世界的发展，走向更高文明、更美好的未来。面对世界经济增长乏力、贫富分化日益严重、恐怖主义、网络安全、气候变化等问题，中国提出构建人类命运共同体伟大蓝图，奋发作为，不断为人类文明发展作出新贡献。通过世界范围的互联互通建设，尤其是"一带一路"倡议的实施，中国正以自己的勤劳和智慧改变世界，为更多国家和人民带来福祉，改变生活，迎来更美好的明天。

构建人类命运共同体的理想崇高伟大，也任重道远。中国人勤劳勇敢，坚忍顽强，将继续为人类的这项美好事业作出更大贡献。正如习近平总书记所说，要"撸起袖子加油干"，"幸福是奋斗出来的"。

这是新时代中国人的心声，也是两千多年前中国圣贤的"中庸"之道。中庸就是要走人文创造的道路，要竭尽所能，发挥才智，实现自我价值，奉献社会，通过不懈奋斗，创造出自己的幸福生活，也让人世间、让这个世界更加美好。

三、仁者爱人互利共赢

构建人类命运共同体是人类文明发展的大趋势。在当今世界，各国、各民族之间的发展密切联系，世界正越来越成为一个整体，相互依存，休戚相关，共同发展。党的二十大报告指出："中国坚持在和平共处五项原则基础上同各国发展友好合作，推动构建新型国际关系，深化拓展平等、开放、合作的全球伙伴关系，致力于扩大同各国利益的汇合点。促进大国协调和良性互动，推动构建和平共处、总体稳定、均衡发展的大国关系格局。"相互尊重、公平正义、合作共赢，这有助于构建人类命运共同体，也是儒家中庸之道的基本要求。

在孔子儒家思想中，人生的意义在于"克己复礼为仁"。但这从来不是纯粹个体的事情，而是和他人、社会乃至世界联系在一起的。孔子对"仁"的一个直接解释是"爱人"，关心爱护他人，自己和他人是一体的。弟子曾参向孔子请教"仁"，他理解孔子"仁"的主旨是一以贯之的"忠恕"之道。忠是发自内心，和内心本性要求一致；恕是以己度人，待人如己。孔子儒家把"爱"的思想感情不断推广，超越种族、民族、国家、宗教的局限，追求人类社会的"大同"。

所以孔子儒家教人热爱人生，奉献社会，把个人放在家庭、社会、天地万物之间，个人不是孤立的，必须依靠外部世界才能生存发展，必要和世界关系和谐，才能共同发展繁荣，实现自我价值。这种思想早在《周易》中便有，如《序卦》中认为，社会文明的发展源于天地自然的秩序，天地万物夫妇父子君臣之间相互依存，人体会这个道理，用"爱"的感情对待他人、世界，合而为一，体现天地之道。

《中庸》继承孔子儒家思想，也表明了这种世界构成秩序以及发展变化的方向。人不能自我封闭，而是和身边的事物、广大的世界相互作用，去成就自我，还要成就事物，有助于世界的生生不息，繁荣昌盛。

仁者"爱人"，必须互相依存，组成人类社会。人类文明发展到今天，人和人之间的关系更为密切，休戚相关，命运相连。所以构建命运共同体是当代人类文明发展的必然要求，是人类思想发展的新高度，其中有古老儒家思想的深厚文化根基，包含两千多年来的传统思维习惯、情感倾向。

仁者"爱人"，以人为本，共同发展，这是中国儒家文化的优良传统，也是当代中国不断努力的方向。中华人民共和国成立以来，坚持社会主义发展道路，消灭阶级剥削，建设平等和谐、共同进步的中华民族大家庭，屹立于世界民族之林。改革开放以来，实行社会主义市场经济制度，发展生产力，提高人民生活水平，让一部分人先富起来，先富带后富，坚持扶贫，齐心协力共同奔小康。

四十年来取得举世瞩目的伟大成就，为人类进步发展作出巨大贡献。中国的发展是全国各民族人民团结互助，构建繁荣兴旺的国家命运共同体的结果。

在中华人民共和国的对外关系上，以人为本，合作共赢是一贯遵循的重要原则。中华人民共和国成立以来，坚持在互相尊重、平等互利等五项原则基础上发展和其他国家的关系，尽己所能帮助一些落后的国家，把自己的发展和广大第三世界国家联系起来，取得很多重要成就，推动人类和平正义事业发展。改革开放以来，中国更有实力，不断走出去，到广大发展中国家投资，帮助发展经济，提高生活水平，受到当地人民广泛欢迎。

一些西方国家的媒体歪曲中国的这些行动是"殖民主义"，其实更显示出这些西方国家的伪善，表明其历史上的斑斑劣迹。这些西方国家曾经不只是殖民主义，更是经济、文化甚至军事上的侵略，高高在上，压迫掠夺，给许多国家带来痛苦和灾难，中国也曾经深受其害。但在当代，中国和这些西方国家不一样，"以文明交流超越文明隔阂、文明互鉴超越文明冲突、文明共存超越文明优越。"[①] 历史发展到今天，人类文明不断进步，在思想和行动上早已超越原来西方列强四处殖民侵略的阶段。中国领导人汲取传统智慧，以史为鉴，吸收先进思想，不断创新，提出构建人类命运共同体，走合作共赢的道路，与世界人民一起，共同创造人类生活的美好未来。现在，构建人类命运共同体已被多次写入联合国决议，得到国际社会的广泛支持。

构建人类命运共同体是人类面对当前诸多挑战的需要，是人类未来和平安宁共享繁荣的需要，是几千年人类历史经验的结晶，更是人类"爱人"的本性要求。"成己，仁也；成物，知也"（《中庸》），人要成就自己，也要有利于他者。人和人之间不是敌人，不是狼，更不是地狱。人和人本为一体，仁者"爱人"（《论语·颜渊》），"仁者无敌"（《孟子·梁惠王上》），构建人类命运共同体的伟大实践必将更加深入人心，不断取得进步。

---

① 习近平：《决胜全面建成小康社会 夺取新时代中国特色社会主义伟大胜利——在中国共产党第十九次全国代表大会上的报告》，人民出版社，2017，第 59 页。

四、"君子时中"各得其宜

　　内在本性要得到展示，心中理想要变成现实。人类命运共同体是前无古人的伟大事业，从观念理想到现实生活，需要付诸社会实践，扎实稳妥做好每一件具体事情。构建人类命运共同体由中国倡导，更需要众多国家的共同参与，要充分利用各种有利条件，抓住机遇，协调各方面关系，调动各种积极因素，齐心协力，共同奋斗。在这个过程中，不能一厢情愿，不能强人所难，不能故步自封，也不能急于求成。如何才能保障顺利构建人类命运共同体，实现和谐发展，互利共赢，共享人类文明进步的成果？《中庸》的"时中"智慧有重要指导意义。

　　事物的组成往往纷纭复杂，又无时无刻不在发展变化，所以难以把握。构建人类命运共同体的社会实践也是如此，难免出现偏离正道，或者激进过头、落后不足的情况，这都会产生不良影响。要推动构建人类命运共同体的实践顺利发展，最理想的办法就是"时中"，朱熹说："君子知其在我，故能戒谨不睹、恐惧不闻，而无时不中。"[1]君子知道事在人为，坚持正道，又发挥自己的智慧才能，根据外部世界的变化采取妥善措施，使事情的发展能时刻保持在正确的轨道上，各安其位，各得其宜，不断向前发展。这就是"时中"的智慧。

　　"时中"并不神秘。孔子儒家文化根深蒂固，源远流长，"君子时中"的思想深入人心。因此，在历史沧海桑田的变化中，特别是近代以来"三千年未有之大变局"中，中国文化能在各种艰难困苦的压迫面前自我调适，顺应变化，克服困难，迎来新生。这表现出中华文化的强大的生命活力，坚韧顽强，不断创新。从中华人民共和国成立到推动构建人类命运共同体的过程中，也都有"君子时中"智慧的体现。

　　中国人救亡图存，把马克思主义普遍真理和中国实际情况结合起来，经过

---

① 朱熹著，王华宝整理《四书集注》，凤凰出版社，2016，第18页。

艰苦卓绝的奋斗，建立中华人民共和国，开辟历史新纪元。中国探索符合自身国情的发展道路，实行改革开放的政策，学习吸收西方先进文明，建设有中国特色的社会主义，取得举世举目的伟大成就。在不断提高生活水平的同时，人们重视传统文化，兴起国学热潮，提升民族文化自信，走向世界，努力实现中华民族的伟大复兴，政通人和，百业兴旺，国家繁荣昌盛，发展势头强劲。在一条条高铁线上，"和谐"号快车风驰电掣，把科技创新创业和民族优秀传统传递到全国各地，深入人心。随着科学技术的日新月异，特别是互联网的发展，中国人的生活中有了更多的中庸和谐，焕发出更大力量，共创美好生活。几十年来，中国直面挑战，抓住机遇，顺应时代潮流，不断发展进步，取得伟大成就。现在，中国提出构建人类命运共同体，也是"时中"的表现。中国走向世界，世界需要中国，共同迎来人类文明发展新阶段。

从世界历史发展上来看，文明进步、中庸和谐是大势所趋。经历过二十世纪的两次世界大战和冷战，人们吸取教训，不再奉行弱肉强食的丛林规则，而是以人为本，维护和平，追求正义，共同开创人类美好明天。各国之间虽然有人种、民族、宗教、历史、习俗等诸多不同，但更有越来越多的相互合作，发挥各自优势，共同创造，推进人类文明进程。虽然也仍然存在对立、竞争，甚至战争以及毁灭性的核武器的威胁，但和平发展是世界的大潮。中庸和谐是世界继续发展，走向美好明天的正确道路。"君子时中"，人类社会的发展正是不断克服对立隔阂，超越矛盾斗争甚至战争，增加交流沟通，互相学习，共同进步，各得其宜，走向更高文明的过程。

现在，构建人类命运共同体思想已成为世界许多国家的共识。中国不但提出人类命运共同体的美好理想和方案，还充分考虑到其中的各种困难和变数，以"君子时中"的智慧和行动，保障和推进构建人类命运共同体的伟大实践。在党的二十大报告中，可以看到许多表述突出体现"时中"的原则。如坚持独立自主，尊重各自权益："中国尊重各国主权和领土完整，坚持国家不分大小、强弱、贫富一律平等，尊重各国人民自主选择的发展道路和社会制度，坚决反对一切形式的霸权主义和强权政治，反对冷战思维，反对干涉别国内政，反对搞双重标准。"坚持互利共赢："坚持亲诚惠容和与邻为善、以邻为伴周边外交方针，深化同周边国家友好互信和利益融合。秉持真实亲诚理念和正确义利观加强同发展中国家团结合作，维护发展中国家共同利益。"坚持对外开放，打开国门搞建设；坚持国际关系民主化等。

随着"一带一路"倡议的实施，人们看到更多构建人类命运共同体的现实成果，经济发展，生活便利，文化丰富。"君子时中"，众多国家参与构建人类命运共同体的伟大实践，各得其宜，让人民的生活变得更加美好，人类有更光明的未来。

　　《中庸》文字不多，但大道至简，切中肯綮。在当代，中庸之道仍然显出宝贵价值。有先进马克思主义的指导，有强大的科学技术力量，有深厚的传统文化根基，合乎人类自身的本性要求，顺应世界文明发展的大趋势，齐心合力，与时俱进，构建人类命运共同体的理想一定能够实现。

后记

随着本书的编辑成册，十几年的工作终告一段落。回顾本书的写作，似乎人生几十年，都和本书的探索有关。

我的家乡是山东省宁阳县的一个小山村，名叫高庄。记得我童年的时候，还是人民公社生产队时期，生活条件有限。父母经常教育我们，要互相爱护，讲究礼让，"争之不足，让之有余""一争两丑，一让两有"。饭桌上要守规矩，有先后，敬老人。家里做点好吃的，如包饺子、蒸馒头，盛到一个大碗里，先送给爷爷奶奶，不能只顾自己。一大家子过日子，要和和气气。过年时阖家团聚，共享美食，也供奉牌位，崇敬天地，祭祀祖先。虽然小时候不懂什么意思，但年年如此，深入内心，养成性情。在过年的幸福欢乐氛围中，这些仪式为节日增添了几分庄重、肃穆与敬畏。

听老人讲，这是老辈祖先世代传下来的。生活不只是吃喝玩儿乐，要有情有义，对得起天地良心。这些都是孔圣人教导的。从村子往南十多里路远，有一座石门山，过了山便是曲阜地界，那里是孔圣人的老家。我们村离曲阜近，世代受孔圣人的影响，讲究礼义，好好做人。后来离开村庄，去镇上寄宿读书。虽然课堂上讲各门科学文化知识，没有老百姓口口相传的俗语老话，但老师、同学们都来自农村，老师教育学生，同学间相互交往，都讲做人的道理，要尊敬师长，友爱同学。语文课上学习字词语法，有时老师讲评作文，要求点明主旨，升华思想，落实到做人的道理上。

在学校里，老师学高为师，身正为范，是学生学习的榜样。在家里，父母更是言传身教，是孩子的第一任老师，也是终生的老师。更有"可怜天下父母心"的话，为了孩子甘愿吃苦受累。在社会上，许多人虽然不认识，但想来是为人父母，是叔叔阿姨、兄弟姐妹，如一家人的感觉。而且，无论农民、工人、教师、医生等，都是为了家人，为了社会，努力劳作，尽心尽力。父亲是学校教师，常被评为先进工作者，亲戚中有的是劳动模范，有的在全国生产竞赛中获奖。他们为社会作出贡献，为家庭增光添彩，是后辈学习的榜样。

随着改革开放的深入，社会生活不断出现新事物，展露新面貌。有流行歌曲，有武打影片，有喇叭裤、面包服等，有西方文化，有个性、独立、自由等。年轻人难免心旌摇荡，不能自已。但西方文化不能当饭吃，相反，似乎让人头脑发热，胡蹦乱跳，消耗更多力气。新事物刺激心灵，引发梦想。梦想总是那么美好，可做梦容易，现实生活并不容易。在改革开放的时代大潮中，在市场经济的商品海洋里，在中西交汇、古今夹杂、城乡剧变的社会湍流中，常常晕头转向，慌里慌张。生活没有了往日的朴素单纯、安宁清新，甚至仿佛失去精神、灵魂。但生活仍要继续，梦想如野草一样生长，还要开出花朵，绽放自己的颜色。

怀揣着文学梦想，经过艰苦努力，我考入山东大学攻读文艺学硕士学位。文学艺术那么美，是生活的结晶，是大地上草木开出的花朵。而爱美之心人皆有之，对美的思考也自古有之，古今中外的伟大的哲学家都思考这个问题，有真知灼见。如中国的孔子、老子、孟子、荀子等，如古希腊的苏格拉底、柏拉图、亚里士多德等。他们有的建构起理论大厦，宏伟壮丽，有的虽是只言片语，但要言不烦，含义深刻。这些文艺理论、美学思想如高山深谷，令跋涉者饱览奇异风景，也不免筋疲力尽，望而兴叹。特别是西方哲学家们的思想，常常互相对立、斗争，让人无所适从。比如柏拉图认为美源于虚空的理念，亚里士多德则认为美在于物质的实体；叔本华说文艺让人暂时忘记意志的存在；尼采则认为美是强力意志的体现。他们讲得都很有道理，动人心魄，令人敬佩，但又都不能在生活中实行，不能让心灵得到安宁。似乎南辕北辙，本来要欣赏美好的文艺，让生活中有更多美的花朵，但好像越来越远离人世间的生活，看不到人们的身影，只有精神世界的五彩缤纷、斑驳迷离。有时转而读一读中国哲学家的著作，却常能静下心来，回到人间土地上，看到山清水秀，草木繁荣，烟火不断，人生永恒。

完成学业，我走上工作岗位，开始新的生活。除了继续研究文艺，还不由得产生这样的一个想法：美是精神的光彩，精神是心灵的表现，而心灵自然是人的心灵。所以喜欢追逐那美的光彩，更要去研究那光彩的根源，思考人以及人的生活。而思前想后，这也是重拾童心，遵从当年父母、师长的教导，走那世代相传的做人道路。而要思考人的生活，也就要向那位孔圣人学习，去研究他的思想。于是便阅读各种文献资料，深入探究孔子儒家思想。经过不断努力。终于能有一些心得，写出文章来，陆续在期刊上发表。

但随着学习思考的不断深入，才发现自己的想法太过简单，甚至有点一厢情愿。孔子儒家思想博大精深，文化传统悠久漫长，孔子儒家思想早已传遍世界，为人类文明进步贡献力量。在当代，孔子儒家思想更显示出宝贵价值，高扬四海之内皆兄弟的旗帜，推动构建人类命运共同体。孔子儒家思想如高山巍峨，如大海广阔，而我不过捡到一粒石子、一枚贝壳。但已使我获益匪浅，让我的生命有分量、有光泽。我感到非常幸运、非常高兴。因此，不揣浅陋，不怕贻笑大方，要把我的收获贡献出来，和读者共享，更希望得到读者的批评和指正，让我对孔子儒家思想有更多的理解。

最后，本书的出版，感谢山东大学（威海）文化传播学院出版经费的资助、院长张红军教授的关心，还要感谢许多老师同学、亲戚朋友的热情鼓励和帮助。

许丙泉

2023 年 6 月 28 日